东方·剑桥 世界历史文库

Orient & Cambridge World History Library

A History of Jordan

约旦史

菲利普·罗宾斯 著　叶如帆　曾湘琴 译

中国出版集团

东方出版中心

图书在版编目（CIP）数据

约旦史 / (英)菲利普·罗宾斯著；叶如帆, 曾湘
琴译. －上海：东方出版中心, 2020.10
（东方·剑桥世界历史文库）
ISBN 978-7-5473-1708-2

Ⅰ.①约… Ⅱ.①菲… ②叶… ③曾… Ⅲ.①约旦－
历史 Ⅳ.①K379.0

中国版本图书馆CIP数据核字（2020）第197541号

上海市版权局著作权合同登记：图字09-2020-1020号

约旦史

著　　者　〔英〕菲利普·罗宾斯
译　　者　叶如帆　曾湘琴
责任编辑　曹雪敏
封面设计　罗　洪

出版发行　东方出版中心
地　　址　上海市仙霞路345号
邮政编码　200336
电　　话　021－62417400
印　刷　者　常熟市新骅印刷有限公司

开　　本　710mm×1000mm　1/16
印　　张　17.5
字　　数　184千字
版　　次　2020年10月第1版
印　　次　2020年10月第1次印刷
定　　价　52.00元

版权所有　侵权必究
如图书有印装质量问题，请寄回本社出版部调换或电话021-62597596联系。

献给我的女儿伊莎贝尔

目录 Contents

插　图

表　格

致 谢 词

时光荏苒,距我初至约旦已20年有余。一开始我是一名驻约旦记者,后来则是师从 Tim Block 进行博士研究。1986年之后我不再长住约旦,但我经常故地重游,最近一次去那儿是为了从事反毒品研究。在这20年间我和约旦人、巴勒斯坦人以及约旦侨民谈过话,人数多达几百人,他们中的许多人甚至和我交流过无数次。无一例外地,他们友善、热情,乐于和我分享他们的真知灼见。我要向他们每一位致谢,其中有一些人我要特别指出,Nigel Denby, Paul Dracott, Jane Dracott, Keith Fraser-Smith, Janet Fraser-Smith, Tony Harpur, Alison Harpur, Declan Mannion, Liz Mannion, Alastair MacNeil, Dina Matar, Hana Muasher, Peter Faftery, Fenella Raftery, Mike Ryan, Maureen Ryan, 以及 Alison Woods,我在约旦期间承蒙他们关照,他们分别在不同的时期对我的人生起了重大影响,其中许多位至今仍是我的挚友。我还要特别感谢 Nasser Abu Nab, Lamis Andoni, Jalal Azzeh, Ian Chandler, Hiyyam Fakhoury, Yusuf al-Khadra, Rami Khouri, Ellen Khouri, David Oston, Sheila Oston, Rana Sabbagh, Jamal Sha'ir, Mary Sha'ir, Muraiwid Tell, Ruth Tell, Ara Voskian, P. V. Vivekenand, 和 Nidal Zayaddin。他们风趣幽默,给我庇护与陪伴。还有一些人在我研究的初期帮助我了解约旦,他们见解独到,与他

1

们的交流是宝贵的经历。他们分别是：Asad Abdul Rahman, Bill Burns, Alan Charlton, Fahd Aal-Fanek, Abdullah Hasanat, George Hawatmeh, Saji Salamah Khalil, Ahmad Mango, Marwan Muasher, Isam al-Tal 和 Tariq al-Tell。最近和 Bassam Asfour, Ibrahim Izzedin, Musa Keilani, Jorn Moberly 爵士, Salameh Ne'matt, Amal Sabbagh, Asher Susser 和 Suhail al-Twal 的交流让我意识到,我对这个国家的了解还远远没到尽头。

当然,约旦不缺罗曼史,于他人,约旦成就了他们的事业;于我,约旦则成就了我的感情生活。在约旦工作期间我认识了我的妻子海伦。因此这本书可以说是爱情的结晶。

虽然这本书是我20年约旦工作的成果,但是真正动笔却是在20世纪90年代中期我加入圣安东尼大学的中东研究中心之后。在此我要感谢 Eugene Rogen, Avi Shlaim 和中心其他同事在工作中,尤其是约旦研究中对我的鼓励和支持。中心的约旦研究能够成绩卓越也离不开过去和现在的研究生们。我要特别感谢 Yoav Alon, Paul Kingston, Paul Lalor, Robert Satloff, Lawrence Tal, Tariq al-Tell 和 Basma Talal,他们有的已经毕业,有的仍然在读,但他们都参与了中心组织的有关约旦研究的无数次讨论。最后,我还要感谢中心的工作人员,尤其是图书管理员 Mostan Ebtihaj,她提供的必要的研究资料对我帮助良多。还有档案员 Debbie Usher,本书中许多图片都是她帮我找到的。

至于此书本身,我要感谢 Marigold Acland 将撰写此书的任务交付于我,她在准备阶段耐心等待,在书写阶段及时提醒。我还要感谢 Amanda Rinches 和 Karen Hildebrand 为此书印刷提供帮助,还有 Roger Bourke 帮忙校对。Mary Wison 通读了全部手稿,并提出了细致具体的建议,对此我不胜感激。海伦也读了手稿,以她对约旦的了解提出了许多正确的意见和建议。我还特别感激 Ahmad Khalidi 和 Tony Reeve,他们阅读了几个章节并提供了看法。最后,我愿意承担此书最终稿的所有责任。

年　表

1867 年　　　　　奥斯曼帝国恢复对约旦河东岸统治

1906 年　　　　　汉志铁路修至安曼

1920 年　　　　　4 月：圣雷莫会议确立托管体系,外约旦被纳入其中

　　　　　　　　8 月：英国高级专员赫伯特·塞缪尔爵士宣布在外约旦成立自治政府

　　　　　　　　11 月：外约旦未来的国家元首,埃米尔阿卜杜拉·本·侯赛因抵达南部城镇马安

1921 年　　　　　开罗会议上丘吉尔作主授予阿卜杜拉在外约旦的权力

1923 年　　　　　9 月：阿德万部落起义

1924 年　　　　　8 月：阿卜杜拉接受最后通牒同意英国人对外约旦行政监督

　　　　　　　　10 月：汉志易主,沙特接管

1925 年　　　　　11 月 2 日：外约旦与沙特签署《哈达协定》

1925—1927 年　　叙利亚南部爆发德鲁兹叛乱

1928 年　　　　　2 月：英国和阿卜杜拉签订协议承认后者为外约旦国家元首

　　　　　　　　4 月：相当于宪法的《基本法》通过,立法委员会成立

1

7月：反对派"外约旦全国大会"召开第一次会议

1930年　11月：陆军少校约翰·格拉布建立沙漠巡逻部队

1933年　3月：立法委员会通过了一项综合土地税

1936—1939年　巴勒斯坦的阿拉伯人起义

1939年　格拉布取代皮克就任阿拉伯军团最高指挥官，亚力克·科克布莱德接替考克斯成为英国驻节专员

1941年　中东供应中心成立

4月：伊拉克拉希德·阿里·盖拉尼政变；阿拉伯军团参与镇压政变

1945年　阿联成立，外约旦是其发起国之一

1946年　5月25日：哈希姆约旦王国宣布成立

8月：阿卜杜拉和犹太人事务局举行秘密会谈

1947年　11月29日：联合国大会通过巴勒斯坦分割方案

1948年　3月15日：英约条约签订

5月：英国终止巴勒斯坦托管

5—6月：战争第一阶段，约旦守住耶路撒冷阿拉伯人区

7月：战争第二阶段，约旦丧失吕大城和拉姆勒城

10月至次年1月：战争第三阶段，以色列进攻埃及而非约旦

10月：第一次巴勒斯坦全国大会在安曼召开，为约旦吞并巴勒斯坦作好准备

12月：杰利科大会赞成西岸与约旦统一

1949年　4月3日：以色列—约旦签订停火协议

1950年　4月25日：约旦议会通过统一决议

1951年　7月20日：阿卜杜拉国王在耶路撒冷遇刺

9月6日：塔拉勒王子登基

1952年　1月1日：新的自由主义宪法正式生效

7月23日：埃及纳赛尔领导自由军官政变

	8月11日：塔拉勒国王因身体原因退位
1953年	5月2日：侯赛因国王正式即位
1954年	10月16日：大选遭到干涉
1955年	新城市法通过
	12月：持续骚乱之后约旦决定不加入巴格达条约
1956年	3月1日：侯赛因国王解除格拉布帕夏的阿拉伯军团司令职务
	10月：大选产生激进派议会；国家社会主义政党领袖苏莱曼·纳布西应邀组建政府
	7—11月：苏伊士运河危机
1957年	1月19日：阿拉伯团结协议签订，根据协议阿拉伯国家将取代英国向约旦提供资金支持
	1月：艾森豪威尔主义出台
	3月14日：英约协议废止
	4月：军队动乱的报道出现之后国王解散纳布西内阁并成功制止扎尔卡军营的骚动
	"爱国大会"召开，全国实行戒严，同时团结国内反对派
1958年	2月1日：埃及和叙利亚组成联合阿拉伯共和国
	2月14日：伊拉克和约旦作出反应，成立阿拉伯联邦
	7月14日：巴格达革命推翻了伊拉克哈希姆王朝
	侯赛因请求英国军队稳定约旦国内局势
1960年	8月29日：首相哈扎·马雅利遭叙利亚情报机构刺杀身亡
1962年	1月：瓦斯菲·塔勒，首位技术官僚和改革派担任首相
	9月：也门内战爆发
1963年	2月和3月：巴格达和大马士革分别爆发民族革命
1964年	1月：第一届阿拉伯国家首脑会议建立了巴勒斯坦解

放运动

9 月:阿拉伯国家首脑会议建立了阿拉伯统一军事
指挥

1966 年	11 月 13 日:以色列对萨穆发起摧毁性袭击
1967 年	5 月 30 日:侯赛因国王飞往开罗;和埃及签署《共同防御协定》
	6 月 5—10 日:六日战争摧毁约旦军队;失去对西岸控制
	8—9 月:喀土穆阿拉伯国家首脑会议采取和平策略解决阿以问题
	11 月 22 日:联合国安全理事会通过以土地换和平为基础的第 242 号决议
1968 年	3 月 21 日:在卡拉马赫战斗中,约旦和巴勒斯坦战士挫败以色列军队进攻
1970 年	9 月 30 日:解放巴勒斯坦人民阵线在约旦道森机场实施绑架,加剧以巴关系冲突巴勒斯坦游击队在“黑色九月”内战中战败
1971 年	6 月:余下的巴勒斯坦游击队被逐出约旦
	阿隆计划表示在西岸未来方面,以色列倾向“约旦方案”
1972 年	3 月 15 日:侯赛因揭开他的阿拉伯联合王国方案,计划东岸—西岸关系
1973 年	9 月:约旦警告以色列阿拉伯即将发动攻击
	10 月:约旦比较晚地加入十月战争(6—26 日)中叙利亚战线
1974 年	因食品价格高涨引发军队骚乱,建立供应部
	10 月:在拉巴特召开的阿拉伯国家首脑会议作出不利于约旦的决定,承认巴解组织为巴勒斯坦人的代表
	11 月:因拉巴特决议暂停国会

1976 年	阿拉法特和侯赛因在开罗召开的阿拉伯国家首脑会议上会面,标志后内战时代开始,拉巴特首脑会议后双方关系解冻
1977 年	巴解组织废除致力使安曼政权更迭的政策
1978 年	4 月:国会被搁置,建立全国协商会议
	9 月 17 日:签署戴维营协议,设想约旦作用
	11 月:在巴格达召开的阿拉伯国家首脑会议承诺每年向约旦提供 12.5 亿美元的援助,换取约旦的坚定立场
1979 年	12 月:谢里夫·阿卜杜勒·哈米德·谢拉夫被任命为首相
1982 年	6 月:以色列入侵黎巴嫩
	9 月 1 日:推出里根和平计划
1983 年	为维持与伊拉克的贸易,约旦中央银行提供循环信用额度
	3 月:国会重启;伊斯兰主义者在补选中获胜
1984 年	11 月:巴解组织全国理事会在安曼召开会议
1985 年	2 月 11 日:与巴解组织达成和平进程协调协议
1986 年	2 月:因相互指责,和平进程协议破裂
	8 月:约旦推出计划中的西岸发展计划
1987 年	4 月:侯赛因国王和西蒙·佩雷斯达成和平进程《伦敦协议》
	12 月:在巴勒斯坦领土上爆发第一次大起义
1988 年	7 月 31 日:侯赛因国王中断和西岸的行政和法律联系
1989 年	2 月:约旦等四国发起建立阿拉伯合作委员会
	2 月:约旦外债拖欠被公之于众
	4 月:约旦政府开始执行国际货币基金组织计划
	4 月:马安爆发骚乱,蔓延到若干城市

引　言

本书讲述的约旦当代史是一段政权建设的历史,同时也是凝聚人
心打造统一政治共同体的历史。这样的历史从不完结,不过对于约旦
而言,经历了80多年的努力,政权建设显然比共同体建设成功得多。
首都安曼是政治经济中心,政治结构和行政流程复杂而完整,看起来约
旦似乎是个令人信服的政权。然而约旦身处动荡的地区,四周强敌环
伺,自身经济发展能力堪忧(盖因它长期依赖外国借贷),国内非正式的
政治文化有时与现代国家特征格格不入,这都让人对它的政权建设心
存疑虑。至于政治共同体的打造则更需大书特书。巴勒斯坦人和外约
旦人,伊斯兰主义者和自由主义者,部落成员和后部落人口,如何协调
这些群体之间的矛盾冲突一直是约旦政体面临的挑战。

约旦建国经历了三个主要阶段。第一个阶段从第一次世界大战后
持续到第二次世界大战后。这个阶段要解决的难题是如何在一个尘土
飞扬、人口稀少、发展落后的穷困偏远地区建立现代化的政权。这是一
次外部主导带有新殖民主义性质的任务,主导者是一小群驻地英国军
官以及他们从外部引进的政务精英,这些精英们毫无疑问听命于英国
人。之后,外约旦本地人逐渐被吸纳进来,英国人、哈希姆家族和本土
领袖之间的密切合作成为约旦政权建设的主要特征,但是阿以争端将
约旦裹挟其中使其前途不明、危险重重。

2

第二个阶段从 20 世纪 40 年代末延续至 70 年代初。这个阶段动荡不安,危险与机遇并存,坚定的哈希姆王族终于在 1950 年兼并了约旦河西岸,扩大了王国领土。然而,50 年代的纳赛尔主义仍然波及约旦,以色列人跨越边境对非国家行为体的残酷报复将暴露出新政权的脆弱性,在 1967 年中东战争中约旦失去了西岸领土。最终,哈希姆约旦转变为国家安全型国家(national security state)才得以在 50 年代末和 70 年代初的冲突中幸存下来,这个转变出乎所有人的预料。

第三个阶段从 70 年代初期持续到 80 年代末。这无疑是石油时代,约旦通过阿拉伯国家的经济援助和汇款享受到石油经济的红利。经济援助经王室和政府之手得以分配,随着公共管理和经济机构剧增,两者的权力因此加强。然而好景不长,80 年代末收入下降,外债高筑导致 80 年代末的经济硬着陆,王室和政府的软弱再次暴露出来。

在此背景之下新的政权建设阶段开始了。但是要如何归纳新阶段的特点呢?这是一个自由化的时期,偏偏民主改革在 1993 年失败,彼时侯赛因国王正准备和以色列达成历史性的和平协议。这个时期的约旦参与超越国界的合作与融合,加入西蒙·佩雷斯的“新中东”计划,但是随着 2000 年阿以双方全面和谈破裂,约旦的努力也随之付诸东流。第四个阶段到底呈现出什么面貌?现在要得出答案还为时过早。

与政权建设相应的是打造约旦政治共同体的三次尝试。第一次尝试是把在社会和地理位置上处于边缘地位的群体纳入政府管辖范围内。截止到 20 世纪 30 年代这一工作进展良好,但是这一过程本质上可以说是双向殖民,因为在国联委托统治的伪装下,约旦仍然是英国的殖民地。不过政府的运转和当地政治还是渐渐地体现出本土特色。到 1946 年,虽然还没有一个约旦民族国家(a Jordanian nation state),但是哈希姆约旦王国可以说是一个约旦人统治的国家了(a Jordanian state nation)。

40 年代末,随着巴勒斯坦人的加入,约旦政治共同体的构建要远远难于政权建设。外约旦人口的主体由一个个部落构成,远离城市、身处边缘地带。新加入的巴勒斯坦人经济和社会地位分化,但是他们总体说来教育程度更高、经济上更加富裕,而且大多数的巴勒斯坦人身心

3

遭到摧残,财产被剥夺。新的裂痕出现在约旦河两岸的政治经济精英之间,城乡之间,以及安曼和耶路撒冷两个潜在的竞争对手之间。贫困加剧,极端思想散播,但是统治精英们却无动于衷,因此局势日益紧张。尽管如此,在政治共同体里分化的趋势却得以缓解,具有讽刺意味的是,这一变化得益于两种截然不同的观念。一种观念认为约旦的人民属于同一民族,大家都是阿拉伯人,共同信奉伊斯兰教(高加索人和基督教徒自治区除外)。与此同时,另外一种观念则认为两片土地一个政权是可行的,两个民族拥有各自的抱负和不同的身份,两片土地给予他们各自喘息的空间,两者可以共处。

第三次构建共同体的尝试始于1967年,更准确地说是在短期内收复约旦河西岸无望之后。约旦现在仅剩一片土地,即约旦河东岸的领地,外约旦人口构成比例逐渐增加,或者说是随着巴解组织的改变,巴勒斯坦人口的首要政治身份被逐渐边缘化。1970—1971年,为了确定在仅存的土地上人们的政治身份,双方爆发了流血冲突。约旦政府驱逐了巴解组织武装部队,之后的石油繁荣安抚了冲突双方。无论内战结果如何,不可否认约旦人口中(尤其在城市地区)巴勒斯坦人占有相当比例。80年代末到90年代中期,两者的分工日益明显,巴勒斯坦人掌握了私有经济,而国有经济则在外约旦人的掌控中。之后新的社会问题出现,国家贫困人口增加,和以色列正式签订和平协定,地区遭遇经济衰退,失业率上升,因此各个群体中均产生了不公平之感,关于族群政治的讨论再次浮上水面。约旦的社会和谐和政治稳定再一次出现了不确定因素。

虽然这本书聚焦于约旦政权建设和政治共同体构建的历史时期,但是本书的开篇却要提前几十年。为了理解约旦作为现代国家的历史,我们有必要了解其建国之前的社会动态。除此之外,我们必须了解早期的政治活动和政权建设的经历,即19世纪60年代以后奥斯曼政权在外约旦地区的扩张。过去的评论家和学者们往往从英国人和哈希姆家族开始讲述约旦的历史,他们忽视了奥斯曼帝国时期中央政府和约旦人民的经历。

4

第一章　处于帝国边缘

　　第一次世界大战之前约旦河以东的土地上几乎不存在建国的可能性。那里城镇稀少,政治经济力量薄弱。事实上,安曼在 19 世纪 70 年代之前还是个荒芜的小村庄。当地的经济也不足以支持一个现代国家政府的运转。除此之外,当时的人们几乎没有共同体意识,因此国家意识根本无从谈起。

　　但这并不是说第一次世界大战之前住在约旦河以东的人们从未有过"国家性"的经历。自从 1867 年以来,奥斯曼土耳其帝国在约旦河以东大部分地区加强了管理:对农民征税,分配资源给贝都因部落,保障交通要道安全,后来还进行经济建设,1908 年连接大马士革和麦地那的汉志铁路建成通车。外约旦人虽然穷苦且未接受过正规教育,但是他们很清楚地认识到与一个中央政权打交道的利弊。社会流动性决定了外约旦不同地区的人能够多大程度地避免奥斯曼统治带来的负面影响。

　　尽管地处帝国边缘,经济落后,但外约旦也并非无人管辖的蛮荒之地。奥斯曼控制之外的地区虽然缺少强大的政府,但是仍然有一套复杂可知的道德体系和部落法规处理解决争端。当地社会充满活力,因为人们要在变幻莫测的气候里生存,还要与不同的部落打交道,努力在复杂多变的自然条件下抓住机遇。当地半游牧部落一直以来不受管制,但是随着奥斯曼帝国在该区域加强控制,两者之间的关系也悄然发

生变化,农民更多地转向土地耕种,贸易增加,这一切无不体现了当地 6
的蓬勃生机。这种生机将于 20 世纪 20 年代再现,彼时英国已取代奥
斯曼帝国,并试图在曾处于帝国边缘的约旦河地区建立一个新的国家。

约旦河东岸及其"黑暗时代"

约旦河东岸地区于 17 世纪脱离了奥斯曼土耳其帝国的直接统治,
直到 19 世纪后 30 年帝国才试图在实际上而不仅仅是名义上恢复对该
地的管辖,中间这段历史我们知之甚少,可称之为约旦的"黑暗时代"。
造成"黑暗时代"的原因有两个:其一,这片领土往东往南有大片荒漠,
气候恶劣,经济落后。直到 1867 年奥斯曼帝国重掌该地之前很少有人
愿意深入其中,毕竟政治上或者经济上都获利甚少。其二,奥斯曼帝国
此时的战略重心在欧洲而不是中东行省,而即使在中东,帝国也仅仅关
注城市和交通枢纽。如果连名义上的统治者都对它兴趣不大,其他人
又怎会关注它? 这一点从它的名称上即可看出。"Transjordan"一词
字面意思为"跨越约旦",因此世人皆以为外约旦地区跨越约旦河处于
约旦河之外,其实并非如此。由于此地很少有外国旅人光顾,奥斯曼帝
国对该地区记录又不多,加上当地人习惯将历史口头相传而非述诸笔
端,因此人们很难从史书里深入探寻外约旦地区的过往。

奥斯曼帝国恢复统治之前 50 年左右的时间里,在这片土地上发生
的事情我们所知甚少,现今关于这段时期仅存的资料主要来自少数欧
洲旅行者的记录。由于先入之见,他们的认知不可避免产生偏差。一
个很好的例子就是他们对外约旦的描述,无论是地理还是文化,均留下
浓重的《圣经》印象,因此在奥斯曼国内和当地百姓间很难流传开来。
对奥斯曼帝国的臣民来说外约旦就是大叙利亚地区一个行政区域。而
当地人对自身的定位则不同。他们认为,自己从属于家族或村庄,或者
认为自己属于一个松散但特征鲜明的宗教组织。这种认知的不同由来
已久且并不罕见。欧洲人就一直以为信仰伊斯兰教的多民族国家奥斯 7
曼土耳其帝国只有土耳其族。

19 世纪深入约旦冒险的那些欧洲人没能认识这片土地,这没有什

么奇怪。事实是这片土地上人口稀少,而且人的身体素质差、人均寿命短,制约了当地人口增长。另外,气候条件恶劣多变,大片土地被荒漠覆盖,高地农业收成不稳,当地经济仅能维持基本生存,制约了人口素质提高。各地由于生态不同而发展了不同的经济形态。北部阿杰隆是相对小的一片可持续发展的农业区,一条收入不稳的农业带沿着高地山脊往南直插至中部地区,沙漠边缘发展的则是循草而走的放牧业。

气候和地形决定劳动分工。阿杰隆地区经济发展稳定,建有奥斯曼帝国的行政单位。崎岖的山区成功阻止了贝都因人的侵扰,因此人们多定居下来成为农业人口。一个个村庄因农业生产而发展起来并与大宗族有千丝万缕的联系。例如,在阿尔马村(Kufr al-Ma)的舒瑞达部,在豪森(al Husn)的努塞拉特部,在努艾马赫(al-Nuaymah)的哈萨瓦纳部。虽然这些人口已习惯了定居生活,但仍然保持游牧民族部落统治文化,强调酋长对部落的义务责任(nobles oblige)。[1]

平原沙漠地区则是贝都因人的天下。他们控制了草地和水源,进而控制了牧民们的活动范围。大的部落联盟,例如,中部的班尼萨赫尔部和南部的胡韦塔特部还有额外的收入,他们向商人甚至奥斯曼帝国收取保护费,以保证不偷袭过往商品和朝圣者。但是这种共栖关系并非一成不变。奥斯曼帝国决定修建汉志铁路就威胁到大部落的经济利益,铁路通车意味着朝圣者及其他货品不再需要他们的保护和运输。

农民和牧民之外还有第三个群体——手艺人小商人。他们住在外约旦的几个定居点,但是经常得四处游走行商。他们是农民和牧民间的经济纽带,同时也为外约旦和外部世界的沟通起桥梁作用。在易货贸易为主的经济形态里,他们的存在使农民得以出售被社会历史学家拉乌夫·阿布贾勃称之为"谷物之王"[2]的小麦,牧民们则出售骆驼、绵羊、羊毛和干酸奶,换回茶叶和糖等主食或者纺织品和器皿等基本消费品。

奥斯曼帝国及其影响[3]

19世纪30年代,一场旨在复兴奥斯曼土耳其帝国的坦志麦特改革拉开了序幕。[4]除了行政管理现代化之外,改革还包括重新收编帝国边缘地区,这在穆罕默德·阿里率领埃及军队入侵西亚之后显得尤为迫切。改革之后的中央集权达到前所未有的高度,因此融合也较之过去三个世纪更为有效。

不过外约旦地区的融合开始得相对较晚,帝国此时已经摇摇欲坠行将崩溃。中央政权在这里的管理时断时续,开始阶段多有挫折,而且几乎没有涉及卡拉克以南的领土,未来的约旦国除了北部地区之外并没有被纳入奥斯曼土耳其帝国的管辖。[5]即使在融合进行得如火如荼之时,帝国管辖的区域也非常有限,而且统治方式单一,这种状况要到1908年青年土耳其党人革命进一步加强中央集权之后才有所改变。

造成这一状况情有可原。外约旦西北部的和平对贸易发展和国家行政体系向南向东推进至关重要,但再往南并不能给帝国带来更多经济利益。此外,奥斯曼帝国一贯的传统是依靠地方精英管理各地政务,因此中央政府本能地认为将地方重要势力纳入行政管理机构比军事占领更有效也更省钱。阿杰隆和萨勒特就是如此,在这两地帝国与当地政府逐渐建立了共栖关系,帝国提供军事保护,作为交换,当地政府向中央纳税。但是,如果遭到公开反抗,帝国诉诸武力绝不手软。1911年,卡拉克人民以反对纳税和征兵为由起义,帝国随即毫不留情派兵镇压,这绝非偶然。在卡拉克地区,中央和边疆的互惠关系并不牢靠。

行政管理和社会经济上的融合漫长而混乱。经过一系列失败的尝试之后,直到19世纪60年代末阿杰隆和萨勒特才建立起稳定的管理架构。行政区域被重新划分,阿杰隆划归北部赫兰管理,而萨勒特则划归西边的纳布卢斯管辖。纳布卢斯同样管理卡拉克的中央地区,不过只是名义上如此,因为亚喀巴的红海入海口岸从来就不属于外约旦地区。奥斯曼帝国现在有心南扩,所以1893年再次调整了行政区域,卡拉克成为独立的行政区,直属大马士革行省,萨勒特变成它的下属辖区。

9

在当地半游牧部落看来,奥斯曼帝国在外约旦的积极扩张无疑是为了争权夺利,因此引起了他们本能的反抗。但是,当这些部落发现他们有利可图时就改变了主意。和帝国打交道最多的是几个大部落,尤其是班尼萨赫尔部落。领土和经济安全对部落和国家而言都很重要,奥斯曼帝国和外约旦的各大部落为了争夺领土和经济上的至高无上的权力似乎处于一个零和游戏当中,一方有所得,另一方必定有所失。但是双方在游戏中均受掣肘:对部落来说,他们无法匹敌奥斯曼帝国名义上拥有的资源;对帝国而言,由于缺少飞机和四轮机动车,它在自己掌控之外的地带比不上部落的快速机动。

在外约旦,奥斯曼帝国放弃了与部落进行非生即死的斗争,而是选择与之和解。各大部落被逐渐纳入帝国的安全体系。这意味着他们失去征安全税(Khuwa)[6]的机会,北部的农民现在向奥斯曼帝国交税。不过国家要向部落付钱以保证贸易和交流路线的安全,如果贸易增加部落也间接从中受益。土地登记制度的实施带来的安全感,以及欧洲谷物价格上涨都促使部落开发他们控制的土地发展农耕,贸易发达使农业生产也有利可图。正如尤金·罗根所说的,"奥斯曼帝国通过武力强迫人民接受它的统治,然后靠说理来维护统治"[7]。

北部腹地安全形势改善的标志之一就是定居点数量的增加和生产提高。按罗根的说法,1867 年至 1910 年间共有三波定居高潮。每一次定居高潮都是奥斯曼帝国特定政策的产物,国家"战略性地许以土地所有权"[8],鼓励耕种者移居到行政中心之间的土地上。构成这三次浪潮的分别是:当地农民,他们从原有的聚居点向外辐射建立新的村庄;从奥斯曼帝国其他地方来的难民团体;住在贝都因部落土地上的佃农,他们担心国家会侵占他们的土地。

那些具有浪漫情怀坚持奥斯曼帝国通过说理来统治国家的学者们最津津乐道的是关于第二次移民浪潮的故事。这一波移民主要是俄罗斯帝国在外高加索扩张导致的难民。正如孔德当时所说的,自 1878 年以来,大批切尔克斯及车臣人被"移植"[9]到外约旦的几个定居点,主要聚居在安曼—苏伟拉—纳乌尔三角地带。起初,奥斯曼帝国希望这些吃苦耐劳的民族能反抗当地的半游牧部落,增加定居点,扩大农业耕种区,鼓励更多当地人转向定居生活。但是,在克服初期的冲突和疾病带来的困难之后,这些外来者就像他们的奥斯曼庇护者一样学会和当地部落和平共处了。今天他们已成功融入约旦社会,只不过保持了自己独特的文化和政治特色。

大量更加富裕的商人从西部和北部涌入外约旦,这从另一个侧面说明安全形势的改善。长期以来外约旦一直有来自北边和东边的人口流动和交流,尤其是和大马士革的贸易往来。1870 年之后外约旦安全形势好转,巴勒斯坦人口增长带来需求增加,加之世界范围内小麦价格提高,这些因素都促进了农业生产。这反过来又刺激劳动力迁徙,巴勒斯坦人跨过约旦河到东边日益扩大的农耕地里做佃农或者农业工人,这些农耕地大部分都是贝都因部落酋长如班尼萨赫尔的法耶兹家族的领地,更多的村庄出现了。然而,即使到了 20 世纪初,外约旦的农业生产也仍然处于主要由自耕农组成的"原始状态"。[10]

农业生产提高也为商人,尤其是那些来自纳布卢斯和大马士革的商人,提供了更多机会。一些商人受到吸引来到外约旦,定居在当时唯一真正出名的城市萨勒特,但也有一小部分定居在其他城市如伊尔比德。研究萨勒特的瑞典学者拉斯·瓦林把纳布卢斯称为萨勒特的"姐妹城市",两者的人员流动类似,它们同西边巴勒斯坦的联系比和外约旦北部及南部的联系更加密切。[11]

虽然萨勒特仍然是人口最多的城市,但是它的财富相较于安曼却在下降。1903 年的安曼仍然是一个以切尔克斯人定居点为主的小城镇,但是汉志铁路往南延伸经过安曼改变了一切。越来越多的商人转移到安曼以抓住铁路带来的商机。许多人因此受益,其中一个著名的家族凯尔家族来自萨勒特,源于大马士革。家族中的领军人物萨义德·凯尔很快在安曼成家立业,娶了当地一个切尔克斯姑娘,并利用他的阿拉伯身份设法当选为市长。他醉心于政治,后来把一个女儿嫁给了班尼萨赫尔部落的一个大酋长。

第一次世界大战加快了安曼财富的增长。外来商人通过在战争中

11

向奥斯曼帝国军队提供后勤补给而发财。1916 年至 1918 年间,奥斯曼帝国为了应付英国在埃及的挑战不得不在新战线上作战,哈希姆家族发动的阿拉伯大起义削弱了国内对帝国的支持。[12]帝国军队的总部建在安曼,并委托当时的商业巨擘如萨义德·凯尔等人为军队提供小麦、大麦和豆类等关键补给。由于物品都从大马士革进货,因此这些商人动用他们和大马士革的关系保证安曼补给充足。因为连年谷物歉收,战时的投机倒把使利润更加可观,这些商人积累了巨额财富。安曼的库尔迪家族就利用战时获利购买了约 10 000 杜努姆①土地。[13]

第一次世界大战之后的迷茫

第一次世界大战奥斯曼帝国战败随后瓦解,外约旦在 1870 年以来好不容易得以庇护的安全框架随之解体。只有将外约旦的建国努力置于这一背景下我们才能更好地评价它的历史意义。

很明显,最开始在该地区建立一个新政权的构想中并没有考虑外约旦作为独立国家的可能性。1918 年 10 月之后大马士革建立了哈希姆埃米尔费萨尔·本·侯赛因领导下的阿拉伯政府,这是战后英国和哈希姆家族分赃的结果。第一次世界大战期间,驻扎在开罗的一名英国军官与哈希姆家族的族长麦加大谢里夫保持了长期通信,即著名的侯赛因—麦克马洪通信。信中英国怂恿哈希姆王朝倒戈,因此哈希姆王朝在战时与英国合作,占领了亚喀巴,不过在其他地区所得甚微,战争结束后哈希姆家族要求瓜分领土。在整个过程中,外约旦仅被视为大马士革腹地往南领地的延伸。大马士革政府在外约旦延续了奥斯曼帝国时期的管理,寻求当地精英的合作[14],但是后者无权参与大马士革的决策。

国际势力的角逐很快影响到这片地区。1920 年 4 月 18 日至 26 日召开的圣雷莫会议重新规划了近东地区的政治版图。这次会议落实了英法战时划分势力范围的秘密协定——《塞克斯—皮科协定》,根据

---

① 译者注:1 杜努姆相当于 1 000 平方米。

这个协定外约旦将被划入英国的战后势力范围。会议把黎巴嫩和叙利亚划归法国委托管理[15]，把伊拉克和巴勒斯坦划归英国管理，虽然外约旦归属巴勒斯坦管辖，但是列强并未对它作出具体安排，这也说明外约旦在该地区并不重要。圣雷莫会议对战后中东地区新的政治格局形成意义重大。1920 年法国出兵叙利亚，短命的大马士革政府垮台。近东历史被国际势力改写。外约旦已有的管理体系逐渐瓦解，由于法国殖民入侵，叙利亚没有能重新建立起强大的中央政权，外约旦地区与大马士革的联系日益削弱，这反而为它日后的独立发展提供了契机。

随着统治大马士革的费萨尔政权与巴勒斯坦的联系减弱，外约旦的未来变得更加不明朗。此时阿拉伯中部动荡不安，沙特王朝和认主独一兄弟会（瓦哈比教派）征服了大片领土。英国在中东的领地面临两面夹击，北边法国扩张的幽灵若隐若现，从阿拉伯腹地到东南面则是沙特家族统治下瓦哈比教派的扩张，英国绝不能容忍其他势力插入它的两块战略领地巴勒斯坦和伊拉克之间。在外约旦建立政权的想法因此应运而生。外约旦的价值在于它是一个缓冲地带，并且连接了两块对英国至关重要的土地。

英国的难题在于要在外约旦建立什么样的政权。外交部、战争部，以及新近成立的耶路撒冷托管当局为此争斗不休。英国不愿也不能接过奥斯曼帝国自 1870 年之后所承担的责任，战争消耗巨大，没有多余的人力财力接管外约旦了。因此，英国采取了和法国在叙利亚不同的做法，没有派军队驻扎在外约旦。它最终决定维持现状，等到时机成熟了说不定新的安排就会出现。

对于约旦河以东的这块土地，英国采取的管理方式和奥斯曼帝国有些相似：他们决定和当地精英合作。1920 年 8 月，英国驻巴勒斯坦高级专员赫伯特·塞缪尔爵士访问萨勒特，和当地名流见面。他宣布英国将建立多个自治政府，并派遣包括年轻军官在内的官员进驻。巴勒斯坦内务大臣温德姆·迪兹似乎也验证了英国避免过多卷入外约旦事务的说法，他写到这些派驻军官时说他们"唯一的武器"是他们的"影响力"和"建议"[16]。外约旦短暂而混乱的地方自治开始了。

图 1　萨勒特城里的集市，约 20 世纪 20 年代(JEM, 6.10)

　　起初，英国分别在阿杰隆、萨勒特和卡拉克建立了三个政府，卡拉克还是听起来冠冕堂皇的"摩押①全国政府"所在地。地方委员会由名流显贵组成。权贵阶层贪图虚名，对政府官职趋之若鹜，带动了地位差一些的阶层也纷纷谋求一官半职。新兴的安曼聚居点规模还没有大到足以引起殖民者的注意，进而在那建立单独的政府，三名安曼代表参加位于萨勒特的协商会议。

　　事情的发展从一开始就脱离英国人的预想。阿杰隆政府很快按照传统地界分成伊尔比德、阿杰隆、马扎尔和杰拉什四个地区政府。而在卡拉克地区，小镇塔菲拉偶然卖了矿产特许证赚了 1 000 英镑，开了外约旦地区寻租的先河，拥有宝贵的资源促使小镇要求脱离卡拉克而自治，即使自治有名无实¹⁷；另一个小镇瓦迪穆萨紧随其后。之后腹地的强势部落也开始夺回自己的权力，卡拉克政府的管辖范围进一步缩小，

15

————————

　　①　译者注：摩押人(Moab)是中东的古老民族，曾经居住在今死海东岸的约旦境外，《圣经》中有记载。

到 11 月中旬就仅限于卡拉克城本身了。

　　萨勒特地区政府运转了七个月,取得有限成功,这并不让人惊讶。萨勒特人口更多,定居时间更长,更加具有商业头脑。他们深知一个中央集权的政府和安全保障所带来的好处,因此试图维持已有的政府结构。他们了解要建立一支正常运行的宪兵队伍的关键在税收,尽管由于税收基础薄弱,这一愿望从未实现。11 月 21 日阿卜杜拉到达南部城市马安,消息传来时萨勒特政府深感不安。外约旦前途未卜,谁还会同意交税呢?

　　外约旦这段自治的经历虽短但是暴露了诸多问题。参与自治管理的精英不是欧洲人,没有法治观念,因此期望他们按照欧洲人的标准治国是不现实的。更重要的是,这次经历暴露出外约旦所缺乏的建国基础:一个能够渗透并制服偏远地区的权力中心,足够可靠以维持政府机构运转的经济盈余,能建立国家并维持一个国家存在的意识形态。当所有的当地政府都垮台后,在外约旦建国的计划才真正开始。

第二章　建立国家和政权

16　　　20世纪20年代是外约旦建国的关键十年。这期间决定性的事件是英国决定将巴勒斯坦和外约旦分开托管。一直处于政治边缘的外约旦终于成了政治中心，从此建国顺理成章。随着公共事务机关的成立和军队的建立，建国所需的政治管理和军事核心终于搭建起来。随之展开的基建热潮吸引来大量资金，成立外约旦国意味着巨大的既得利益。新建国都安曼迅速成为国家的政治中心，其他城市都黯然失色。英国打造了一个新的外约旦的形象。

　　国家已见雏形，然而政权难定。由于缺少来自外约旦本土的领导候选人，英国只好扶持阿卜杜拉，于1921年立他为埃米尔。平稳的授权仪式之后，阿卜杜拉却并没有坐稳他的宝座。在接下来的三年时间里，阿卜杜拉在处理国内事务和支持叙利亚民族主义运动力量时都遭受了挫折。他对势力庞大的部落采取绥靖政策，加剧了这些部落老对手的不满，遭致他们的挑衅；他的阿拉伯民族主义盟友们在大马士革与法国托管当局不和造成了地区动荡。无论何种情况，阿卜杜拉对孱弱的外约旦国都有一种显而易见的轻视。他曾深陷被英国废黜的险境但总能成功留任。识时务者为俊杰，别无选择的他只能在1923年终止对阿拉伯运动的支持，并在1924年同意英国更多参与对外约旦事务的管理，这些举动最终缓和了他与霸主英国的关系。

英国建立了现代管理框架并将现成的精英管理阶层引进外约旦，这套管理模式持续了二十几年的时间。阿卜杜拉成为阿拉伯人的领袖，并逐渐习惯处理多变的国内政治。英国监管者及他们任命的官员控制了国家，尤其是军队和财政。英国以财政援助的方式偿还债务，帮助外约旦建立基础设施，为国家未来政治经济的持久发展打下了基础。

阿卜杜拉的安慰奖

1920 年 11 月阿卜杜拉率领近 300 人(并带有 6 顶机枪)[1]从麦加来到马安，标志着外约旦政权建立的开端。他的这一举动有两种解释：其一，这是哈希姆家族应对王朝势力衰退之举。没有家族的支持阿卜杜拉不可能作出这一举动，而谢里夫·侯赛因确实给外约旦的知名人士写信为儿子铺路[2]。其二，这也可以看作纯粹是阿卜杜拉个人的举动，以此彰显其野心重申在哈希姆家族中的地位。一向自负的阿卜杜拉深受兄弟竞争之苦，他的三弟费萨尔名声显赫更得英国人的垂青，他为此愤恨不平。无论英国人最终对外约旦的安排是什么，阿卜杜拉永远把它和伊拉克作比较。

前往马安无疑是个精明的举动，这点从两拨人的反应可以看出。首先，这一举动具有象征意义，彰显了哈希姆王朝对大叙利亚的政治野心，区区外约旦不是此行的目标，而在当地人看来阿卜杜拉的随行人员的规模和性质都增加了他的权威。其次，这个举动显然经过精心设计以免激怒英国人。阿卜杜拉的随行队伍人数不多装备不足，在英国人的眼里还够不上一支军队。英军此时驻扎在卡拉克及往北的据点里，马安在领土管辖上处于较为模糊的地界；亚喀巴仍然被视为汉志王国的领地。英军对阿卜杜拉的举动没有任何反应，而这恰恰就反映了英国人对此事的态度[3]，由此可见阿卜杜拉此人此举的精明之处。阿卜杜拉的最终目的还是要回到英国人的视野里获得他们的青睐。他的兄弟刚刚在法国人手里吃了败仗，他自己资金匮乏，除此之外他也没有什么更好的办法来实现他的政治抱负了。

在马安安顿下来后，阿卜杜拉着手巩固他的地位。他建立起自己

17

18

图 2 埃米尔阿卜杜拉(前排左)、赫伯特·塞缪尔爵士(前排中)和谢里夫·沙基尔(前排右)在安曼,1921 年(JEM, 6.209)

的迪万,娴熟地扮演一个哈希姆王子的角色,这正是他的强项。他派遣一些跟随他的汉志近臣出使北部地区,其中最有名的就是谢里夫·沙基尔·本·扎伊德。外约旦此时地位未明,众多部落首领和政治要人欣然接受他的邀请也不足为奇,因为对他们来说这至少是对外约旦未来押宝的一次演练。结果自然是阿卜杜拉大获成功。他的营地就像一块磁铁吸引了越来越多的部落使团和热血青年,因此其他领导人也就越发难以忽视他的影响力[4],在耶路撒冷和伦敦决策者的眼里他就越值得信任。

19 英国对阿卜杜拉进驻马安一事迟迟没有反应,外界纷纷认为这就是英国对外约旦的政策,越来越多的当地势力猜测英国默许了阿卜杜拉的政治野心。事实并非如此,阿卜杜拉一直没有进一步的举动也从侧面印证了这一点。他驻扎马安三个多月,尽管部下催促他继续北上,他却害怕引起英国反感而一直没有答应。他的谨慎小心后来证明是有道理的,他在马安待了这么长时间动摇了当地政府脆弱的统治,同时也向英国证明了若要依靠本土人统治外约旦,他才是唯一可行的选择。直到 1921 年 2 月阿卜杜拉才出发向北前往外约旦腹地,在英国人看来,他成为外约旦的首领已是既成事实。

阿卜杜拉选择的时机恰到好处。10 天前英国刚刚在开罗会议上调整了中东政策。开罗会议之前英国政府进行了机构重组,把政策制定收归殖民地部,这就意味着帝国对阿拉伯东部地区的政策不再受外交及印度事务部里既得利益集团的干涉。殖民大臣温斯顿·丘吉尔决心要解决外约旦和伊拉克面临的难题。不过英国虽然经历了高层机构人员的变动,但在较低层次的决策圈里仍然保持强大的连贯性。一小撮中东问题专家和阿拉伯问题专家的进言献策仍然影响不小,这群人中对丘吉尔影响最大的无疑是 T.E.劳伦斯,他从 1918 年以来就是英国制定中东政策所倚重的人物。他们都倾向于"谢里夫解决方案",这就是开罗会议召开的背景。

开罗会议没有让人失望。这次关键会议决定了外约旦和伊拉克两地未来的发展道路。对阿卜杜拉来说不幸的是会议确立费萨尔为伊拉克国王,这充分说明费萨尔与英国人关系密切,比他更得英国人信任。英国人把外约旦给阿卜杜拉算是对他的安慰,也是对他马安战略的认可。开罗会议之后没有多久,3 月底丘吉尔与阿卜杜拉在耶路撒冷会面,会面后两人握手,标志着英国人正式认可阿卜杜拉。

谢里夫时刻

阿卜杜拉从此不再是空有一腔抱负的王子,而是实实在在肩负起管理一方领土重任的诸侯。可是开罗会议之后的三年里,他与英国的关系逐渐紧张。与丘吉尔友好会面之后,严峻的现实摆在他面前。最核心的难题是如何建国以及如何将所有人融入新成立的外约旦酋长国。

这些问题本身就是巨大的挑战,现在又因为英国和阿卜杜拉之间的根本分歧而更加难解。英国关注的是如何根据古典西方的、欧洲的模式在文化完全不同的外约旦成功建立政权,而阿卜杜拉却仅仅将他

20

的新领地看作是扩张汉志王朝领土的出发点。这里面还有他的一点私心，看到英国人把更重要的伊拉克赐予他的弟弟费萨尔，阿卜杜拉心中不甘，他绝不能输给他的弟弟。这根本的分歧正是造成1924年之前阿卜杜拉和英国之间紧张关系的根源。

客观来说，开罗会议以来阿卜杜拉做得不错。相较于外约旦，英国更关心中东地区的区域关系，坚持外约旦必须保持稳定不能威胁到他们更加看重的巴勒斯坦托管地和法属叙利亚托管地，担心外约旦问题处理不好会影响他们与敏感的欧洲盟友的关系。至于其他方面，英国并不知道在外约旦该采取何种手段建立何种形式的政府，这些都是阿卜杜拉作为埃米尔的责任。事实上，英国对外约旦事务不甚上心。在开始阶段，英国只是强调会在六个月后评估外约旦的情况：阿卜杜拉正处于试用期。

阿卜杜拉对此表示理解，他不过是在马安下对了一步棋得到了外约旦，他压根没想在这里扎根发展。对他而言推翻巴勒斯坦或者叙利亚（最好两者皆有）的现有统治才是实现他的王朝和个人野心的要素。在他眼里外约旦什么也不是，他对此不屑一顾。因此，他没有领会英国的意图，也没能理解在伦敦、耶路撒冷和驻外约旦的新一代英国殖民官员的个人看法。他压根不知道对他的半年评估将依据两条标准：他对建国的贡献，以及外约旦多大程度上给北边和西边的新政权制造了麻烦。

不到半年矛盾就已显现。到1921年6月，阿卜杜拉试用期尚未过半，历史学家乌利尔·达恩写道："殖民官员几乎就阿卜杜拉下台达成一致意见——阿卜杜拉必须离开，可能的话给他留点体面。"[5]英国驻安曼首席政治官员阿尔伯特·阿布拉姆森的指责是全方位的，在他看来，阿卜杜拉从统治能力到个人作风一无是处。他管理松散、财政把控不严，安全形势没有改善，本人又懒惰、软弱、挥霍无度。

阿布拉姆森的报告反映了阿卜杜拉和英国对建国构想和优先政策的不同看法，同时也说明两人之间不投缘。虽然阿卜杜拉辖下外约旦的安全形势较奥斯曼帝国战败以来并未有较大变化，但是他的一些举动确实无助于提高安全。他任命的第一任首席参谋就是明证。拉希德·塔里出生在黎巴嫩,是阿拉伯独立运动的成员,即"独立党人(istiqlalists)",任命他为首席参谋充分说明了阿卜杜拉的政策走向。"独立党人"大多为黎巴嫩或叙利亚人,阿卜杜拉偏好他们正因为黎巴嫩和叙利亚才是他的终极目标。如果他最终要统治大马士革,这些人是他将来的臣民。但是阿卜杜拉在这件事上处理得过于简单粗暴,塔里因其政治活动早已被法国人缺席判了死刑。

　　虽然塔里很快被罢免,但是在很多事情上阿布拉姆森仍然不满。塔里的继任者马祖·拉斯兰也是一名阿拉伯民族主义者,只不过不如塔里那么有争议[6],其他大部分高级军官,无论是参谋还是战地军官也都是来自其他地区的民族主义者。另外,民族主义活动分子可以自由进出外约旦。1921 年 6 月,得到外约旦庇护的"独立党人"策划了一次针对法国派驻黎巴嫩高级专员高洛德将军的刺杀行动,一名法国士兵身亡。由此可见,阿卜杜拉的政策可能造成的严重后果。这次事件对外约旦和英国的双边关系造成了极其恶劣的影响,双方就是否引渡行凶者意见不一,争执不下。英国曾经对阿卜杜拉提出两条要求,其中之一就是不要给北边的新政权制造麻烦,阿卜杜拉的轻率导致了英法之间的紧张关系,很明显违背了这一条要求。

　　尽管在安曼、耶路撒冷和伦敦的英国官员对阿卜杜拉普遍不满,但是他终将通过半年考察期。如果说他一开始能担任埃米尔少不了劳伦斯的功劳,那么他能够保住自己的宝座劳伦斯更是功不可没。劳伦斯是丘吉尔的重要幕僚,当丘吉尔收到大量对阿卜杜拉的负面评价之后派劳伦斯到外约旦进行独立评审。劳伦斯在报告中指出英国政府对阿卜杜拉政权的支持有诸多不足,基于此他建议不要替换阿卜杜拉。他的报告得以采纳的一个重要原因,是提到阿卜杜拉的留任有助于外约旦主动与巴勒斯坦联合[7]。

　　阿卜杜拉成功通过了考察期,但是他和英国当局就叙利亚民族主义者的分歧并未终结。不过由于叙利亚和伊拉克大赦,这些民族主义者的重要性有所下降,而且他们中的许多人也意识到新的政权已是既

22

成事实,不再像以前那样制造麻烦。尽管如此,外约旦政府中独立党人的存在问题仍然拖延至1924年2月才得以解决。因为独立党人在新成立的预备役部队和阿拉伯军团里势力强大,所以清除他们的努力迟迟难以成功。英国军官弗雷德里克·皮克受命组建新部队,但由于独立党人控制了预算,他的工作也难以展开。拖欠军饷导致军心涣散军纪松懈,但混乱的情势中也蕴含着变革的机遇。正是在这种背景下英国成功驱逐了三个改头换面成高级军官的叙利亚民族主义者以及两个政治要员,政府高位上的独立党人纷纷被罢免。其余一些人,如易卜拉欣·哈辛,则像阿卜杜拉一样[8],放弃了国外不确定的未来而选择在外约旦确定的政治地位。哈辛忠心耿耿身居高位多年,直到1958年访问巴格达时被伊拉克暴乱分子刺杀身亡。

新政权的政治:捏合不同社会群体

23   从1921年春天到1924年年初,独立党人问题短暂成为外交内政的要务。不过另一个问题则长期困扰外约旦政府,这就是如何处理与主要社会群体之间的关系。外约旦的社会群体两极分化,一极是过定居生活的农民,集中在北部阿杰隆地区周围,另一极则是半流浪的游牧部落,例如,班尼萨赫尔和胡韦塔特部落。两极中间分布着其他部落或部落群体,比如巴尔卡地区的阿德万部落,他们曾经过着半流浪的游牧生活,但是在奥斯曼帝国统治后期由于经济和社会稳定越来越倾向于定居生活。处理好这些不同群体之间的关系至关重要。自从奥斯曼帝国瓦解之后,外约旦地区一直处于群龙无首的状态,要建立一个新的国家政权,建立、检验、巩固新的政治关系绝非易事,因此社会不稳乃至偶尔爆发冲突都在预料之内。

丘吉尔曾就管理内务给予阿卜杜拉广泛授权并提供充裕的资金支持,期望他能够厘清这些内部关系。但是阿卜杜拉对酋长国的内部事务缺乏兴致,加上早期的政府受到独立党人的把控,因此中央政府没有对地方起到多大的领导作用,没能建立起自由的现代国家。阿卜杜拉初期的治国之道本质上是欺软怕硬的:安抚人口较多组织较好的大部

24

图 3　一对约旦农民夫妇，1933 年(Stark，MF129 D5)

落以便更好地管理他们,防止他们闹事;无视弱小的、过定居生活的社会群体,对他们课税以扩充政府收入为他以后入主叙利亚蓄势。阿布拉姆森和皮克正是基于他的这个治国思路,对他头六个月内的施政表现作出评价的。

阿卜杜拉的这种治国方式带来了诸多问题。新政府刚成立没多久就遭遇了第一次挑战,1921 年 6 月北部库拉人叛乱。库拉村民们拒绝交动物税,因为他们已经向刚刚垮台的自治政府交过税了。一支宪兵队奉命前往该地区抓羊抵税,在当地农民眼中北部政府和警察部队俨然就是强盗化身,于是他们伏击宪兵队并杀死了 20 个宪兵。事情的性质因此转变。本来英国人还同情村民,但是村民攻击政府部队造成伤亡之后,在英国人眼里他们的行为就演变成挑战公共秩序和新生政权了。于是英国派出飞机在库拉上空侦察,这一举动很快震慑了当地居民,促使他们向中央政府妥协。

1923 年类似的一幕再次上演,不过这次影响更大。政府在对阿德万部落课以重税之后还要恢复 1918—1920 年间的税种,他们终于不堪忍受奋起反抗,用约旦史学家苏莱曼·穆萨的话说,领导了一次反抗中央政府的"税务运动"。他们的老对手班尼萨赫尔部落在阿卜杜拉的默许下不用交税,两相对比之下更让英国人对他们心生同情。阿德万部落相对贫困,加上在阿卜杜拉政府中重要性下降,这都威胁了他们一直以来在拜勒加省部落联盟中的领头羊地位。他们的反抗也算事出有因,但是由于他们离首都太近,民众基础大,因此这次事件要比库拉叛乱严重得多。

应对这次危机仍然是以英国为主,以阿卜杜拉政府为辅。英国人除了支持他们扶植的政府之外别无他法,双方之间爆发了小规模战斗,英军出动了装甲车,虽然没有派上多大用场,但是展示了最新的军事科技,表明了英国政府的立场和决心,就像皇家空军在库拉事件中起到的作用一样。作为辅助,阿卜杜拉拉拢尽可能多的支持者。最主要的支持者是那些政策受益者和阿德万部落的传统劲敌,像班尼萨赫尔部落。随着一些中立部落甚至拜勒加省的部落[9]也一一倒向政府,阿德万部落及其支持者们很快就溃不成军了,只好在六个月后签署不平等条约向政府投降。危机结束没多久,外约旦这个外国势力扶植起来的政府在独立之前又经历了一次更严重的挑战。1926 年 2 月瓦迪穆萨爆发起义,不过很快就在配有两辆装甲车、拥有 450 人的阿拉伯军团的镇压之下失败了。

虽然阿卜杜拉厚此薄彼导致一些部落愤愤不平,但他处理部落关系并非随心所欲。他对一些部落的安抚政策取决于两个因素:他自身在外约旦的弱势,以及对外来入侵的担忧。这两个因素促使他不得不寻求政治结盟。阿卜杜拉在外约旦的弱势是他自己造成的。他对叙利亚的野心,意味着微薄的财力用于培植叙利亚的政治势力,而不是巩固他在外约旦的统治。他既没有足够的资金团结像班尼萨赫尔这样的部落,又没有强大的个人魅力作为弥补,唯一的选择只能是财政上的优惠和在裁定领土及部落间纷争时偏袒他们。他的这种政策招致英国驻外约旦官员持续尖锐的批评,并引起利益受损集团的强烈不满。

虽然在作为外约旦元首的头三年里,阿卜杜拉在国内事务上表现平平,但是他在外交上则反应敏锐,符合人们对于一个哈希姆家族成员的期待。如果说他在 1921 年关心巴勒斯坦和叙利亚的政治前景是心存幻想,那么到了 1922 年他对外事的关注就不再是为了投机而是事关王朝的存亡了。20 世纪初期和哈希姆王朝同时崛起的还有位于阿拉伯中部内志的沙特王朝。20 世纪 20 年代初期,沙特家族的新一任首领阿卜杜勒·阿齐兹·伊本·沙特重塑沙特对内志的统治并威胁到哈希姆家族在汉志的统治,他领导了一系列对外战争最终在 20 年代末建立了我们今天看到的沙特阿拉伯。

1922 年伊本·沙特率领由贝都因人组成的突击部队"兄弟军"①第一次大规模突袭外约旦,一直打到离安曼 12 英里才停下。两年以后,1924 年 8 月,沙特第二次入侵外约旦,此时正值哈希姆和沙特王朝斗争的高潮。虽然第二次入侵也被击退,但是外约旦却是在与沙特的

①　译者注:Ikhwan 在阿拉伯语中表示"兄弟",所以这里译成"兄弟军"。

关系中处于守势,并且与麦加和汉志的联系被切断,后者在 1924 年 10 月落入沙特之手,哈希姆家族失去了他们占领时间最久、最引以为豪的领地和文化基地。

正是位于安曼东南部的班尼萨赫尔部落承受了两次入侵的主要冲击。要是班尼萨赫尔部落倒戈,那将给酋长国带来灾难。优阿芙·阿龙曾经说过部落联盟的忠诚对阿卜杜拉抵抗沙特的扩张非常重要,他甚至还将班尼萨赫尔称作是"20 年代初期(外约旦)事实上的武装部队"。[10]实际上,英国皇家空军的作用更大,正是他们压制了贝都因部队穿越沙漠时的速度,在他们第二次突袭时将他们击退。两次入侵之后,英国政府决定必须将沙特的扩张限制在汉志以西。

1925 年 11 月沙特阿拉伯和外约旦之间签署了《哈达协定》。这一协定的目标是保证沙特再无理由侵略外约旦。为了实现这一目标,英国作了些让步,牺牲了外约旦境内部落的利益,比如割让卡夫,而班尼萨赫尔和希尔汉部落的冬季牧场正在卡夫,还有将外约旦在锡尔汗谷地的 60 个永不干涸的井中的 45 个割让给沙特。虽然边境上仍有贝都因人非法穿越,但条约标志着沙特对哈希姆家族的挑战结束。英国人在汉志没有维护哈希姆家族的权力,但是他们确保了王朝在外约旦的存在。

英国和外约旦的命运

阿卜杜拉通过了头六个月的考察期,但是阿布拉姆森没有。1921 年 11 月,固执己见的英国人哈利·圣·约翰·菲尔比取代他成为英国首席代表[11]。菲尔比一生特立独行,成为世人注意的焦点。他在职业生涯后期皈依伊斯兰教,而他的儿子金·菲尔比是著名的苏联间谍。不过他 1921 年 11 月至 1924 年 4 月待在外约旦期间并没有什么引人注目之处。他在和阿卜杜拉的个人关系破裂之后很快被调离外约旦。只能说一山难容两虎。

这段时期的重要成就之一是英国决定承认外约旦是独立于巴勒斯坦的存在[12],并决定宣布外约旦将不在划归犹太人国家的领土上[13]。1917 年 11 月贝尔福宣言之后英国并未想过把外约旦与巴勒斯坦分割,但是既然外约旦可以划归到叙利亚费萨尔治下,那它也就可以从巴勒斯坦独立出来。

局势持续波动,正如前文所述,1920 年 4 月圣雷莫会议上英国对于是否将巴勒斯坦与外约旦合并更加摇摆不定。但是托管政府官员确实担心分治难以持久。1920 年 8 月,大马士革的费萨尔政权垮台,英国驻耶路撒冷高级专员赫伯特·塞缪尔爵士出访萨勒特,向外约旦各界名流传达英国政府的新安排。虽然塞缪尔本人出于意识形态和官僚统治的原因坚信外约旦应该完全纳入巴勒斯坦托管政府,但是他在萨勒特传达的信息却完全相反。他不得不申明外约旦不会被置于巴勒斯坦管辖之内。但是这个申明没有什么说服力,除非当地政府保持不变。之后各地政府垮台,阿卜杜拉到达马安,形势再次扑朔迷离。

外约旦前途未卜,不过随着犹太人大量涌入,犹太复国主义运动的领导者们积极地运作,希望把外约旦纳入巴勒斯坦。具有讽刺意义的是,他们得到了一个人的支持,这个人正是阿卜杜拉。阿卜杜拉对约旦河西部的领土抱有野心,因此令人惊讶地在合并一事上态度模棱两可,并未全力促使英国人正式分割两地。英国当局对埃米尔仍心有疑虑,因此也不愿立刻表明态度。

这种状态持续到 1923 年,在阿卜杜拉的督促下,英国加快步伐承认他在外约旦的地位。根据阿卜杜拉传记作者玛丽·威尔森的说法,在前一年年底的谈判中,他终于等来了英国的"让步"[14]。英国给出了一份措辞谨慎的书面保证,宣称它"将承认"阿卜杜拉领导下的在外约旦的独立政府,只要新政府符合宪法且允许英国履行国际义务。当涉及埃米尔国和巴勒斯坦的关系时,措辞更加微妙,不过确认了外约旦独立于巴勒斯坦的地位。在与阿卜杜拉打交道时,耶路撒冷高级专员的身份将不再是巴勒斯坦政权的首脑而是托管政权的代表。1924 年英国政府在向国联报告相关事宜时提到的是"在巴勒斯坦及外约旦托管政府"而非 1923 年提到的"巴勒斯坦政府"[15]。

新任英国首席代表亨利·考克斯的经历不像他的前任菲尔比那样

多姿多彩,因此世人对他知之甚少[16]。但是在外约旦建国一事上,他起的作用要比菲尔比大得多。他作为英国高级官员将在安曼待 15 年。30 年代,约翰·格拉布因为帮助半游牧部落成功融入国家而闻名,他要多谢考克斯在任 15 年内为约旦建立了坚实的政治核心,迈出了社会融合的第一步。

考克斯到达安曼时,英国当局已经对外约旦政府的管理,尤其是财政管理越来越失望。考克斯的任命本身就是英国政府在这种不满情绪下试图寻求解决办法的反映。考克斯是一名富有敬业精神、头脑冷静的殖民地官员,英国政府授权他推行改革。自从 1921 年埃米尔国成立之后,英国政府每年提供相当可观的资金作为专款专项支援。英国此时国内正遭遇经济困难,需要节省开支,因此难以接受阿卜杜拉毫无节制的挥霍。阿卜杜拉把国家预算当成自己的私人腰包,他的阿拉伯大臣们既不愿也不能制止他。在 1923 年前 7 个月阿卜杜拉的花费就超过了全年的王室专款津贴。[17]

表 1　英国给外约旦专项拨款(英镑)

1921—1922	1922—1923 *	1923—1924	1924—1925
180 000	100 000	150 000	80 000

* 之后减少了 10 000 英镑。
来源:英国官方报告[18]。

1923 年夏末,英国当局转变了对待阿卜杜拉的方式,采用了新的专款专项分配系统。从此以后,如果外约旦政府没有达到拨款的要求,英国代表将不会发放资金。之后,英国议会投票决定款项绕道耶路撒冷,将由巴勒斯坦高级官员负责发放。与此同时,考克斯在耶路撒冷方面的敦促下决定插手外约旦的政务。他利用财政拨款干涉阿卜杜拉的人事任免,这已经超越财政管理的范畴,他比他的前任管得多得多。1924 年 5 月,阿卜杜拉按照考克斯的吩咐不情愿地任命阿里·莱达·莱卡比为总理,这次任命引发了接下来的一系列事件,阿卜杜拉和英国之间第二次也是最后一次的危机拉开序幕。

虽然阿卜杜拉接受强加于他的对莱卡比的任命,但他强烈反对新的财务监管系统。他主动要求减少王室专款津贴项目,试图以此说服英国人取消新的系统,可惜考克斯看穿了他的计划。考克斯听从于巴勒斯坦政府秘书长吉尔波特·克莱顿爵士的指示行事,因此阿卜杜拉试图挑起英国官员内斗的企图也失败了。在这场意志的较量中考克斯坚持两个选择:"要么强迫埃米尔接受充分的财务管制,要么把他晾在一边让他在国内政务上当个傀儡。"[19]虽然考克斯经过冷静的分析放弃了第二个选项,知道这会被有心人利用反对中央政府,但是他确实考虑了另一个可能性,即用阿卜杜拉最小的弟弟扎伊德取代他。

耶路撒冷方面接受了考克斯的评估,克莱顿起草了对阿卜杜拉的最后通牒。除了要求埃米尔接受新的财务监管系统外,通牒里还提出了其他要求:驱逐被英国认为是不良分子的政治人物,与在叙利亚的法国人签订引渡协定,取消部落管理部。通牒的结尾是一句装腔作势的话:"我相信陛下您完全接受以上条件之后,英国政府将没有必要重新考虑外约旦的整体地位。"[20]阿卜杜拉完全明白最后的威胁之语。他缺少当地势力的支持,他寄予希望的独立党人受到致命打击,兄弟军入侵一事证明外约旦的国防仍然依赖英军,阿卜杜拉意识到他别无选择,1924 年 8 月 20 日他无可奈何地签了字。

虽然最后通牒当众给阿卜杜拉难堪,对他来说是一次失败,但是长远看来阿卜杜拉却是因祸得福。加强行政监督加快了外约旦的国家建设,最终阿卜杜拉和他的继承者们获益。继独立党人势力衰退之后,关于财务管理不当的指控被取消,横亘在阿卜杜拉和驻安曼主要英国官员之间的矛盾解除,两者之间最终建立起基于合作分工的共同伙伴关系;甚至阿卜杜拉和考克斯及皮克之间的关系也有所缓和。最后通牒就是外约旦政治的一道分水岭,从此以后英国再也不会重新考虑关于阿卜杜拉作为外约旦埃米尔的决定了,英国人现在坚定地支持阿卜杜拉,当地的各界领袖纷纷前来向他示好。

31

加强行政管理

英国人日益卷入外约旦政务,新问题随之出现:谁将参与埃米尔国管理?这个问题自 1920 年起就困扰着英国当局。当他们试图筹建一支机动部队时遇到了兵源问题,部队负责人勃伦顿上尉打算组建一支由阿拉伯人和切尔克斯人组成的联合部队。切尔克斯人在奥斯曼帝国期间从俄罗斯迁徙到此地定居,至今仍然保持自己的特色。虽然他们对英国并未抱有恶意但还是拒绝了英国人的请求。他们担心自己势单力孤,如果和外部势力牵扯,等英军撤离他们就会被置于危险之中。虽然勃伦顿在外约旦任职时间很短,但他创建的机动部队恢复了一项历史悠久的传统,即起用与当地政治势力毫无利益瓜葛的外来群体来管理本地人。这不是勃伦顿的原创。在外约旦当地人自治那段时期,当地政府就采用了这种有效的管理办法。卡拉克政府从巴勒斯坦雇用了 50 名宪兵来征收罚金、税金以及抓捕罪犯[21]。这种做法效果显著,这些雇佣兵承担了越来越多的工作以至于最后不堪重负。

从外部招募重要骨干参与管理的想法在外约旦从巴勒斯坦分离的初期就有了。接替勃伦顿担任机动部队指挥官的皮克发现招兵困难,库拉事件又加剧了当地居民对武装部队的疑虑。于是,按瓦提克奥蒂斯的说法,他"转向曾经在奥斯曼帝国军队里服役过的阿拉伯人",这些人中很多来自叙利亚、巴勒斯坦[22]、埃及和苏丹[23]。后来随着独立党人被驱逐,皮克一直属意的当地村民参军的意愿提高,机动部队的构成有所变化。然而,到 1928 年年底为止仍有 36% 的士兵来自外约旦之外的国家和地区,其中有 156 名来自巴勒斯坦一地。部队接受 5 名英国军官的指挥[24],这 5 人全权负责招兵、训练、军纪、晋升和作战规划。这支部队后来被称作阿拉伯军团而广为人知;除了穆斯林,部队里还有相当规模的基督徒士兵[25],其比例之高再度说明部队招兵时有意识地吸纳少数族群。[26]

到 1926 年,阿拉伯军团已成功平定了人口众多以农耕经济为主的地区,但是在外约旦的外围地区,安全形势仍然不容乐观,那里主要生活着半游牧部落,汉志铁路以东没有阿拉伯军团的据点。为了把这些地区吸纳进中央政权的管辖范围,也为了加强边界管理,英国当局在 1926 年 4 月 1 日成立了名不符实的外约旦边防部队。这支部队成立之初比阿拉伯军团还不像一支外约旦部队。它是巴勒斯坦托管政府殖民地部队的一部分,虽然由英国驻耶路撒冷高级专员拨款,但隶属于英国战争部。外约旦部队共 1 000 名士兵,大部分来自巴勒斯坦、叙利亚和黎巴嫩[27]。唯一令人瞩目的"外约旦"成分还是切尔克斯人。他们现在确信英国人对外约旦有长期义务,因而放心加入,他们占全部兵力的 25％。[28]

外来人员在军队里规模可观,不过他们将在新成立的政府中发挥更重要的作用。整个 20 年代"建国"势头大好,外约旦单独托管地位确立,国家制度初见雏形,1924 年后各界对国家政权的定位和目标已达成共识,1928 年后政府基本架构确定下来。至少在非游牧部落控制的地带,关于建国已无异议。外约旦加速完善国家制度构建内部网络。

阿卜杜拉 1924 年接受最后通牒之后,英国政府往外约旦指派了一拨新的官员,开始这些官员大多占据重要的决策岗位,例如,阿兰·科克布莱德 1926 年 1 月到达安曼担任财政部长。但是英国逐渐改为任命一些相对低调但是同样有影响力的官员到一些重要的行政领域如司法和财政等担任顾问,或者到海关和森林等部门担任负责人。英国控制了钱袋子,因此,如果外约旦政府不接受相关官员的"建议",那么英国的拨款就会减少。由于外约旦政府缺乏管理国家的能力,因此英国官员在外约旦待了很长时间,直到 1936 年仍有 20 名英国高官任职于外约旦政府。[29]

除了英国人占据行政部门要职之外,英国政府还从巴勒斯坦托管政府借调了一批官员。从 1925 年任命公共事务部负责人开始到 1929年年初,共有 8 名任职高官来自巴勒斯坦。在低一些层级的行政部门里更是有大量外约旦以外的人员任职。出现这一现象的原因是外约旦缺少足够的受过教育和具有从政管理经验的人才来充实逐渐壮大的公务员队伍。英国当局和外约旦王室都欢迎这套人事体系,部分原因是外来的官员忠心可靠,对于阿卜杜拉来说,这么多外国人在外约旦就职满足了他做一个阿拉伯世界领袖的野心。在 1936 年,32％的公务员出生在外国。[30]

许多外来人才选择在外约旦定居及发展事业,是因为这里有巴勒斯坦所不能提供的工作机会。这些人通过 1927 年《外国人法》和其他法律获得外约旦正式身份,长期利益得到了保障。在接下来的 30 年间,这些官员的一小部分成为国家最知名的政客,例如萨米尔·里法伊和陶菲克·阿布·胡达。具有讽刺意味的是,这些外来政治精英在外约旦国内激起的愤恨不满甚至超过了英国殖民地官员。这促使第一波外约旦民族主义形成,20 年代末 30 年代初,民族主义者们把这些巴勒斯坦官员定义为"他人",从而影响了阿卜杜拉和英国政府正在开展的国家建设事业。

第三章　独立路漫漫

外约旦地区存在一个国家或政权,到 20 世纪 20 年代末这已是不 容争辩的事实。英国经国联授权托管埃米尔国,阿卜杜拉王子则是名义上的首领;一个由英国官员和外来精英构成的统治阶层掌管着这个国家;安曼日益成为国家的政治中心[1]。尽管大部分领土仍然动荡不安,但在农业区人民生活安定秩序井然。

早期关于建国的种种不确定因素此时已经解决,但是未来国家的政治构建和长远的社会发展仍然问题重重。国家将建立何种政体? 如何处理英国殖民者、哈希姆统治阶层和各种地方势力之间的关系? 当地人对统治阶层和外来商人享有的特权地位日益痛恶,这将产生何种影响? 还有国家边缘地区如何发展:外约旦能否成功将游牧地区纳入新的政权?

困扰约旦的除了国内问题之外还有地区紧张形势。在巴勒斯坦,犹太移民大量涌入与当地阿拉伯人摩擦加剧,英国统治当局对此束手无策。在叙利亚,法国托管当局以促进当地政治发展为借口推行分而治之的战略遭到强烈抵触,反抗运动席卷叙利亚南部。这些地区动荡一定程度上引起了外约旦的忧虑,但是对阿卜杜拉,永远的阿拉伯哈希姆王子而言,这些地区纷争提供了扩大个人权力的绝好机会。

建立政治制度

36   1924 年阿卜杜拉接受最后通牒,为外约旦的制度建设扫清了道路。根据外约旦托管条款,英国必须依照《国际联盟盟约》第 22 条进行委任统治。英国有责任监督促进外约旦埃米尔国的政治制度建设,并每年向位于日内瓦的国联常任托管委员会报告进展情况。英国曾在 1923 年报告中指出将在外约旦建立立宪政府。但是直到 1928 年,值得一提的成就只有创立了执行委员会,是为内阁政府的前身。虽然国联对成员国委托统治的约束力不强,但是国联条约的条款还是得到了遵行。

       1921 年年底六个月的试用期结束时,没有任何关于阿卜杜拉权力或者职位的总结报告,某种程度上来说他被搁置了。早在 1922 年英国就开始起草一个条约以明确规范各方的地位和职责。但是最初的版本里没有提及阿卜杜拉的名字,只是笼统地提到“一个阿拉伯埃米尔”。阿卜杜拉和英国之间就独立党人问题的摩擦无益于推动进一步讨论,1925 年年初普卢默爵士取代赫伯特·塞缪尔成为英国驻巴勒斯坦高级专员,这次人事变动再次推迟了条约商讨,直到 1926 年 3 月新的条约草案才成型。

       1928 年 2 月 20 日,英国国王陛下和外约旦埃米尔之间的正式协议[2](后又修订了两次)终于签署。这个文件反映了阿卜杜拉和英国之间的力量差距,在当地[3]遭到“强烈反对”[4]。协议中处处强调英国国王陛下的最高权威,而将阿卜杜拉置于从属地位并对他的权力加以限制。协议的条款反映出英国在外约旦所关注的焦点,战略问题(尤其是与军事相关的问题)以及英国对高效率有效力政府(尤其涉及财政)的不懈追求都在条约中凸显出来。至于阿卜杜拉,他需要一再同意“接受(英国当局的)指导”(条款 5)或者“寻求(英国当局的)意见”(条款 6)。外约旦的殖民地地位正式确立[5]。虽然有人将条约与 1922 年的《英国—

37   伊拉克》条约相比,但是英国当局强调英约条约实质上和伊拉克的“飞速发展”“不可相提并论”。[6]

对阿卜杜拉而言,条约的最大好处是承认了一个接受"外约旦埃米尔陛下统治"的政府。自从哈希姆家族被赶出汉志后,阿卜杜拉心中一直惴惴不安,这个条约无疑给他吃了一颗定心丸。英国进一步强化了外约旦的地位,外约旦不再是一个地区而是一个埃米尔国。伦敦也同意支付外约旦政府包括军事开支在内的所有额外支出。条约承认外约旦经济发展落后无力支持现代国家的基础设施建设,因此把每年对殖民地政府的经济援助以制度的形式固定下来。条约同时规定了许多政治实践的原则,当地政府也从中得到好处。正如卡迈勒·萨利比所解释的,"它们(有关外约旦与英国关系的条款)制定了游戏规则,而只要有游戏规则,就有可操作的空间,无论那个空间多么小"[7]。

以这个协议为起点,外约旦最终也许可以获得某种形式的独立。这显然是驻安曼英国当局和殖民地部共同的想法。条约签订三年后,即使是外交部也不得不承认让安曼脱离耶路撒冷的管辖是个好主意[8]。自从为人更加圆通的亚力克·科克布莱德取代考克斯担任英国驻节专员后,外约旦更是朝着独立的方向稳步前进。

继条约签订之后,外约旦还于 1928 年 4 月颁布了基本法[9],即人们通常所说的宪法。基本法的创新之处在于成立了 21 人立法委员会,每届任期三年。[10]但是委员会的构成容易受到行政的控制。21 名立法委员中有 7 名是由埃米尔指派的(其中还有 5 名是执行委员会委员),[11]首席部长同时担任立法委主席,少数派代表过多(基督徒 3 个席位,切尔克斯人 2 个席位),所有这些安排都不利于立法机构的独立。[12]除此之外,立法委员会一年只有三个月召开常规会议,埃米尔可以随意解散它或者命令它休会,而且只有首席部长或者一个部门的负责人才有权力提出法案提交委员会讨论。

虽然立法委员会权力受限,[13]但是它的成立标志着埃米尔国在制度建设上迈出了巨大一步。在成立初期,委员会是许多政治争论的焦点所在,由于缺少申诉的渠道而压抑了十年的挫败感现在总算找到释放的机会。当委员会否决了 1931 年预算法案时,争端达到了高点。这种高涨的政治积极性集中体现在外约旦全国大会(TNC)中,外约旦全

图 4 安曼国会大厦,1933 年(Stark，MF133 B6)

国大会是第一个真正根植于外约旦公民社会的政治运动,它的成立预示着制度建设的发展。

外约旦全国大会瓦解之前共召开了 6 次会议,第一次在 1928 年 7 月 25 日举行。大部分重要部落支持召开大会,[14] 主要基于两个考虑:首先,随着主要城市中心经济快速发展,包括各个部落和小城镇在内的外约旦农村经济日益被边缘化,不安和挫败感加强。外围地区经济状况恶化,1927 至 1933 年间雨水减少农业连年歉收,30 年代初期蝗灾又加剧了经济损失,因此大会召开不是出于嫉妒,而是希望能解决边缘地带的经济问题。[15]

大会召开的第二个原因是当地人对英国当局引进外人占据政府高位日益不满,后四届大会上代表们打出了口号"外约旦人的外约旦"就充分反映了这种情绪。外约旦人既嫉妒外来人取得的显赫地位又看不起他们,英国殖民政府里的巴勒斯坦人成为他们的主要目标。反对派试图利用立法委员会阻止更多巴勒斯坦官员的任命。[16]1927 年一部《外国人法》应运而生,该法要求新形成的政治团体表明人员构成[17]。随着政权巩固,农村进一步陷入贫困,中央和外围的鸿沟加大,不满情绪有增无减。政治裂缝始于这个时期,并将在未来几十年里时不时出现。外约旦民族主义在 TNC 巅峰时期初见端倪,巴勒斯坦人被认定为"外人",这种排他的民族主义在 1970—1971 年内战期间表露无遗。城乡之间的紧张关系也出现在同一时期,并在 50 年代的社会动荡中将格外引人注意,1989 年约旦社会爆发冲突,根源也正在于此。

虽然委员会成立初期人们颇为狂热,但是头几年里的委员会绝不像后来那样造成社会分裂。它虽然是外约旦政治活动的焦点,但这主要是因为人们把成功当选当作自己地位的体现,反过来有利于加重他们在支持者心中的分量。由于当选是身份的象征,而且竞选异常激烈,参选者们为了赢得选举无所不用其极。贿选比比皆是,[18] 两轮选举制加重了腐败,因为进入到第二轮选举时由于选民数量少,舞弊现象更为严重,行政部门也不能幸免。它往往利用禁令或逮捕等手段阻碍那些它认为对它不友好的候选人竞选。[19]

经过头几年的混沌状态之后,接下来的政府就知道该如何和立法委员会打交道了。例如,首席大臣们任命当选的立法委员加入执行委员会以促进两个机构之间的合作。1929 年,哈桑·克哈里德·阿布·胡达任命三名立法委员,分别是阿拉·丁·土坎(来自萨尔特,穆斯林),阿瓦达·卡萨斯(来自卡拉克,基督徒)和萨义德·穆夫提(来自安曼,切尔克斯人)成为内阁大臣,这为以后立法委员加入内阁开了先例。到 1933 年为止,立法委员会里的反对派成员减少到两名,提高了工作效率,[20] 显然这得到了阿卜杜拉的首肯。

可以说,立法委员会的贡献体现在两方面。第一,它起了政治安全阀的作用,这并不是指意识形态,而是指未来对外约旦政治精英的选拔。由于外约旦普遍教育水平低下,即使社会精英阶层教育程度也不高,这就导致了外约旦本土人民很难通过其他正式的渠道参与政治,立法委员会是他们唯一可选的途径,因此里面有很多本土人。例如,在第一届立法委员会里,14 名当选的委员里只有穆罕默德·安西(来自拜勒加,穆斯林)一人并非外约旦本土出生。[21] 当任命立法委员会委员加

40

入行政部门成为惯例后,有抱负的政客们就更加看重立法委了。玛丽·威尔森评论说:"对于本土出生的外约旦人而言,加入立法委员会是成为执行委员会委员的敲门砖。"[22]

立法委员会的第二个贡献是提供了一个论坛,以便不同的利益集团能在此发音,与政府协商讨论共同管理以维护促进他们的利益。30年代立法会里讨论的主要议题就是税收和国籍。1933 年 3 月,由于委员会里代表土地拥有者利益的强烈反对,[23]立法会通过了一条经过修正的土地税收法案,一年前一条更为苛刻的税收法曾经被否决。这次妥协的结果是给超过前三次税收负担的税率设定了上限。[24]

融合外围部落

中央和外围日益扩大的收入差距和 TNC 的积极活动让人们注意到一个自从外约旦政治体成立之初就存在的挑战,即如何收编那些出于文化和物质原因本能地怀疑国家政府的部落。换句话说,如何建立部落和国家之间的共生关系,就像奥斯曼土耳其帝国后期曾经成功实现的那样。

最开始,英国官员对那些半游牧部落联合体戒心重重。他们认为部落男子都是些无法无天的强盗,他们的劫掠行为是对法治的威胁,更是对热爱和平、勤恳工作的农民造成了威胁。因此,当弗雷德里克·皮克刚到外约旦着手建立武装力量时首先找的是农民。对于在外约旦的英国官员来说,帮助外约旦建国是他们的首要任务,所以游牧部落的名声更差了:他们被看作是妨碍政权巩固的力量,因此是现代化的敌人。

英国官员在 20 年代末时还要担心来自阿拉伯半岛腹地的瓦哈比扩张主义威胁,因此面对游牧部落,这种挫败感表现得更为突出。英国人试图安抚东南方的班尼萨赫尔和胡韦塔特游牧部落,以消除任何可能让沙特部队穿越国界突袭外约旦的理由,他们把这看作是 1925 年《哈达协定》的附属条件。但是英国人执行这一战略时忘了一个事实,即机动性是半游牧部落经济的重要特征,在划国界线时国际社会就忽视了游牧部落对水资源和季节性放牧的空间需求。简而言之,部落们无论是有意还是无意穿越国界,他们都不打算改变传统的生活方式。

英国人建立外约旦边防部队就是典型地试图以传统方式解决非传统问题。要在条件恶劣的沙漠环境里行动并非易事,在那里安扎边防部队没能取得成功。同样,英国试图把各个部落和国家绑在一起的努力也没有成功,因为英国人的指导思想是和部落对着干,尽管大多数情况下是沙特的兄弟军的越境突袭给外约旦带来威胁。一开始的时候,怀特豪尔倾向于采取高压政策逼迫部落就范,甚至皇家空军都介入行使边防部队的职责,还建立了一个法庭仲裁战利品分配等事情。有一件臭名昭著的案子,外约旦边防军阻止胡韦塔特部落的人跨越国境追拿那些突袭抢走他们牲畜的人。国界线不可穿越的逻辑妨碍了公正的实施。

到 1930 年,因为政策效果有限而感到挫败的英国人决定改变策略。虽然仍然担心瓦哈比人突袭,但他们决定和境内各部落合作。他们把任务交给一名英国陆军少校——约翰·格拉布。格拉布少校曾经在伊拉克成功地把贝都因人打造成一支有效的武装力量。在外约旦,他也很快取得了成功,到 1932 年,越境突袭已经停止,保证了伊拉克石油公司输油管道在外约旦境内的安全,[25] 到 1935 年,管道建设竣工。很快,格拉布取代了阿卜杜拉派到部落的特使谢里夫·谢克·宾·扎伊德,成为部落法的主要调解员。到 30 年代中期,格拉布可以说实现了一个大反转,"沙漠地区的治安好于城市"。[26] 里卡多和塔里克评论说格拉布"一定程度上给沙漠部落带来了自倭马亚王朝以来久违的权力"[27]。格拉布很快就成为外约旦国家建设的英雄人物。在未来的 25 年里他被称为"格拉布帕夏",他在军队里享有崇高的声望,即使当约旦已不需要他时他的影响力仍然存在。

1930 年 11 月,格拉布着手组建一支拥有 130 人和 6 辆装甲车的沙漠机动部队。自始至终他在两个方面的做法帮助他取得了巨大的成功:他的招兵政策和他作为施恩者的身份。他的第一个成功之处在于他说服了部落酋长们让他们的儿子参军。酋长们的配合既有文化上的原因,也有经济上的考虑。一方面沙漠部落有军事作战的光荣传统,另

42

一方面连年贫困,参军也是一条出路。格拉布以这种方式把部落吸纳进国家体制,使他们在身份上能够认同国家,在最重要的形势下与国家利害相关。

他既不像阿拉伯的劳伦斯那样具有浪漫情怀也不像菲尔比一样特立独行。虽然同情部落成员,但是他做事看重的是实用性。为了维护他的权威,他确保没有一支部落在部队里人数过多。[28]他还故意挑起大部落间的矛盾,鼓励他们为了赢得他的好感而争斗。侯赛因国王后来也采用他的这一策略,同样也取得了成功。格拉布赢得了部落的支持,但是他并不要求新招募的军人放弃他们的部落身份,他们仍然隶属于不同的部落。[29]

图5 格拉布的沙漠巡逻队成员,1935年(Glubb, Film1, No.25)

具有讽刺意义的是,虽然英国人执着于国界线的划分,但是格拉布却从外约旦之外招兵,比如伊拉克。他通过这种方式告示天下,无论当地部落支持与否他都会把这支部队建起来。格拉布在《阿拉伯军团之事》一书中写道:"如果胡韦塔特部落不输送兵源,我不会如他们所愿对他们放任不管,我会派其他部落的人到他们的土地上去维持治安。"[30]

所以这不是一支纯外约旦部队,而是一支真正的阿拉伯军团。在三四十年代,外部雇佣军的比例在整个军队中一直保持在 20% 到 30% 之间。这种军队建制给格拉布提供了一层保障,这意味着即使他和部落间关系恶化,他仍然可以依靠部落军人对他个人始终不渝的忠心。曾经和格拉布一起在外约旦工作过的一个英国军官评论这支军队"这些人超越了政治,他们对约旦的忠诚无可置疑。"[31]

　　格拉布成功的第二个原因在于他对这些部落所施的恩惠。例如,他利用国家财政争取了更多急需口粮分给贫困部落。1934 年外约旦成立了巴尼哈桑救济委员会帮助约旦最大的几个部落扶贫,委员会的负责人就是阿拉伯军团里的一名英国军官,曾经是格拉布的下属。[32]格拉布还出钱让生病的部落成员到城里医院看病。1937 年成立的沙漠机动医疗单位背后就有他的作用。其他英国控制的国家机构注意到这一点,也采取了他的办法。例如,伊拉克石油公司就出钱招募了一支武装力量巡逻输油管道防止有人搞破坏。

　　换句话说,格拉布成为部落和国家之间最主要的中间人,当前者不配合他的政策时他对他们可以施加巨大的影响力。他的作用无可替代,因此他具有长久的政治生命力。军队对他个人的效忠使得他的影响力直到 50 年代中期仍然存在。作为一名英国人,西方关于国家的观念在他头脑里根深蒂固,但他作为国家的代表在和部落打交道的过程中超越了他原有的关于国家理性法治的认识,他意识到国家建设必须考虑所根植社会的现实,吸纳社会不同的价值观、规范和民族特性。

酋长国里的政治事务

　　外围部落成功融合,妨碍政权巩固的最后一道障碍也被消除了。虽然 20 年代末 30 年代初的经济危机仍将持续,但 30 年代总体和平度过。中央和部落合作日益紧密,摩擦不再,随着农村贫困得以缓解,外约旦全国大会丧失了它的政治优势。外约旦政府成立 15 年之后,终于取得了国内的和平。

　　但这并不意味着 30 年代政治活动消失了,相反,愤怒、纷争和阴谋

44

在这一时期并不罕见。但是外约旦的政治喧嚣有自己的特色。第一，国内政治的针锋相对被较好地约束和疏解了。地理上来说，大部分重要的政治活动都发生在安曼，1924 年之后安曼已成为埃米尔和权力机关所在地，无论是新建的部委还是英国驻节专员都在这里。能够消化这些政治行为的关键机构是立法委员会，这是人们发表激情澎湃的演讲或是反对派哗众取宠的舞台。

第二，30 年代外约旦迅速出现的高层政治和当时其他阿拉伯国家一样，主要是精英政治或者说是名人政治。阿卜杜拉出身名门。立法委员会里选举产生的委员不是名人就是酋长，拥有大片土地。[33] 30 年代响彻立法委员会大厅的那些家族的名字在之后的几十年里还会在约旦政坛上不停回响：阿杰隆的辛达维家族；伊尔比德的塔勒家族；卡拉克的马贾利家族；库拉的施耐德家族；萨勒特的穆德和卡伊德家族；还有巴迪亚地区的宾·雅志家族。政治沟通主要是从这个封闭的小圈子垂直向下一层一层传递给不同社会阶层的人。

最初，由于埃米尔国内缺少高等教育机会，凭借才华晋升的机会很少。那时的城市地区主要是小城镇，没有大的政治运动。[34] 直到 50 年代城市地区才出现有关意识形态的政治运动并横扫全国。这时开始出现利益集团，尤其是代表商人的利益集团，1923 年安曼商会成立。在商会里，出身和财富决定了一个人的地位。来自叙利亚的塔巴和布戴尔两大商人家族，来自巴勒斯坦的阿斯弗尔、芒果和卡坦等家族把持了安曼商会和其他类似组织直至 50 年代。[35]

第三，当地政治（相对于托管政府）风格是突出个人作用、狭隘和利己主义的。国内政治中最重要的人物有英国驻节专员和他身边一小圈核心人员。他们虽然较少参与当地政治，但是他们对内阁成员的任免往往有决定性的影响。赢得他们的注意，获得他们的青睐，可以加速一个人在国内的升迁。例如，1939 年在外约旦政府里任职的一些巴勒斯坦籍基督徒被召回，这降低了基督徒在政府中的比例，因此基督徒团体就找到英国专员想让他出面向政府求情。[36] 但是这次英国专员拒绝了他们的请求，理由是基督徒在政府中的比例已经高于他们在全国人口中的比例。

另外一个重要的政治人物是埃米尔。经历了最后通牒事件之后的国王更加积极地参与国内事务管理，但是他总的管理权力尤其是外交事务上的权力仍然有限，因此他有时会利用国内的冲突迫使英国人让步。他也会影响到执行委员会里的人员任免。[37]为了对抗国内对他的批评，他扶植了人民党。人民党 1924 年成立，包括了塞米·汉志和卡希姆·辛达维这些外约旦本土人士。它起到了制衡外约旦全国大会的作用，在 1931 年和 1934 年 9 月到 10 月间多次赢得立法委员会选举，因此平衡了立法会的政治影响。

政坛里的另外一股力量是政客们本身。第一届立法会选举十年之后人们注意到政客们对竞选的热情多是为了个人利益而不是出于政治意识的觉醒。[38]政客们分为两个群体。第一个群体由本土名流构成，他们的选民基础在国内，支持和反对他们的人都在外约旦内部。例如，外约旦西部包括卡拉克城及其腹地在内地区的政治势力联盟以马贾利家族为首，马贾利家族是阿卜杜拉的坚定支持者，人民党成员，因为他们的竞争对手、东部地区政治势力联盟之首塔拉瓦那家族就领导着外约旦全国大会。[39]个人利益压倒意识形态是这一时期政治活动的主要特征，即使正式成立的政党也不能幸免。例如，班尼萨赫尔部落的米斯克·法伊兹 1933 年成立的团结党，就是为了提高党领导人的地位和影响力。

第二个政客群体由英国人支持的更加野心勃勃的外来精英构成。这个群体中包括许多著名的政客，例如陶菲克·阿布·胡达，易卜拉辛·哈希姆和后来的萨米尔·里法伊。他们成功的秘密在于他们的政治智慧和对权力中央的效忠，不管是英国人还是哈希姆家族。这些人总体说来是比第一个群体更称职的管理者和更熟练的政客。他们取得瞩目的地位并不是依靠高贵的出身。然而，他们的政治地位同样不稳固。他们的弱点在于缺乏外约旦国内的政治基础，因此国王一时心血来潮就可以把他们罢免。毫无疑问，陶菲克·胡达是这个群体的首领。他对王室忠心耿耿，50 年代初他是摄政委员会里"国王班底"的领头人，帮助哈希姆家族顺利实现两次权力交替。

地区危机与机遇

阿卜杜拉王子1920年去马安时野心勃勃,梦想成为伊拉克或叙利亚之王。后来他的弟弟费萨尔成为伊拉克国王,他只好把全部注意力转向叙利亚。但是到1924年,独立党人被驱逐,法国巩固了在叙利亚的统治,阿卜杜拉的野心受到重挫。不过叙利亚并没有安定下来,相反,法国人的托管统治导致叙利亚频繁爆发社会冲突,这使阿卜杜拉仍然抱有幻想。再者,由于在外约旦的叙利亚籍商人规模庞大,两国民间仍然保留密切的贸易联系,因此阿卜杜拉继续对叙利亚保持着密切关注。

1925—1927年间,叙利亚爆发了德鲁兹起义。起义波及北部约旦,大量难民涌入,这为起义者跨境进行军事行动提供了掩护。安曼以东80公里的阿斯拉克沙漠绿洲宣布实行军事管制,[40]还好危险很快过去。阿卜杜拉1921年得到一次深刻的教训,深知良好的英法关系对英国的重要性,担心这会危害他在国内有所改善的地位,因此这次没有趁火打劫。阿卜杜拉对叙利亚从来都说不上友好,例如,他就任命德鲁兹起义领导人的兄弟扎伊德·阿特拉什为他的副官。1936年阿卜杜拉打算从叙利亚动荡的局势中捞到好处。这次他反应比较快,提示和他交往密切的支持者们"在官员中和民族主义者的圈子里宣扬他有资格登上叙利亚宝座",[41]然而并没有什么效果。

1941年,法国维希政权上台,登上叙利亚宝座的最好时机到来。阿卜杜拉是个从不认输的人,他在1941年,1942年和1944年一次次呼吁统一外约旦和叙利亚。英国的答复是如果这个决定能得到阿拉伯世界的支持它就同意。这相当于否决了阿卜杜拉的提议,因为阿拉伯世界的权力中心和主要领导人之间竞争越发激烈,他们不可能支持这个想法。具有讽刺意味的是,哈希姆伊拉克和埃及王国这次是主要反对国,因为努里·萨义德和那哈斯帕夏自1942年后分别推动他们各自理想的阿拉伯联合方案。1944年9月,在英国的鼓励下主要阿拉伯国家签署了《亚历山大协议》,为1945年成立阿拉伯国家联盟铺平了道

48

路,叙利亚和伊拉克、埃及、黎巴嫩和外约旦共同成为创始国。把叙利亚当作礼物送给阿卜杜拉的时机已经过去了,1938 年法国托管当局把曾经属于叙利亚的亚历山大勒塔区送给土耳其,然而这样的好事没有在阿卜杜拉身上发生。

如果说阿卜杜拉对叙利亚的渴求越来越遥不可及,巴勒斯坦倒是有希望得多。阿卜杜拉像其他哈希姆家族成员一样是个机会主义者,总是渴望吞并新的领土。他一直对巴勒斯坦抱有兴趣。1921 年 3 月他和丘吉尔在耶路撒冷会面时,至少四次提起要合并巴勒斯坦和外约旦接受同一个阿拉伯国王的领导。即使他的提议多次遭到否决,但他从未放弃。20 年代后半期,由于他的精力更多地被国内事务牵扯,暂时无暇顾及地区事务。到了 20 年代末,当他再度腾出手来时,巴勒斯坦吸引了他的注意。[42]同叙利亚一样,他之所以对西边的巴勒斯坦维持了浓厚的兴趣主要是因为外约旦境内有大量巴勒斯坦人,他们中有许多是商人,来往于两地做生意。

阿卜杜拉对待巴勒斯坦的做法完全是实用主义的,他准备同时和巴勒斯坦的阿拉伯人和犹太复国主义组织搞好关系,看哪一方愿意和他做生意并且能够实现他的愿望。阿卜杜拉和巴勒斯坦的阿拉伯政治活动家之间的关系复杂而不稳定。他与耶路撒冷大穆夫提侯赛尼之间是竞争者甚至是敌人,因此这段关系大多数时间都是暗流涌动,巴勒斯坦的政治活动家经常攻击阿卜杜拉的统治不民主,对英国卑躬屈膝。阿卜杜拉总是抱怨英国放任不管的态度导致巴勒斯坦民族主义者针对他进行恶意宣传。不过两者之间也没到撕破脸的地步,有时还会有所合作。事实上,巴勒斯坦最活跃的两个活动分子 1933 年还曾和阿卜杜拉一起到巴格达参加他弟弟费萨尔国王的葬礼。但是他们对阿卜杜拉并不热情,像这样合作的时刻总是转瞬即逝。

阿卜杜拉对犹太人就像一个态度温和的贵族。约瑟夫·尼沃注意到,在阿卜杜拉看来,犹太人只不过是"一个现代米列①"[43],由于和欧洲

49

---

① 译者注：米列(millet)是奥斯曼帝国的一个行政单位,意思是自治区。

列强的政治联系,他们可能非常有价值,但是在阿拉伯穆斯林的土地上他们只不过是个少数民族,因此不必把他们看得太重。在这种思想的指导下,当巴勒斯坦出现阿拉伯人和犹太人的冲突时,例如 1929 年西墙骚乱,阿卜杜拉无一例外总是和他的核心选民阿拉伯兄弟站到一起谴责锡安主义分子。但是这无碍于他奉行实用主义政策。他和锡安主义组织的交往成为巴勒斯坦阿拉伯民族主义者攻击的主要目标。到 30 年代初,阿卜杜拉和伊舒夫(Yishuv,巴勒斯坦的犹太团体)已成为"天然的盟友",[44] 他们共同的敌人是穆夫提领导下的巴勒斯坦民族主义运动。

大量犹太人移居巴勒斯坦引起了普遍不满,外约旦也受到影响。如果说在 20 年代中期英国殖民政府还在巴勒斯坦的管理上占据主动,那么随着冲突加深,情况开始发生了变化。为了保持外约旦的稳定,阿卜杜拉对英国当局的重要性凸显出来。对阿卜杜拉而言,保持国内平稳是一箭双雕的事。一方面可以讨好英国人,从而从考克斯和皮克手中赢得更多的权力,另一方面可以展示他处理巴勒斯坦问题的能力:如果他能维持国内的稳定,难道在巴勒斯坦就做不到?英国托管政府当然对阿卜杜拉的合作表示欣喜,认为"由于埃米尔和他的政府态度坚决",[45] 外约旦 1928 年的骚乱在初期就得以有效控制。但是有限的感激之情并不意味着英国人会考虑给阿卜杜拉更大的舞台。

以色列建国前,阿卜杜拉和锡安主义运动的合作在 30 年代初期至中期因为土地交易达到顶点。1930 年发布的白皮书限制在巴勒斯坦地区买卖土地,于是阿卜杜拉考虑把外约旦的部分土地租售给犹太人。一开始英国人没有阻止,他们觉得这是安曼的内部事务。阿卜杜拉本人显然是热衷此事。他一直缺少与其地位和野心相匹配的足够资金,立法委员会又授权他拥有土地,[46] 土地租赁可以为他带来可观的现金流,因此他和犹太人签署了相关契约。[47] 此外,如果犹太人能够在此建立定居点,就可以证明他有能力同时统治犹太人和阿拉伯人。外约旦主要的酋长家族,特别是班尼萨赫尔部落和卡拉克的马贾利和塔拉瓦那家族首领都支持阿卜杜拉的政策。外约旦农村日益贫困,土地是唯

图 6　安曼城,1933 年(Stark，MF133 C2)

一的资产,但是买者寥寥,租售土地所得是解决当时经济困难的现成办法。

但是最终没有做成一桩土地买卖,更别提建立犹太人定居点了。巴勒斯坦的阿拉伯民族主义者像纳比·阿兹玛等就利用这件事大肆攻击阿卜杜拉,城市地区骚乱渐起。1933 年 6 月外约旦大会召开,会议强烈反对阿卜杜拉的做法,"严禁向犹太人出售土地,禁止他们以任何形式同外约旦达成协议,防止犹太人在外约旦永久定居"[48]。1933 年一支外约旦团结代表团到巴勒斯坦参加示威游行抗议埃米尔一意孤行,土地出售问题纷争不断,麻烦一触即发。现在英国当局也不看好这一政策,最终插手促使通过一条国民法案禁止外国人购买土地。

但是这并未阻止阿卜杜拉和犹太事务局在 30 年代持续低调的接触,在此期间埃米尔还试图说服犹太人接受在他的统治之下和阿拉伯人共生共处。同样,土地交易停止了,但是犹太人仍然每年付给阿卜杜拉一大笔钱作为土地购买特许权资金,这一行为一直持续到 1939 年。当然,到了这个阶段犹太人每年付的钱不可能是为了购买土地或者建立定居点,而是因为"他们觉得需要一个阿拉伯领导人的支持来抗衡阿拉伯人的敌意"[49]。虽然大多数外约旦人对巴勒斯坦人不可谓不同情,对犹太人定居潮也心生警惕,但是这一大笔钱让他们对犹太人的不快之感减弱了不少。[50]然而,阿卜杜拉却为此在巴勒斯坦的阿拉伯群体中甚至是整个中东地区付出了巨大代价,尤其在他弟弟费萨尔死后更是如此。玛丽·威尔森评论道:"阿卜杜拉刚和犹太人事务局打完交道,紧接着就摆出一副地区领导人的架势(费萨尔死后),不把他当回事就算好的了,就怕别人觉得他这是为了掩盖他出卖阿拉伯人的事实。"[51]

1936 年到 1939 年间巴勒斯坦爆发叛乱,外约旦政府保持高度关注并加强了警备。警察受训以应对暴动,首都地区示威游行一律禁止,[52]阿拉伯军团暂时扩充以维持安曼的秩序。外约旦爆发了零星几起暴力冲突,冲突主要是针对伊拉克输油管道;之后有报道称发生了枪击案,有些反叛者逃到了外约旦境内。据报道,大约有 50 名外约旦人去巴勒斯坦加入阿拉伯人的战斗。[53]

但是总体说来,外约旦的骚乱零星而短暂,没有对政权形成严重挑战。这主要归功于外约旦经济的好转。农业连年歉收告一段落,在 1937 年和 1938 年迎来了丰收。由于冲突爆发外来劳动力无法流入,因此雇用人手帮忙收割庄稼的价格上涨。[54] 此外,在建的巴格达至海法高速公路提供了大量的工作岗位。[55] 到巴勒斯坦动乱结束时,外约旦人"不由得庆幸当邻国远离幸福时他们却得以享受和平和繁荣"[56]。但是,如果经历了和平发展的外约旦人以为他们已经度过了巴勒斯坦最困难的时期,那他们就大错特错了。10 年之内巴勒斯坦问题将吞噬埃米尔国,并永远改变外约旦社会和政治。

第二次世界大战

第二次世界大战爆发时,阿卜杜拉已经在外约旦待了 18 年,但是仍未放弃入主大国的梦想。尽管如此,他已经成为外约旦这个年轻国家的代表了。虽然他成为埃米尔的头几年颇不顺利,但是在过去的十年里他和英国的关系已经大有改善。英国人不再把他看作是无用、暴躁、自私自利、有名无实的傀儡了。随着巴勒斯坦形势的恶化,他渐渐赢得了英国人的欢心,被看作是一个温和的伙伴,能够管理一个稳定的政府。罗恩·潘迪克写道,1939 年"标志着监护期的结束,新的、虽然是不平等的伙伴关系在这一年开启"[57]。到了 30 年代末,阿卜杜拉和英国人已经成了队友。

这一互补关系在接下来的十年里随着英国驻外约旦人事变动而进一步深化。1939 年,格拉布取代皮克成为阿拉伯军团的最高指挥官,皮克坚持把阿拉伯军团定位于警察和宪兵部队,在格拉布手下这支部队将取得长足发展。不过,最大的变化来自英国驻节专员换人。1939年考克斯离职,亚力克·科克布莱德接任。考克斯作为国家建设的大功臣,在 1926 至 1931 年间作出了主要贡献。但是他性子严厉,做事死板,当英国和阿卜杜拉的关系缓和日益融洽之后,他的为人处世风格就显得与形势格格不入了。接替他的科克布莱德早在 1920 年就与阿卜杜拉相识。当时他是英国驻外约旦当地政府的一名年轻军官,正值阿

53

卜杜拉率部队从马安北上。[58]他在处理那个事件时表现出的放松、随和、乐观的态度正适合他的新工作。而且,阿卜杜拉也记得近 20 年前那个年轻的英国军官对他提供的帮助。两人之间的缘分使得两国之间的关系进展得更加平稳。

如果说英国人在处理巴勒斯坦的冲突中开始认识到阿卜杜拉的价值,那么在第二次世界大战中他的价值进一步凸显。英国对纳粹德国宣战后迅速采取一系列措施加固埃米尔国。境内德国人被收押,审查制度建立,立法禁止与敌对国贸易,实施货币与价格管控。正是由于两国的良好关系,所以外约旦才会同意采取这些措施而且"几乎没有怨言"。[59]囤积和投机行为很少。社会名流和部落酋长们也对英军提供帮助。这是假战争(phony war)时期。

随后战事朝着不利于英军的方向发展,德国在欧洲战场凯歌高奏,法国沦陷,维希政权建立并波及叙利亚。外约旦薄弱的边防线很容易受到敌国宣传渗透,德国的虚假信息散布全国。外约旦头号持不同政见者苏布希·加尼马现在和阿卜杜拉在巴勒斯坦的劲敌侯赛尼在一起,投靠了轴心国,这加剧了阿卜杜拉对战争走向的沮丧感,他害怕下错赌注。

对英约两国关系最大的考验出现在 1941 年 4 月。拉希德·阿里·盖拉尼在伊拉克发动政变,并向轴心国求助。此次政变导致外约旦国内人心惶惶。据科克布莱德回忆,在大部分外约旦人包括阿拉伯军团里的许多军官看来,政变摧毁了协约国胜利的可能,出于沙漠部落实用主义的考虑,"是时候和别的国家接触谈条件了。"[60]科克布莱德说外约旦现在的情况是谁强就倒向谁,除非伊拉克危机能迅速得以解决,否则"我们在约旦的地位将无法挽回"[61]。

在英国的积极干预下政变在两个月后失败,其间英国派出一支阿拉伯军团先遣队出兵伊拉克。但是英国人发现要从约旦支援行动一时还不太容易。一支外约旦边防部队的机械化中队和阿拉伯军团在伊拉克石油公司管道线上的 H-4 加油站会师,但是用格拉布的话说,他们和英国人"不是一条心",只好撤军。[62]在阿拉伯军团内部也有人煽动叛乱,不过这主要是部落内部,尤其是班尼萨赫尔内部的斗争,和意识形态斗争关系不大。军团内部有些官兵弃军回家,所以只好从沙漠巡逻部队中抽调兵力继续北上伊拉克。[63]这证明了格拉布从外约旦外部招兵的明智。正是这些外国雇佣兵组成了挺进伊拉克部队的主力。[64]

军团在伊拉克作战英勇,从此在格拉布领导下得以扩建,并在以后发挥更大的作用。英国政府增加了对军团的财政投入使之扩建到 8 000 人,是战前规模的四倍。截止到第二次世界大战结束时,大部分军团士兵都在外约旦国外支持英军作战,尤其是叙利亚,军团占领了叙利亚东部城市苏赫纳。

英国加大对阿拉伯军团的投入意味着更多的资源以前所未有的规模流入处于国家边缘的部落所在地区,格拉布在这些地区的个人声望也达到了顶点。这些资源流入促进了巴迪亚地区的经济增长,但是好处不仅于此。英国政府在南部大力兴建公共工程,帮助贝都因人开发了他们的领土。1941 年冬,仅在阿喀巴地区就有 5 000 名至 8 000 名部落成员从事铁路和公路建设工程。在其他方面贝都因部落也从战时繁荣中获利,包括提供传统方式运输以满足剧增的需求,还有利用不同国家货品的不同定价走私物品以谋取差价。部落成员中的大片土地拥有者和定居的小土地所有者也在 40 年代受益,因为经济基础设施建设对农业产生了积极影响。[65]

还有一个群体受益于英国战时政策,这就是安曼的一部分商人,他们主要是叙利亚人或巴勒斯坦人。这些商人主要从英国在中东地区的贸易和采买政策中得利。战时繁荣的一个关键因素是 1941 年成立的中东供应中心(MESC),中心成立的目的在于控制贸易尤其是食品供应。[66]尽管供应中心尽全力控制价格防止短缺,但是它的管理中仍然存在许多漏洞,这意味着地区的商品价格和供应经常出现巨幅波动,头脑精明的商人们可以轻易从中牟利。相当少的一部分人得以牟取暴利,他们经济地位较高,利用与阿卜杜拉国王以及一小撮英国官员的关系得到贸易配额。按照阿布拉·阿马维的说法,这个"配额小圈子"里的 31 名商人成为埃米尔国商人阶层的顶尖豪门。[67]正如当时一位观察

55

家所说的：“如果你得到配额，你就手握财富。”[68]

　　还有其他不那么光明正大发战争财的途径。一些商人囤积居奇炒作价格，尤其是在谷物交易市场投机倒把更加猖獗。另外，由于各国物品价格不同，许多外约旦人就跨过他们漫长而管理松懈的边境线走私商品赚差价，走私的物品种类繁多，从燃料、牲口到大米等主食和食用油，无所不有。总之，中东供应中心鼓励大家钻空子而不是遵守游戏规则。例如，有些商人负责谷物交换计划，按计划应该把消费品卖给种植谷物的农民以调控谷物供应，但是这些商人却偷偷把商品运到最有利可图的地区市场。战时中东地区对许多商品需求攀升，如建筑材料、交通基建，还有摩托车。以摩托车为例，1937 年阿拉伯军团仅有 27 辆摩托车，但到 1943 年这个数字猛增至 600 辆。[69]商人们在这个需求旺盛的市场里狠狠发了一笔财。

图 7　北部城市阿杰隆的街景，1943 年（Stark，MF133 B3）

　　中东供应中心的成立，外约旦在战时最困难时期对英国的忠心，以及阿拉伯军团在战场上为英军作出的突出贡献，这三个因素叠加给安曼带来了额外的收益。在所有的好处中最引人注目的是 1942 年英国财政部给外约旦贷款 5 万英镑建设红海港口阿喀巴。

终于独立了

阿卜杜拉受益于第二次世界大战后新世界秩序的建立。就如当年从第一次世界大战中受益一样,这次英国战后对外政策的调整同样让他获利。

英国当局决定提升外约旦和阿卜杜拉的地位,因为他们认识到世界正在快速变化,去殖民地化是大势所趋。事实上英国当局在第二次世界大战中为了削弱维希政权还在 1941 年以此为由呼吁黎巴嫩和叙利亚独立。他们拒绝阿卜杜拉多次要求独立的请求,只是因为战时独立不合适。到 1945 年,外约旦的地位就很尴尬了,在参加开罗会议时它是阿盟五个创始国中唯一没有独立的。英国维持外约旦的殖民地地位,实际上是妨碍和削弱它在中东地区最亲密的盟友。承认外约旦独立符合新上台的工党政府,尤其是外交大臣欧内斯特·贝文的现实主义外交理念。很明显,第二次世界大战使英国元气大伤,"日不落帝国"不复昔日辉煌,无法维持其在中东地区的霸主地位了。伦敦的决策者们很快决定允许外约旦独立,因为他们确信无论是外约旦还是阿卜杜拉都仍然会是英国的盟友。

在这一背景下,两国签署了新的条约以取代 1928 年的旧约。条约正式结束了英国的委任统治,并建立了一个"独立"国家。1946 年 5 月哈希姆外约旦王国正式宣告成立,阿卜杜拉加冕为王。虽然名义上独立了,但是两者关系本质上并没有改变。伊丽莎白·门罗含蓄地称新条约仍是"战前模式"。[70] 新独立的王国和以前的埃米尔国一样仍然依赖英国的经济援助,允许英国在未来 25 年内继续驻军国内。英国军官仍然指挥约旦军队。科克布莱德只是头衔换了,其他没变,仍然是国王的高级参谋,他和老国王之间私交甚笃,这更像是两人之间的缘分。

有些领域虽然作出了一些改变,但是条约里的措辞含糊不清,没有授予外约旦充分的主权独立。例如,英国在财政和管理上的管控将"有所放松";允许阿卜杜拉国王任命驻邻国领事,只能行使领事权力;如果

57

58   可能,巴勒斯坦借调官员可以被外约旦官员取代。种种限制给了苏联
借口否决外约旦加入联合国的请求,直到 1955 年,外约旦才成为联合
国一员。美国也一直没有承认外约旦的独立地位,由于犹太人不能接
受外约旦完全与巴勒斯坦分开,因此大力游说反对外约旦,美国政府迫
于压力直到 1949 年才和安曼建立起全面外交关系。难怪阿拉伯世界
和外约旦处于竞争关系的国家元首,像埃及的法鲁克国王和沙特阿拉
伯的沙特国王都轻看外约旦和阿卜杜拉。受到刺激的阿卜杜拉想方设
法游说英国政府让渡更多权力,他的要求终于在 1948 年通过两国条约
修正案而实现。

第四章　童 真 不 再

　　1946 年,外约旦的发展到达了一个时期的巅峰,很快这个国家将改名为约旦哈希姆王国。二三十年代缓慢持续的建国过程在第二次世界大战期间大大加速。英国在中东地区的采买和贸易政策带来了难以想象的繁荣。安曼成为新兴国家不容置疑的中心,阿卜杜拉国王在中东地区领导人中资历深厚,雄心勃勃,他进一步提升了独立后的外约旦的政治地位。圣雷莫会议的决策者们终于可以对外约旦取得的成就引以为豪了,他们当年在会议上创建的托管体系 25 年后终于取得成效。虽然约旦仍然缺少真正独立的制度,与国联设定的结果仍有偏差,但是毫无疑问,它已是托管体系下首屈一指的成功典范了。除了在制度建设上取得的成就外,外约旦还产生了一个政治共同体,虽然人员组成绝不单一,但是他们就国家的存在和整体政治发展方向却达成了广泛的共识。简而言之,现在的外约旦还未遭受其他新兴阿拉伯国家即将遭受的关于政权存在合法性的挑战。

　　但是 1946 年也标志着巨大的转折。随着战后经济回归常态,战时的发展速度逐渐回落。战后去殖民化的浪潮也波及外约旦,对于长期严重依赖英国官员的外约旦政权而言,这显然造成了不少麻烦。同时,在哈希姆家族的安曼分支里存在一些不和谐的因素,可能在某个时间点造成政权交替的不确定。除此之外,在 1946 年给外约旦带来特别痛

苦的是即将爆发的战争和巴勒斯坦问题。很快,一系列动荡将永远改
变外约旦,首当其冲的就是仔细构建的政治共同体。

接下来的五年里外约旦将在第一次阿以战争中起核心作用。这五
年将是外约旦和哈希姆王朝历史上最富有争议的阶段。[1]围绕这个阶段
有许多重要、有争议的问题。1946、1947、1948年阿卜杜拉和犹太人事
务局的秘密外交究竟是什么性质?阿卜杜拉是否贱卖巴勒斯坦的阿拉
伯人?外约旦多大程度上应该对战争中阿拉伯方面的失败负责?将西
岸划归外约旦是否有充分的民意授权?如何解读这些问题对我们理解
今天的国际政治有重要意义。我们想要知道的是,如果存在外约旦国
家利益的话,那么这个国家利益和哈希姆王朝的利益是否一致?外约
旦政权和以色列的关系如何?哈希姆王朝是否适合管理一个阿拉伯
国家?

截至1950年,考虑到当时中东地区的动荡局势,阿卜杜拉的表现
已经算是不错了。阿拉伯军团作战英勇,在耶路撒冷尤为突出;外约旦
占领了约旦河西岸,大部分被占领土正是联合国指定给一个阿拉伯国
的;一直以来在世人的眼中外约旦都是一个弱小的国家,但是现在却逐
渐成为阿拉伯世界里的外交和军事强国,与之形成对比的是满目疮痍
的巴格达、开罗和大马士革这些城市所在的传统地区大国。用当时一
位评论家的话说:"无论从外交、军事还是'声望'上,约旦的国力在过去
三年里都大有提升。"[2]但是,随着一个时代的结束,这些所得终将消
散。1951年7月20日,阿卜杜拉国王在耶路撒冷遇刺身亡,标志着外
约旦的纯真年代终结。[3]

冲突肇始

第二次世界大战结束催化了巴勒斯坦领土上的斗争。战后全球兴
起了反殖民化浪潮,再加上英国国力衰退,财力不济,原有的殖民统治
难以为继。犹太人经历了纳粹德国的迫害和种族清洗后向巴勒斯坦移
民人数大增,但是遭到当地阿拉伯人的坚决反对。联合国虽然有意解
决争端,但是由于刚刚成立,缺乏强有力的机构、意愿和决心,因而无法

起到关键作用,只能靠大国介入来决定巴勒斯坦的未来。

1947 年 11 月联合国召开大会,在美苏的支持下,无视阿拉伯国家的反对,通过了分割巴勒斯坦的决议。冲突于是不可避免。1948 年 5 月 15 日英国结束对巴勒斯坦的委任统治,以色列国宣布建立,战争即将爆发。在此关键时刻,各国或明或暗展开了一波又一波的外交。

巴勒斯坦领土分割是这一时期的焦点问题。第一个提出这个建议的是英国皇家委员会,该委员会在皮尔爵士的领导下曾于 1937 年发布报告,建议分割巴勒斯坦领土以化解犹太人和阿拉伯人之间的紧张关系。虽然阿卜杜拉更喜欢简单地将巴勒斯坦和外约旦合并归入他的统治之下,但是他觉得分治决议也不错,他可以趁机吞并大片领土,不过他的这个观点一直遭到阿拉伯世界的痛批。从此以后,他一直希望能够继承联合国指定给阿拉伯人的领土。

犹太人事务局在 30 年代一直暗中不懈地培养和阿卜杜拉的关系,在第二次世界大战后很快地又再续前缘。1946 年 8 月,双方在阿卜杜拉国王位于约旦谷地舒那(Shuna)的私人住宅中举行了两场会面。阿卜杜拉并不认为会面意味着背叛,相反,他觉得自己作为巴勒斯坦问题上的一方和另外两方中的一方会谈完全合情合理。但他其实心中明白别人并不认可他的做法,所以会谈一直秘密进行。阿卜杜拉的不幸在于,巴勒斯坦于他是昭昭天命,但是对其他阿拉伯国家而言,巴勒斯坦问题却终将事关民族原则,成为捍卫民族荣誉的标志。

两次会谈的进行均如伊舒夫所愿。双方原则上就分割问题达成一致。阿拉伯方面的领土将并入新成立的约旦国,接受阿卜杜拉的统治,这一过程最好能够和平实现。将阿卜杜拉和伊舒夫联合起来的是他们对耶路撒冷穆夫提侯赛尼共同的反感。过去 20 年里,侯赛尼是他们共同的死敌。双方都不愿意见到一个侯赛尼领导下的独立的阿拉伯国。

分割巴勒斯坦得到英国人的支持,符合哈希姆王朝一直以来的扩张野心,是阿卜杜拉的首选。不过在舒那会谈之后他的外交政策并不明确。不久前刚成立的阿拉伯国家联盟重申了对巴勒斯坦问题的一致立场,阿卜杜拉不想表现出不合,同时也担心巴勒斯坦地区阿拉伯民族

62

主义者的政治宣传,因此决定权宜之计是正式否认分割决议。很多证据表明他在战术上掩饰自己的真实意图。例如,1946年秋天在伦敦召开犹太人和阿拉伯人大会,他指示他的代表萨米尔·里法伊不要和其他阿拉伯代表决裂。当联合国巴勒斯坦特别委员会到访外约旦时,相较于巴勒斯坦地区阿拉伯人的抵制,他再次表现出扭捏暧昧的态度。局势发展留给阿卜杜拉操作腾挪的空间越来越小,暴力冲突日益频繁,阿卜杜拉却仍然不愿公开表明他的立场,但是1947年11月,焦虑的犹太人事务局派出果尔达·梅厄秘密会见阿卜杜拉时,国王再次重申立场不变。

阿卜杜拉忙着在幕后和英国当局协调。英国自从第二次世界大战后就不再公开支持分割巴勒斯坦,担心这会进一步削弱它在阿拉伯世界岌岌可危的地位,它"唯一可靠的盟友"只剩下外约旦了。[4]不过联合国巴勒斯坦特别委员会多数票通过分割决议给了大英帝国光明正大的理由改变它的立场。尽管英国在联合国大会的关键投票时投了弃权票,拒绝为执行决定承担责任,但是毕竟还是正式站队到同意分割的一方。大英帝国此时才开始担心撤离后地区是否会陷入混乱,由阿卜杜拉接管划割给阿拉伯人的地区似乎是个好主意,这可以壮大地区盟友的实力。阿卜杜拉需要确认的是英国不会运用财政杠杆或者通过掌管阿拉伯军团的41名英国军官阻挠他的行动。

63　　1948年2月阿卜杜拉打着和英国重新商谈两国条约的幌子派人到伦敦秘密商量委任统治结束后的权力分配问题。他派出的代表是首相陶菲克·阿布·胡达和最高军事指挥官格拉布。谈判一开始进行得"小心翼翼又保密",[5]到1948年1月,英国已经很明显地表示将派阿拉伯军团驻扎在巴勒斯坦非犹太人定居区。在2月见面时英国外交事务首席负责人,外交大臣欧内斯特·贝文亲自向阿布·胡达确认英国的立场。这次见面同时还修正了格拉布不正常的身份,格拉布此时还是英国的殖民地官员,但是英国政府保证在5月份之后他的身份将变成"受雇于英国友邦王室的军官"。[6]现在剩下要解决的问题就是如何就阿拉伯军团进驻巴勒斯坦而展开外交行动。

　　和英国人打交道占据了阿卜杜拉国王大部分的精力,除此之外他在巴勒斯坦政策和国内事务方面没有多少需要操心的事。玛丽·威尔森说得对,外约旦的性质"允许阿卜杜拉去实现他在巴勒斯坦政策的目标,而不需要像其他阿拉伯领导人那样担心民众的看法"[7]。造成这一现象有几方面的原因:首先,英国在两国关系中占据主导地位,外约旦的自主权有限,严重依赖英国援助和人员支持;其次,阿卜杜拉一直是个专制独裁者;再次,王国内社会等级森严。

　　这并不是说国内没有任何反对力量。不同意识形态的组织开始在外约旦出现,著名的有穆斯林兄弟会。人们开始谈论来自城市的新一代知识分子和政治活动家们,他们中的代表人物是后来成为激进派首相的苏莱曼·纳布西——流亡国外的约旦资深反对派政治家苏荷比·阿布·哈尼玛的门徒。随着社会动荡和政治激进主义兴起,这些人将在50年代走上历史舞台,而这一切很大程度上是巴勒斯坦问题造成的。但是到目前为止,他们离政治中心还很远,还没有引起人们的重视。因此,阿卜杜拉的扩张政策在国内高层没有充分的审核,更别提反对了。人们没有考虑到这个政策对外约旦的政治和社会可能带来的后果,尤其是长期的影响。

哈希姆家族的梦想

　　阿卜杜拉的扩张野心得到了英国人的肯定,现在只需等待时机成熟。阿卜杜拉唯恐其他阿拉伯国家指责他搞分裂、牺牲巴勒斯坦阿拉伯人的利益追求个人的野心,因此他小心翼翼按兵不动并且保持低调,而这并非他的本性。

　　1948年4月9日,犹太人极端主义组织"伊尔贡"在代尔亚辛屠杀了几百名手无寸铁的平民,这一惨案帮了阿卜杜拉一个大忙。首先,暴行导致了难民潮,越来越多人恳请外约旦代表巴勒斯坦的阿拉伯人干涉此事。其次,惨案使得邻国的军事不作为显得更加难以为继,加快了全面武力冲突爆发。主要的阿拉伯国家再也不能置身事外,不能仅仅依靠资助阿盟领导的小型非常规部队,即所谓的阿拉伯解放军(ALA)

64

间接干预争端。

阿卜杜拉对代尔亚辛屠杀的厌恶以及安曼地理位置上的接近,迫使阿卜杜拉率先表态。他提交给阿盟关于解救巴勒斯坦的建议,尽管遭到叙利亚反对和穆夫提的坚决拒绝,仍然被阿盟采纳。但是阿盟接受他的建议有一个附加条件,即阿卜杜拉必须解放巴勒斯坦全境,这给阿卜杜拉提出了一个大难题,因为他既没有权力也没有能力实现这个目标。他遇到的另外一个阻碍是英国坚持先全线撤回已经驻扎在巴勒斯坦的所有阿拉伯军团,再把他们派到划分给阿拉伯人的区域。

面对压力,阿卜杜拉对于巴勒斯坦未来的规划出现了一些变化。他似乎认为要抵挡来自阿盟的压力,最好的办法就是不要满足于联合国协议里对阿拉伯人的安排而是要做得更好。他曾经梦想过成立一个由他统治的阿拉伯人和犹太人联邦,犹太人享有自治权。他曾经以为这个想法是异想天开,很快就把它抛到脑后。现在似乎是把这个梦想付诸实践的好时机。5 月 11 日阿卜杜拉和果尔达·梅厄在安曼再次会面,梅厄将阿卜杜拉的新立场解读为最后通牒,只有满足他关于建立联邦的条件才能避免战争爆发。[8]犹太复国主义者对此完全不予考虑,已经走到这个地步,犹太人不可能放弃建国的希望。会谈不欢而散,但这几次会面进一步证实了人们对阿卜杜拉的指控,即外约旦和以色列牺牲巴勒斯坦人民的利益共谋瓜分巴勒斯坦。

和犹太人这次交锋以阿卜杜拉的失败而告终,在和阿盟打交道时他也只是取得了部分成功。他要求除了阿拉伯军团之外,这次行动中所有阿盟旗帜下的各国军队也都必须听从外约旦的指挥。各国经历一番乱哄哄的协商之后匆忙达成了妥协,即埃及、伊拉克、黎巴嫩和叙利亚各国军队仍然由各国指挥,但是阿卜杜拉将是这支阿拉伯军队名义上的最高统帅。虽然阿卜杜拉的虚荣心得到了满足,历史使命感大大增强,但是事情的发展很快将证明这个安排是个巨大的失策,将阻碍联军取得实质性胜利。当阿拉伯人还在为了这些小事争吵不休时,犹太人已开始厉兵秣马,很快,到 3 月份时犹太人将进攻巴勒斯坦阿拉伯区的战略要塞。

　　最后,阿卜杜拉还要考虑棘手的耶路撒冷问题。耶路撒冷老城区是三大宗教的圣地,显然是战争的大奖。阿卜杜拉出身谢里夫家族,是先知穆罕默德的后裔,他不能对耶路撒冷置之不管,毕竟他作为阿拉伯领导人的合法性正是部分建立在他的宗教身份上。[9]然而,根据联合国的分割协议,耶路撒冷不属于两方中的任何一方,而是由联合国直接管辖。

　　冲突的第一阶段持续了一个月,大约有 35 000 名犹太常规军和非常规军以及 21 500 名阿拉伯士兵参战。[10]阿卜杜拉的部队虽然只有 6 000—7 000 人,少于埃及军队,但是他们组织严密、领导得力、作战经验丰富。[11]他们擅长于短时间的焦点战役,对于扩大化的持久战则不太适应。他们的人数不足以占领分割协议里划分给阿拉伯人的全部领土。因此,阿拉伯军团并没有进驻加沙和加利利这些地区。一开始,阿拉伯军团开进巴勒斯坦占领了杰宁、纳布卢斯和拉姆安拉,但是很快犹太人进军耶路撒冷的举动使他们陷入矛盾。阿卜杜拉考虑到联合国协议而犹豫了一下,但是耶路撒冷城的象征意义太重大了,他无法忽视,于是他命令军队也开进耶路撒冷城。不过格拉布同样出于遵守联合国协议的考虑,又拖延了一天才奉命出兵。

　　因此战争的第一个阶段阿拉伯军团的主战场在耶路撒冷和拉特伦城附近,占领拉特伦就可以切断以军的补给和援助。犹太人和阿卜杜拉一样对耶路撒冷势在必得,因此战事进行得尤为胶着。双方势均力敌,但是阿拉伯军团成功占领了犹太人聚集区,最终占领了整个老城。阿拉伯军团同时还占据了吕大城和拉姆勒城,这是分割协议里划给阿拉伯人的地区。但是这只是名义上的占领,由于担心过分分散兵力,阿拉伯军团决定不派兵增援这两个阿拉伯人区域。虽然从军事角度考虑这是谨慎的举动,但是外约旦及其统治者却为这个决定付出了长久的政治代价。其他处的战斗中,只有埃及军队占领了相当部分的巴勒斯坦领土。另外,战争期间只有伊拉克军队有和外约旦军队配合,一支纳布卢斯的伊拉克部队解放了阿拉伯军团使之得以参加耶路撒冷的战斗。到停火时,外约旦部队完成了所有的既定作战目标。正如玛丽·

66

威尔森所说的,到 6 月份阿卜杜拉"关于在巴勒斯坦确立稳固可信的地位这一短期任务已经超额完成了"[12]。

但是对于外约旦而言,胜利的代价是惨重的。阿拉伯军团的伤亡率高达 20%,军火短缺而无法得到及时补给,因为英国坚决执行联合国对战争双方武器禁运的决定。而且,战争带来了严重的难民问题,因为受到犹太人的军事打击或者担心被卷入战争,大量阿拉伯人被迫逃离家园,到 6 月份难民人数将攀升至 30 万人。由于外约旦和巴勒斯坦接壤,绝大多数的难民进入外约旦领土,给它的基础设施和经济带来巨大压力。因此,尽早实现切实停火对维持外约旦军事上的胜利果实、缓解难民压力和保持政治财产至关重要。

第一次休战期持续不到一个月就结束,这既有以色列谨慎的因素,也有阿拉伯人莽撞好战的原因。外约旦和埃及是战争中和以色列交火最多的两个国家,他们希望休战能变成全面停火,因为他们清醒地看到以色列正利用休战期养精蓄锐,再战必将提高作战能力。那些战争中损失较小的国家如黎巴嫩、沙特和叙利亚则表现得更加好斗,他们代表了阿拉伯世界的普遍看法,对最终胜利坚信不疑。埃及担心在政治上遭到叙利亚的压制,于是不再坚持反对重启战争,而外约旦一如既往不敢反对阿拉伯世界的共识。新一轮战争将近,外约旦动员了一些新的兵力,但是备战也就仅此而已。没有了新的作战目标,安曼深深厌恶再次卷入战争。形势恶化,1948 年 7 月 9 日,炮火再次燃起。

战争的第二阶段仅仅持续了十天,阿拉伯军团守住了它最重要的领土耶路撒冷和附近的拉特伦和拉姆安拉地区。但是格拉布作出了一个引起巨大争议的决定。他命令阿拉伯军团撤出吕大和拉姆勒城,结果这两个城市迅速被以军攻占。用格拉布的传记作者詹姆士·兰特的话说,这两个城市"显然无法防守",[13]因为它们被犹太人定居点包围,撤退是必然结果。战略收缩反映了格拉布一直以来的看法,即占领耶路撒冷必须付出放弃其他领土的代价。格拉布的消极战略说明外约旦军队由于军火补给不足而在战场上作战能力逐渐下降。但是,人们很难原谅阿拉伯军团撤军的举动以及格拉布所谓的"消极防御"战略,[14]

根据这一战略,外约旦军队由于长期缺少炮弹而无法攻占新的领土。

撤退除了有军事上的影响外还造成了人道主义灾难,以色列作家辛木哈·弗拉潘称之为"这个悲剧故事里最沉重的片段"。以色列当局驱逐了吕大和拉姆勒两地绝大多数阿拉伯人,[15]饥饿且愤怒的难民们排着长长的队伍向东逃去。他们可怜的经历加剧了安曼躁动不安的气氛,责难不可避免。

流言开始传播,有人声称阿拉伯军团被英国军官控制,他们出于别的计划才会作出撤军的决定;有人称阿卜杜拉和以色列串通是为了把作战压力转移到埃及军队上,到秋天时开罗也开始兜售这个观点。阿卜杜拉的应对之策不是驳斥这些流言而是把责任都推到英国人身上。一件广为人知的事件是他在内阁会议上公开斥责格拉布,明知这会成为全城谈资让大家怀疑他要罢免格拉布。他的计策似乎起了作用,国内爆发了针对英国的示威游行,格拉布的车也被砸了。但是阿卜杜拉最终还是让格拉布保留原职,这既说明了格拉布的能力也是出于阿卜杜拉的私心。

反英的流言来自那些希望借此掩盖自己失败的人。虽然第二阶段的冲突只持续了十天,但是所有的阿拉伯国家都输给了军力重振的以色列,其中尤以在加利利的损失最为惨重。到这一阶段战争结束之时,以色列已掌握了主动并坚持到整个战争的最后。

当安曼的竞争对手尤其是开罗注意到外约旦在战争中的获利与其他主要阿拉伯国家的获利的对比时,他们变得越发不满。慢慢地,这些阿拉伯国家越来越计较安曼获得了成功而他们却没有,阿以战争的走向不再是他们关注的焦点。中东地区多是个人权威型政府,国家的成功总是和领导人个人声望联系在一起,因此各国领导人之间热衷于互相攀比。其他阿拉伯国家的领导人们试图以两种方式抵消阿卜杜拉政治上的获利。首先,阿盟在夏天通过了一系列显然违背外约旦利益的决议。其中最重要的一条是反对联合国调解员、瑞典的福尔克·贝纳多特伯爵提出的和平方案,约旦也被哄骗加入了反对的行列。贝纳多特的方案虽然不太现实,但是对约旦有利,因为方案里提出要在巴勒斯

68

坦地区建立以色列—外约旦联合政府。其次,阿盟扶持巴勒斯坦民族主义者在阿拉伯人区建立政府以抗衡阿卜杜拉在该地区日益增长的势力。阿盟鼓励侯赛尼建立一个"泛巴勒斯坦"政府,以作为和安曼对抗的政治中心。穆夫提积极地相应这个号召,在新一轮战争爆发前在埃属加沙地区建立了新政府。

10 月 15 日,以色列发起了新一轮进攻,最后一轮战斗爆发,这次战斗一直持续到 1949 年 1 月 7 日。在策划进攻时,以色列的领导人们有两个选择:攻击阿拉伯军团占领更多的约旦河西岸土地,或者进攻埃及争取占领内盖夫沙漠以占据红海顶端的立足点,以色列部队迄今为止还未涉足贝尔谢巴以南的土地。两个计划各有支持者,以色列建国之父、政治强人戴维·本-古里安在两者之间摇摆不定难以抉择。本-古里安一开始倾向于进攻约旦河西岸,相信进攻一定会取得胜利。但是他最终还是选择了和解而不是向西岸扩张,作出这个决定有多个原因,比如担心英国可能会卷入战争,担心住在西岸的大量阿拉伯人不好统治,另外他也看重和阿卜杜拉的政治关系。[16]

以色列选择进攻埃及。本-古里安准确地预判了阿卜杜拉的反应。阿卜杜拉果然不愿失去好不容易得到的利益冒险援助开罗。他的孙子侯赛因国王在 1967 年第三次中东战争中作出了和他截然相反的决定。由于埃及军队无论是在规模、装备还是领导力上都落于下风,以色列取得了战场上最大的胜利。埃及不情愿地向外约旦和伊拉克求援,希望阿拉伯军团能转移以色列部分军力。结果外约旦只派了一小支部队到希伯伦支援一支被切断了和主力部队联系的埃及军队。这也可以看作是安曼为了加强自身对西岸统治所做的举动。与此同时,以色列将阿拉伯解放军(ALA),黎巴嫩和叙利亚的部队驱逐出加利利北部的大片地区。

作为一国元首,关心国家的领土利益,阿卜杜拉冷漠的应对无可挑剔,考虑到外约旦有限的能力甚至可以说他的举动非常明智。但是在中东地区,当阿拉伯世界的集体利益与国家利益相冲突而需要他效忠时,作为阿拉伯联军名义上的最高统帅,阿卜杜拉的不作为令人吃惊,

69

政治上是完全站不住脚的。尤里·巴尔-约瑟夫教授那部有名的著作称，1948年的以色列和外约旦是"最好的敌人"[17]。

巴尔-约瑟夫夸大了两者的关系，这点从停火协议中以色列对外约旦的态度可以看出。1949年4月3日，阿以双方在罗兹签署停火协议，这是一场以色列"威胁外交"的胜利。[18]以色列在谈判桌上瞄准了外约旦，就像之前在战场上瞄准了埃及一样。虽然外约旦的领土损失不像埃及损失内盖夫沙漠那样大，但它在社会经济上付出了巨大的代价，而政治代价则更是无法估量。具有讽刺意味的是，有以色列和埃及的停火协议在前，约旦本可以避免政治上的损失。此外，阿卜杜拉选择在舒那而不是在罗兹进行秘密谈判，本来这有助于他充分利用和以色列领导层之间良好的个人关系来减少损失。但是，以色列并不打算轻轻放过他们以往的伙伴。

首先，外约旦被迫放弃它在内盖夫南部的领土。更严重的是，安曼被迫撤离瓦迪阿拉300平方公里面积的土地，以此为代价得以接管伊拉克成功守住的约旦河西岸北部地区。这第二条协议剥夺了大约8万人或1.6万个家庭赖以谋生的土地，给外约旦带来了灾难性的影响。[19]像对待吕大和拉姆勒一样，外约旦辜负了阿盟的托付，再一次放弃了巴勒斯坦阿拉伯人的土地。瓦迪阿拉处于巴勒斯坦中部，是主要农业用地，人口众多，割让，标志着阿拉伯世界实实在在的大败，因此进一步激起了人们对阿卜杜拉的愤恨之情，西岸甚至爆发了针对他的骚乱。"背信弃义，愚蠢无比"，是参与以约停火谈判的一个联合国官员对此事的评判。[20]

外约旦在一片并不友好的气氛里开始了对西岸的统治。以色列仗着优势欺负对它还算友好的邻居外约旦，给外约旦的长期稳定埋下了隐患，而这终将威胁以色列自己的国家利益和安全。尽管有种种波折，但是阿卜杜拉还是完整保住了他的战争收益，以色列事实上承认了他对巴勒斯坦的统治。经过将近30年的政治活动，阿卜杜拉终于成功扩大了他的版图，实现了哈希姆家族的梦想。

70

约旦大一统

军事占领巴勒斯坦的阿拉伯人区后,阿卜杜拉认为自己就是这片
领土的元首了,但是这一认知却受到了泛阿拉伯独立政府的挑战。泛
阿拉伯政府在第三轮冲突后从加沙搬到开罗,阿卜杜拉一直以为他们
不过是强弩之末,并未把他们当回事。但是他们的独立宣言却在西岸
受到普遍欢迎,这使阿卜杜拉大为震惊,意识到征服约旦河西岸并非理
所当然。于是,他再次提起如何融合约旦河两岸的议题。他面临的困
难是,如何让融合至少得到精英阶层的认可。1948—1949 年间社会不
太平,要实现这一目标并非易事。不过阿卜杜拉相较泛阿拉伯政府有
一大优势,毕竟现在他的军队就驻扎在巴勒斯坦,近水楼台先得月。阿
拉伯军团是唯一一支没有在战场上惨遭以色列羞辱的阿拉伯军队,外
约旦也不像埃及和伊拉克那样国内社会问题突出,因此阿卜杜拉坚信
让巴勒斯坦人归顺只是时间迟早的事。

阿卜杜拉的主要目标,在中东历史学家约瑟夫·内沃看来,就是要
让占领区的阿拉伯人主动"恳求外约旦政府兼并"他们。[21] 换句话说,不
能让人觉得是野心勃勃的王朝吞并别人的领土,而应该是宽宏大量的
国王在人民的恳请下不得不合并他们。最终,阿卜杜拉努力了两次而
且等待了很长时间才得偿所愿。

第一次努力是于 1948 年 10 月在安曼召开第一次"巴勒斯坦全国
大会"。参加大会的有哈希姆王朝长期的支持者以及来自巴勒斯坦全
境的许多难民。安曼政府资助并策划了这次大会,就是为了和位于开
罗的泛阿拉伯政府打擂台,为阿卜杜拉造势。

大会的成功极大鼓舞了安曼政府,很快另一个大会在西岸的杰利
科召开。大约有 2 000 人至 3 000 人参加了 12 月 1 日的大会。大会得
到安曼政府的支持,阿拉伯军团保证会议安全,许多阿卜杜拉的支持者
也来到现场,阿卜杜拉希望能吸引更多的上层人士参会。他策划了整
个会议,并得到穆罕默德·阿里·贾巴里酋长的鼎力相助。贾巴里是
希伯伦市市长,阿卜杜拉的铁杆支持者,他主持了这次大会。

阿卜杜拉希望大会能让人觉得他在巴勒斯坦深受欢迎,时机合适
时很快能实现统一。但是即使杰利科大会气氛友好也并未完全按照计
划进行。尤其是拉姆拉和耶路撒冷的显贵们并不愿意完全授权给阿卜
杜拉。虽然他们准备承认阿卜杜拉作为君王,但是不愿意放弃收复巴
勒斯坦全境的愿望,因此对于阿卜杜拉承认巴勒斯坦分治的政策他们
拒绝支持。阿卜杜拉对此万分沮丧,当各地代表团到舒那觐见时他脾
气暴躁,但是讽刺的是他们唯一的罪过不过是想让他当"全巴勒斯坦
之王"。

杰利科大会带来中东地区新一波的谩骂,尤以埃及骂得最狠。但
是谩骂和中伤在阿拉伯国家不是什么新鲜事,不能妨碍阿卜杜拉实现
他的计划,再说了形势确实在外约旦掌控之中。之所以迟迟不能发出
统一宣言,根本原因还在于英美两个大国态度不明。英国的利益涉及
整个中东地区,尤其是埃及,因此它敦促阿卜杜拉保持冷静以免进一步
造成不利影响。再者,由于战争尚未结束、仍然存在变数,英国认为合
并的时机并未成熟。至于美国,它直到 1949 年 1 月底才承认约旦国。

虽然杰利科会议之后推动统一的努力暂时停止,但是它进一步削
弱了泛阿拉伯政府的影响力,而且也让巴勒斯坦境内的阿拉伯人有空
思考他们的处境。许多人无奈地发现阿卜杜拉国王的统治不可避免。
玛丽·威尔森注意到这一时期大多数巴勒斯坦人对阿卜杜拉怀有一种
"不祥的矛盾心情"。[22]阿卜杜拉在 1949 年进行一系列改革加强他们这
种"事情必然如此"的感觉。改革措施包括:向所有西岸的阿拉伯人提
供约旦公民身份;取消约旦河旅游和海关限制;取消占领区军事管制,
取而代之的是民事管理;任命三位巴勒斯坦人加入内阁。1949 年 12
月,阿卜杜拉国王接管之前巴勒斯坦托管政府的所有权力,看起来统一
势在必行了。阿卜杜拉在 1949 年 8 月访问伦敦时得知,随着战争结
束,英国反对的力度也减弱了。万事俱备只欠东风,就等着两岸选
举了。

新一届 40 人组成的下议院选举最终在 1950 年 4 月举行。东西两
岸平分议席。平等代表原则同样适用于 20 人的上议院。但是这个象

征性的平等原则掩盖了一个不平等的事实，即西岸的人口几乎是东岸的两倍。这开启了约旦两院里选举偏见的传统，即对巴勒斯坦人和城市居民(这两者往往是同一群体)的偏见。

选举在管制的氛围里进行，阿拉伯军团仍然驻扎在西岸，激进政治团体，例如刚刚兴起的复兴社会党，仍然禁止参选。尽管有这些限制，但选举依然引人注目火花四射，还是有 2 名复兴社会党员和 3 名曾经效忠于侯赛尼的民族主义活动分子当选为议员。大部分来自西岸的议员都受到良好教育，是城市里的专业人士，而来自东岸的代表中有 12 名地主、5 名专业人士(包括 2 名公务员)和 2 名商人，双方的人员构成差别明显。

1950 年 4 月 25 日，新议会里一群巴勒斯坦代表提出了两岸统一的提案。根据统一的条款，西岸的阿拉伯人立即获得约旦公民身份，这一条款与阿盟的明确指示相悖，阿盟担心这会妨碍难民回归。大多数西岸人民接受了统一，根据研究阿拉伯事务的英国作家皮特·曼斯菲尔德的观察，这些人对事态的发展还处于震惊之中，而且他们也没有其他的选择。[23]艾维·普拉斯科甚至说："合并广受欢迎，虽然遭到知识分子的反对，但是知识分子没有什么影响力。"[24]英国立刻承认了这一举动。阿盟逼迫阿卜杜拉发表声明说东西岸合并是暂时的，只能持续到巴勒斯坦全境解放之时。阿卜杜拉作了类似的声明，但是没有说外约旦届时将脱离联合政府。

总的说来，在高层政治层面，阿卜杜拉国王做得很好，他没费大功夫就实现了他的目标。但是，东西两岸虽然领土相连，合并在一起却像是一场奇怪的联姻。国家的东部占据了 94％的领土，但只占 150 万人口中的三分之一。文盲率高达 90％，1938 年全国各种类型的学校合起来总共只有 74 所。经济长期欠发达，农业产出不稳定，制造业几乎不存在。而在新合并的西部地区，经济发展水平和教育水平都明显高得多，社会整体财富也处于更高的层次。例如，西岸一半的劳动力都从事农业生产。因此，虽然在哈希姆家族的领导下是东部地区接管了西部地区，但是很难说在这个新国家里哪个地区留下的烙印更不可磨灭。

国王之死

最终,阿卜杜拉只有不到 15 个月的时间来享受他毕生政治野心的胜利果实。1951 年 7 月 20 日,阿卜杜拉遇刺身亡,时年 69 岁。凶手是巴勒斯坦人,刺杀则是一次肮脏的阴谋,也许同国内甚至国外的持不同政见者有关。[25]同谋者中包括穆夫提的一个远亲,还有阿卜杜拉国王以前的心腹阿卜杜拉·塔勒。阿卜杜拉·塔勒曾经参与舒那的秘密停火谈判,之后任耶路撒冷的军事长官。他已逃往开罗。说实话,刺杀随时可能发生,失去领土的巴勒斯坦人正积极地寻找替罪羊,他们当中有许多潜在的刺客。正如卡马·萨莱比所写的,"1929 年以来,尤其是 1947 年以后,他(阿卜杜拉)就巴勒斯坦问题作出的每一个举动都被彻底研究并进行最恶意的解读。"[26]另外,阿卜杜拉的个人安保松懈,这一点众人周知。

相比多年前第一次来到外约旦时的那个眼高于手、焦躁不安的年轻王子,阿卜杜拉可算是死而无憾了。同时统治着安曼和耶路撒冷,他的成就可比肩他的兄弟、死去多年的对手费萨尔。虽然英国人一直都没有多尊敬他,但他赢得了他们的好感。他在位期间外约旦建起了比该地区绝大多数国家都更稳定和谐的政权。至于死亡,阿卜杜拉这样虔诚的人会喜欢以这样一种方式死去:他在一个周五的早晨遇刺,身着阿拉伯传统长袍戴着头巾,站在耶路撒冷阿克萨清真寺入口处,周围信众正咏诵可兰经,他最爱的孙子、未来的侯赛因国王陪伴在他身旁。

75

老国王已死,必须另立新王。不过说起来容易做起来难。虽然阿卜杜拉有三个妻子,但却只生了两个儿子——塔拉勒和纳伊夫。不像欧洲是长子继承制,阿拉伯王位继承除了考虑血缘外还要考虑能力。约旦王室人员构成简单,不必面临沙特王室那样复杂的选择。但是约旦有它自己的困境:两个候选人谁都不合适继承王位。

长子塔拉勒生于 1909 年,出生起就被当作是继承人。他的生母是阿卜杜拉的第一任妻子,同时也是哈希姆家族中的一员。塔拉勒性格严谨,渴望取得别人的喜欢。他的童年一如当时的中东时局动荡不安,

76

图 8　13 岁时的塔拉勒,1922 年(Philby, Misc.Tj5)

因此他未能接受连贯的正规教育，有时只能待在家里接受家庭教师的教导。之后他求学于桑德赫斯特学院，在英国待了三年。当他1927年回国后发现无事可做，待在幽闭的王宫里和他的父亲摩擦渐起。他娶了自己的表妹宰因，长子侯赛因1935年出生，这也只是略微改善了他的处境。大约在这段时期他开始表现出一些精神分裂症状，这个疾病伴随了他的余生，多年后他因此而退位。阿卜杜拉对长子的态度也许是受到了英国驻节专员科克布莱德的怂恿，也得到了其他英国官员的默认。于是，1941年外约旦通过新的继承法以便于阿卜杜拉剥夺塔拉勒的继承权。[27]

最初的受益者是塔拉勒的同父异母弟弟，小他五岁的纳伊夫。纳伊夫才干平平，但是幸运的是他的性格肖似其父，而他最大的优势就是他不是塔拉勒。整个40年代纳伊夫都被看作是下一任国王，但是这段时间接近王室的人也认清了他的缺点。因此，另一个选择逐渐被更多人采纳，即纳伊夫将成为摄政王以待侯赛因即位。至于塔拉勒，他的行为变得更加古怪，暴力倾向增加，开始酗酒，而且还公开批评英国人，他不得不离开约旦去其他国家接受治疗。当阿卜杜拉死讯传来时他正在瑞士。因此，为了保持政治中心的稳定，除了立刻任命纳伊夫为摄政王之外别无他法。

刺杀事件之后的七周充满了变数。阿布杜拉之死打破了国内的平静，他的保镖们在耶路撒冷大肆搜捕凶手，安曼爆发了反对巴勒斯坦人的骚乱，这种民众自发的暴力冲突成为未来几年约旦国内政治生态的预演。地区大国纷纷打算利用约旦政治权力真空捞取好处。1951年哈希姆伊拉克王国派出由王储阿卜杜勒·伊拉率领的高规格代表团到约旦表示哀悼。阿卜杜拉出人意料离世一下子把约旦的弱点暴露在世人眼前。没有阿卜杜拉，约旦再也无法和高手较量，无法在重大的地区事务中发挥积极的作用，约旦一夜之间成为他国的目标，这点在未来的几十年里也不能改变。

纳伊夫的失败有多方原因：他个人判断失误，对于塔拉勒暂时恢复神智他没有高度重视；还有对安曼实权人物的考量。纳伊夫不甘心做摄政王给侄子铺路,希望利用混乱的过渡期推进个人野心。但是他行事太拙劣,这一点倒是像他的父亲。如果不满足他的野心,他将不批准对刺杀阿卜杜拉的凶手执行死刑,甚至还以辞职相要挟,全然不顾这一做法可能引起的混乱。科克布莱德和阿布·胡达等正在努力保证权力平稳交接的人们立刻抛弃了他。就在这时,塔拉勒已经恢复了神智正启程回国,他在公众中拥有很高的支持,天时地利人和此刻站在塔拉勒一边。看到情势急转直下,纳伊夫考虑军事政变,但是他完全不擅长这一套,所以这个阴谋轻易就被化解了,纳伊夫大势已去。9 月 6 日,塔拉勒回国并受到热烈普遍欢迎,新一任国王即位。

第五章　喧嚣的 50 年代

短短五年时间里,战争、哈希姆王朝的野心还有王位斗争就完全改变了这个国家。它不再是一个弱小的殖民地国家,相对平静的童年结束,它已进入了逐渐动荡的青春期。50 年代激进主义在中东兴起,纳赛尔的埃及在一旁虎视眈眈,地区的动荡将冲击年轻的王国。与此同时,国内也并不安稳:来自巴勒斯坦的难民们背井离乡一无所有,城市和农村的外约旦人正遭遇新一轮贫困。内忧外患,政治精英们却束手无策。国家领导层不稳定又加剧了社会动荡,到 1957 年侯赛因国王才确定了自己的执政方向。

当时许多外国评论家认为 50 年代的外约旦就像一个绝症患者。[1]它的建国过程不符合时代精神,它的国家制度脆弱不堪,领导人缺少经验而且优柔寡断,国内政治共识一去不复返。人们预测它不是被革命推翻就是被一个更大的阿拉伯政治体吞并,也许是埃及、叙利亚、伊拉克或者是它们的联合体。当然,什么也没有发生。英国人建立并培养的这个国家自我修复能力比人们预想的更强,尤其是它的强制核心——军队。格拉布的阿拉伯军团效忠的对象变成了年轻的侯赛因国王。侯赛因既有他叔祖费萨尔的冷酷又有祖父阿卜杜拉国王的感性。再者,50 年代的激进主义只是昙花一现,不过是一群野心各异的人用的障眼法,这一点在 1958 年血腥的伊拉克革命中显现无遗。到 50 年

代末,哈希姆约旦王国克服重重困难存活下来,成年期的约旦奉行的是
善意的专制,童年的纯真不再。

第二次政权交替

政权交替产生的动荡随着塔拉勒国王宣誓就职而结束,来自纳伊
夫的威胁解除。新国王在国内深受欢迎,从神职人员到暴民,大家都喜
欢他。他性格严肃,决心成为一个好国王。精力旺盛的宰因王后是他
坚定的支持者和伙伴。他有三个儿子,未来王位的继承不成问题。大
儿子侯赛因年轻有为,他具有大无畏的勇气,实践能力强,是王储的不
二选择。

塔拉勒国王的统治开局很好。当时约旦遵行的宪法是 1946 年
制定的,彼时英国仍然控制着约旦的内政外交,因此塔拉勒一上台就
把修改宪法当成最重要的事来办,此事一举奠定了他开明派君主的
名声。其实他的动机也许并非人们认识的那样直接,罗伯特·萨特
罗夫的看法是"塔拉勒一心要做君主立宪制国王,这很有可能并不是
因为他的自由派倾向,而是因为他想成为和他父亲不一样的国王"[2]。
无论塔拉勒的动机是什么,他的举动都有助于提高他在国内的声望。
即使 50 年过去了,人们仍然把他看作开明的君主,1952 年宪法是他
统治的丰碑。[3]

塔拉勒有个现成的合作伙伴:陶菲克·阿布·胡达。阿布·胡达
是前朝首相,令人惊讶的是塔拉勒并没有罢免他,反而重用他,把起草
推动新宪法实施的重任交给了他。阿布·胡达本人不是自由派,但是
他有着会计的精明头脑,是个实用主义者。他的精明算计在主持宪法
改革一事中表露无遗。他保住了自己的官职,而且可以从内部压制自
由派的反对。50 年代初期自由派开始活跃在约旦政坛,但是此刻却遭
到了阿布·胡达的打压。不过为了证明自己主持改革工作名正言顺,
他违背自己的意愿释放政治犯并且取消新闻审查。

新的宪法正是塔拉勒和胡达这一对不搭调的组合的产物。新宪法
当然比旧宪法更开明,但是又没有看起来那么进步。这是一部价值宣

言,在多方面保障了个人自由。同时在政权分离,尤其是限制国家元首的权力方面也取得了显著进步。然而,在实质内容上,国家对个人自由的让渡远远没有看起来那么多,许多新自由都有一项附加条件,即"符合法律条款"。[4]而且,宪法保留了关于宣布实行军事管制的条款,五年以后这一条款将被使用并发挥破坏性的作用。

在具有实际意义的问题上,各方唇枪舌剑。其中最引人注目的是就议会通过不信任提案的基础的讨论。经过经验老到的阿布·胡达艰难的讨价还价,最终通过的条款要求选举产生的下议院以三分之二多数而不是简单多数通过不信任提案。尽管宪法里坚持约旦是"议会政府",但是类似以上所说的条款实际上维持了行政部门对立法部门的优势。之后的 50 年里,即使包括政治动荡的 50 年代在内,也仅仅只有两届政府是因为议会的不信任票而解散。

1952 年元旦,新宪法正式通过,形势似乎一片光明,但是决不能以此来推断塔拉勒政权的运转情况或者更准确地说是塔拉勒本身的身体状况。同年第一季度,塔拉勒的精神状态迅速恶化,到 5 月份国内已陷入危机。同年 8 月 11 日,塔拉勒经过宪法程序被废黜。

到春末时,塔拉勒的行为越发暴戾古怪。他拒绝接受治疗,国内的医生和大臣也不敢劝说他,[5]事情非常棘手。两个外国医生建议他立刻到国外接受治疗,在民众中掀起了各种猜测。有传言说这一场政治阴谋旨在推翻国王以终止他的自由派和反殖民地的改革。约旦国内的政治乱局再次吸引了地区大国虎视眈眈。哈希姆伊拉克最蠢蠢欲动,让人想起阿卜杜拉国王刚被刺杀之后的反应。即使国王的同父异母弟弟纳伊夫王子也按捺不住打算回来一夺王位。塔拉勒国王接受劝说妥协同意到欧洲度假,结果这只是把他越发尴尬的举动暴露在世人面前。现在整个欧洲都知道国王的精神状态出了问题。他的缺席也导致国内事态一发不可收拾。

塔拉勒不在国内期间内阁成立了王室委员会代行国王职责。再次有人建议国王住院。约旦特使、哈希姆家庭成员和伊拉克的特派专员出于各种目的辗转欧洲试图影响塔拉勒的决定,但是又被塔拉勒多变无常的精神状态弄得颜面尽失。结局来得很快。8 月 2 日塔拉勒拒绝退位的提议。此时国内局势出现了危险的转折。一部分部队军官策划了针对塔拉勒的政治阴谋,虽然这在伊拉克和叙利亚很常见,在约旦却很罕见。几天前埃及的自由军官运动推翻了王室,这个节点上本国军官的异动给当权者们敲响了警钟。唯一能解决这个问题的人物阿布·胡达担心事态发展,最终采取了果断行动。他召开议会特别会议,与会人员一致同意基于塔拉勒不健康的精神状况禁止他继续担任约旦国王。

消息传来对塔拉勒也不啻于一种解脱,他无可奈何接受了他的命运。具有讽刺意味的是,正是他自己推动制定的宪法为他的废黜提供了法律依据,不过他确实不适合继续留在王位。塔拉勒的余生都在伊斯坦布尔的一家私人疗养院度过,对于一个深受困扰的人来说,那是一个安静的所在。他于 1972 年 7 月 8 日去世。艾奇尔·海德·哈桑·阿比迪把这段短暂而悲伤的时期称作"塔拉勒插曲"。[6]插曲结束,新的历史时期开启。约旦进入了历史上两大主要阶段的第二段:侯赛因时期。

新社会现实

侯赛因继承的王国在人口组成、经济、社会,进而政治上都被巴勒斯坦战争完全改变了。全国人口翻了大约 3 倍。约旦国土上有 45.8 万名难民,占总人口的将近三分之一。巴勒斯坦的阿拉伯人带来的大量资金,远远超过外约旦自身的货币供给。面对剧增的人口,政府的行政管理陷入了困境。

住在新建难民营里的大多是背井离乡的农民,他们没有一技之长、不识字,也没有钱。战争经历让他们心生怨恨,阿拉伯军团不能帮他们收复更多巴勒斯坦的领地,这让他们尤为不满。因此,难民营成为怀疑和不满情绪的中心。他们的一举一动都受到主要由东岸人组成的警察部队的严密监控。于是,他们强烈抗议外约旦人控制了政府、军队和警察部队。

图 9　装甲车上的约旦警察，1961 年(Stark，MF133 A5)

　　然而，艾维·普莱斯高认为尽管难民经历了丧失家园、流离失所带来的伤痛，但没有多少证据证明他们曾经像很多人认为的那样反抗当局或者"积极参与 50 年代中期的约旦骚乱"[7]。联合国的救助行动满足了他们的生存需求，1949 年年底，联合国成立了近东巴勒斯坦难民救济和工程处(UNRWA)，把救济工作作为一项长期制度确立下来。难民有基本的粮食供给就能更好地生存，相比之下，他们那些并非难民的新邻居反而过得更加艰苦。这些新近涌入的非熟练劳动力为了抢占当地的就业市场愿意接受更低的工资。[8]这种情况在约旦河西岸尤其严峻，工资水平低至原先的一半。[9]随着时间的推移，UNRWA 还通过就业安排和职业培训提高了难民劳动力质量，为富裕的阿拉伯国家后来发展石油产业提供了人才储备。正因此，1952 至 1961 年间约旦河西岸人口几乎没有增长，1961 年 6.3 万名在海外工作的约旦人中 80％来自约旦河西岸。

　　并不是所有来自巴勒斯坦的人都是来逃难的或者一无所有，其中不乏有政治或商业野心的人，甚至还有一些半熟练工人来找工作碰运气。这些人中大多数去了安曼，国家的行政中心对他们具有不可抵挡

84

表 2　难民在约旦的分布，1952 年 2 月

城　　市	营数	住在房子里的难民数	住在营房里的难民数	住在帐篷里的难民数	总　　数
安曼	2	48 440	1 927	9 590	59 957
伊尔比德	1	27 837		1 700	29 537
纳布卢斯	6	97 466	5 382	17 159	120 007
耶利哥、卡拉马	6	8 041	39 391	20 127	67 559
伯利恒	4	25 640	548	4 729	30 917
希伯伦	3	50 154		11 769	61 923
拉马拉	6	44 768	3 005	10 229	58 002
耶路撒冷	1	25 866	4 482		30 348
总数	29	328 212	54 735	75 303	458 250

来源：UNRWA，转自 Georgiana G. Stevens 的论文"Arab Refugees：1948—1952"，论文收录于 *Middle East Journal*，Vol. 6(Summer 1952)，pp.281—290。

的吸引力。例如，许多商业，包括像阿拉伯银行这样大型的成立已久的机构，原先的总部设在耶路撒冷，现在都搬到安曼。大量劳动力源源不断从西部流入，因此，虽然在统一的那些年里 GDP 增长可观，但东岸的人均收入却始终保持不变。[10]

精英聚集于安曼带来的一个主要影响是刺激了其经济发展。法齐·贾莱贝对这一阶段的评价是"可以说安曼地区几乎垄断了约旦的经济，而西岸和东岸的其他地区利益则受到了损害"[11]。首都经济进一步繁荣以牺牲西岸经济为代价，造成这种现象的还有其他的结构性因素，例如，人们预见到未来可能会在约旦河西岸发生战争，因此普遍不愿在那里附近投资；另外，供给大马士革和贝鲁特的南北线铁路建立发展取代了原先经过雅法港和海法港①的海港一线，西岸的重要性进一步降低。

经济活动日益集中在安曼导致安曼房租高涨，这又引发了一轮房地产热，1949—1952 年间，四倍于发展预算的资金进入建筑领域。[12]这次建筑热潮吸收了大量劳动力，解决了难民危机导致的闲置劳动力问题。[13]

---

①　译者注：雅法港和海法港均在约旦河西岸，地中海沿岸。

图 10　安曼城，1963 年 (JEM, 6.2)

表3　约旦主要城市的发展,1952—1962 年

城　　市	1952 年人口	1962 年人口	增长百分比(%)
安　　曼	190 647	296 358	55.4
伊尔比德	91 962	137 658	49.7
杰　　宁	40 519	86 731	114.1
耶路撒冷	85 619	114 691	34.0
纳布卢斯	53 509	182 994	242.0
萨 勒 特	41 299	68 188	65.1

来源: 约旦 1952 年和 1962 年统计年报,引自 Ishaq Y. Qutub 的文章"The impact of industrialization on social mobility in Jordan",文章收录于 *Development and Change*, 1969—1970, Vol. 1, No. 2, p.41。

在西岸从约旦分离出去之前,安曼将持续受益于它作为国家政治经济中心的地位,但这并不完全是社会力量集中的结果,一定程度上这是国家政策的产物。[14]中央政府坚信安曼保持其作为国家中心的地位对融合西岸具有重要作用。耶路撒冷是英国托管巴勒斯坦时的行政机构所在地,无论从地理还是历史上看,它都是国家的另一极。正如艾维・普拉斯高所说:"(约旦)政权的总体政策就是防止耶路撒冷获得特殊地位或者成为东西岸分裂对抗的象征。"[15]安曼当局对此坚定不移。

东西岸地区内本就存在宗教和部落差别,这一政策又加大了东西岸之间的裂痕。对外约旦人来说,巴勒斯坦人的涌入勾起了他们对二三十年代的回忆,那时巴勒斯坦的精英们占据了外约旦政府高位。这种怀疑和不屑的态度是双向的。巴勒斯坦人仍然以耶路撒冷为尊,看不起他们的东岸邻居,比如他们不读约旦的主要报纸《约旦报》,而偏好耶路撒冷出版的《巴勒斯坦报》和《抵抗报》。[16]

87　　中央政府通过一系列行政手段打压耶路撒冷的发展,不给它发展基建的机会。其中最重要的是降低耶路撒冷作为地区行政中心的重要性,剥夺它对西岸的管理职权,所有西岸的地区官员直接对位于安曼的各部委总部负责。基础设施建设和工业建设的许多项目也与耶路撒冷无缘。例如,在耶路撒冷建立机场和大学的计划被否决。与此同时,中央政府大力扶持西岸地区与耶路撒冷具有竞争关系的城市和经济中心,比如纳布卢斯。纳布卢斯的人口在 1952 至 1962 年间翻了三倍,反超耶路撒冷。国有工业企业,例如一个植物油加工厂和一个火柴厂就建在纳布卢斯而不是耶路撒冷。王室似乎也间接鼓励这一做法。侯赛因国王在两岸统一期间很少到访耶路撒冷;直到 1963 年王室才在耶路撒冷郊区开工建造宫殿,但是由于 1967 年战争爆发,工程没有完成。

受益的还有安曼的周边地区,这进一步证实了人们的看法,即国家以牺牲西部为代价发展东部。事实上,在两岸统一期间,所有国家投资的大型工业项目,从扎卡的炼油厂到福海的水泥厂,无一不建立在东部。[17]1948 年时还没有任何工业基础的东岸地区,到 1965 年其工业生产总值已占到全国的四分之三。[18]

侯赛因即位

塔拉勒逊位于其长子、备受期待的侯赛因。虽然侯赛因被祖父阿卜杜拉国王带在身边教导,但是在各方面他还没有为即位做好准备。他的父亲和祖父在他的学业问题上各行其是,在他身上留下了不同的印记。他在国外接受了大部分教育,受到了英国公学教育传统的影响。他先在位于埃及亚历山大的维多利亚学院(中学)学习,后又转到英国著名的哈罗公学求学。在性格形成时期这种双重文化经历对他大有好处。终其一生,他都能在阿拉伯和盎格鲁—撒克逊两种不同的社会环境中游刃有余。同时,远离家长的监督使他得以沉迷于两项爱好之中——女色和赛车。

尽管即位时困难重重,但侯赛因统治约旦长达 47 年,直至 1999 年因癌症去世,享年 63 岁。由于统治时间长,在他在位的后二三十年里他已成为约旦不可分割的一部分,没有他约旦人的生活简直难以想象。约旦人越来越崇拜他,很重要的原因就是大多数人都没有经历过另一个国王。政府也有意把他塑造成国父、大酋长。正如在一个世袭制国家里,老百姓日益把各种好事,无论是升值还是发财,都看作是国王的恩赐。他的辩护者们敬仰他,认为他拥有"希勒姆"(hilm),[19]即宽恕、克制、忍耐和富有洞察力等品质。

88

无论是外交官、记者还是传记作者,许多西方的评论家都有意无意地吹捧侯赛因国王。久而久之,美国人和以色列人也变得和天真的英国人一样充满浪漫情怀,对侯赛因高唱赞歌。他们就差没有要求约旦按照他们的想象塑造出一个"勇敢的小个子国王(PLK)"形象。PLK成为侯赛因的代号。就这样,侯赛因国王逐渐被看作是一个勇敢高尚的人,一名排除万难的强者,一位杰出的政客、政治家。这是他的讣闻中展现出来的形象,至今仍然留存于人们的脑海中。

揭开这层假象,我们看到的是个性更为复杂、充满人性弱点的侯赛因。侯赛因是个行动派而不是个思想家,总是充满勇气和魄力。他是个大酋长般的人物,像家长般关心他的子民,在处理部落之间事务时手段高超。但是他这个人反复无常,有时努力工作,有时又很懒惰;有时亲近纳赛尔统治的埃及,有时又对他充满敌意;有时他不知疲倦地推进和平进程,有时又心灰意冷置身事外。他追求享乐,但是又有神经质,所以他吸烟很凶,压力巨大导致身体不好;他性格强悍,但又受控于比他更强势的人,例如他的母亲宰因王后,埃及总统纳赛尔和伊拉克总统萨达姆;他看人不太准,政务上过度依赖个别亲信,这导致了政策波动,在外交领域尤其明显。

89　　侯赛因能够一次次度过危险固然因为他性格强大充满活力,但是更主要的是他运气好。很多时候,尤其在50年代的社会动荡中,他的命运并不掌握在他自己手中。乌利尔·达恩就曾一针见血地指出,"侯赛因能活下来是因为他的死对头迦玛尔·阿卜杜尔·纳赛尔并没有一心要他的命"[20]。他能够多次化险为夷,还有一个重要原因是他继承了一个英国帮忙建设的国家,他该庆幸他是在安曼而不是在巴格达当国王。侯赛因不是一个精明的政客。他的政治判断有时准确,但也经常出错,有些甚至酿成大错,例如1967年参加第三次中东战争等。他像他的祖父一样,在做决策和发表公众演说时有时惊人地感情用事。一头雄狮,冷静而精于计算,这不是他。

侯赛因国王和他的祖父所处的政治环境截然不同。从1952年7月埃及自由军官政变开始,激进主义势不可挡地横扫了中东地区。纳赛尔通过一系列事件在 1954 年巩固了对埃及的统治,他作为阿拉伯世界领袖的声望日隆。埃及通过其占领的加沙地带多次发起对以色列的袭击,到 1955 年人们对可能爆发的战争忧心忡忡。1955 年 9 月,埃及通过捷克斯洛伐克向苏联购买武器,同年苏联同意资助埃及修建阿斯旺水库。1956 年纳赛尔成功解决苏伊士运河危机,将运河收归国有。这一系列事件对亲西方的约旦政权造成巨大压力。邻国叙利亚遭遇了国内政治动荡,激进派军方领袖冒头,这似乎为约旦未来的政治发展提供了示范。

但是侯赛因执政之初面临的主要问题还在于他过于年轻缺乏经验,这在一个重视年龄、资历和长者智慧的传统社会里是大妨碍。1951 年他在耶路撒冷目睹了祖父被刺杀,当时他只有 15 岁。当他登基时距离 18 岁生日还有 15 个月。由于年纪太轻无法行使宪法赋予他的权力,他只好留在英国完成学业,并到桑赫斯特皇家军事学院受训。一帮两朝元老替他打理国事,直至 1953 年 5 月 2 日他亲政。[21]

在头五年里,年轻的君王试图在复杂多变的政局里建立自己的权威,但结果令人沮丧。他的第一个重大举措是任命法齐·穆尔其为首相,这是一次勇敢但错误的人事任命。他的想法是好的,穆尔其年纪轻,面孔新,任命他为首相可以终结由一帮老臣把持朝政的局面。像陶菲克·阿布·胡达、萨义德·穆夫提和萨米尔·里法伊这些老臣虽然对他忠心耿耿,但对他颇为傲慢让他生厌。[22]穆尔其在任期间的确进行了一系列改革,虽然多数措施仅具有象征意义,但确实向议会让渡了部分权力,其中最重要的一项变革是在议会对行政部门投不信任票时不再需要三分之二多数而是简单多数即可生效。

不过穆尔其此人不是个好人选。他的叙利亚背景抵消了他作为第一位出生约旦的首相带来的吸引力,而且,他资历浅,能力有限,无法对付暗流涌动的局势。时人怀疑他之所以会成为首相,可能是因为他在担任驻英国大使期间,与求学于哈罗公学的侯赛因攀上了交情,由于年轻的国王对国内的政治圈子不熟悉,无人可用,所以选中了他。可惜他在任上表现平平,加上他的自由派名声在外,导致深受宰因王后影响的

90

年轻国王作出了撤换他并起用保守派老臣的决定,这是侯赛因犯的第二个重大错误。整个 50 年代,他在政务上都表现出这种来回反复折腾的特征。

1954 年 5 月穆尔其下台,之后两年间更替八届内阁,均由阿卜杜拉时代的老人把持。虽然侯赛因选择更有经验的官员情有可原,但是随着外界压力增大,这些老派的政治精英导致形势更加恶化。当时格拉布仍然是约旦军队的最高指挥官,起用这些政治生涯与英国密切相关的官员让人感到约旦政府非但没有适应激进的时势反而有所倒退。

当时约旦已出现政治多元主义,民众参与政治的意愿提高,而保守派政客却对此视而不见,无论是阿布·胡达的专制独裁统治还是萨义德·穆夫提的贵族精英统治都与时代的发展背道而驰。在短视的专制统治阶段最骇人听闻的事件恐怕是阿布·胡达主政期间政府干预 1954 年大选。其中的一项干预手段是在约旦河西岸驻军的选票上公然标示亲政府的候选人。这一时期通过了一系列专制倾向的法案,其中包括 1955 年通过的一项地区法案,授权内政部全面控制地方政府,同时限制地方选举中选民的权利从而使富裕阶层从中获利。

保守派老臣重掌政坛带来的最严重的恶果是加剧了代际矛盾。[23]新一代的约旦年轻人,无论是来自相对复杂的西岸还是来自日益富足的东岸,均视这些官员为社会进步的阻碍。如果说侯赛因重新启用这些老臣是为了维护国家的稳定,那他可算是完全失策了。这八届内阁最长的仅持续七个月。保守派政客全然不顾变化的外部挑战,仍然纠结于内耗。政府的短视逼得自由派加入激进派的阵营,更加激烈地呼吁系统变革。失望情绪见长,那些被中东政治大势裹挟前行的人尤为如此。地区激进主义快速崛起,受其影响,约旦国内野心勃勃的政治精英们也都迫不及待跃跃欲试了。

巴格达条约以及驱逐格拉布

如果政治手段不能与时俱进,那它很难持久,最著名的例子就是巴格达条约组织。该组织由英国一手发起,旨在通过联结北约和中央条约组织来遏制苏联在中东的势力发展。但是英国低估了阿拉伯世界尤其是在埃及和阿尔及利亚的民族主义者摆脱欧洲殖民势力赢得彻底主权独立的强烈愿望。英国面对战后殖民体系瓦解的现实,试图通过结盟的方式挽回它在中东地区日益衰退的影响,这一企图昭然若揭。三个北方国家——土耳其、巴基斯坦和伊朗很快加入该联盟,伊拉克的加入在阿拉伯世界激起了一丝涟漪,但是埃及坚决反对。约旦的加入有风险,但是这是它将势力扩张到黎凡特地区的唯一选择。

年轻的侯赛因国王一开始应该是想加入巴格达条约组织的。该组织背后有英国撑腰,加入后还能改进军事装备,好处实实在在,而且这还是个有利于侯赛因在国内和地区树立权威的好机会。但是出于对地区政局的敏感,尤其是看到埃及政府痛斥伊拉克,侯赛因不愿意招来更多的外界压力,因此在 1955 年一直举棋不定。奇怪的是,英国似乎出于同样的考虑,也没有对约旦施压。国内反对条约的力量进一步壮大,埃及持续不断的批评赢得了约旦国内绝大多数民众的认同。门德列斯领导下的土耳其政府在其中采取的外交政策很不高明,结果将事态推到了白热化的地步,此时英国政府作出了一个有欠考虑的决定,派陆军总参谋长杰拉尔德·邓普拉将军出访安曼,这次出访成为国内外关注的焦点。

访问前夕,安曼经历了一系列动乱。埃及大使馆明目张胆地出资支持反对力量。示威游行不断,政府不得不派出阿拉伯军团维持秩序。无论是复兴社会党还是穆斯林兄弟会,不同意识形态的政党在对待英国的态度上立场一致,全都反对约旦加入巴格达条约组织。人们担心一旦约旦加入,西岸会脱离约旦独立,[24]这是任何一个哈希姆家族成员都不愿意看到的。保守派萨义德·穆夫提的内阁里照例有来自巴勒斯坦的大臣,他对卷入斗争没有兴趣。穆夫提内阁组建不到七个月就倒台,接替他的是哈扎·马贾利。侯赛因要求他无论如何要让约旦加入条约组织。可惜在上台仅仅八天之后,马贾利就因国内反对浪潮高涨而辞职,国王不得不妥协。

巴格达条约一事上的溃败对约旦政权非常不利。这一事件动员了

92

多数城市人口,使他们变得更加激进,为约旦国内本已不少的激进政党提供了发展的土壤。事件也暴露出约旦边境管理的漏洞以及纳赛尔领导下的埃及对约旦民众巨大的影响力。英国表现出来的优柔寡断让大家注意到它在中东地区削减的影响力。对中央政府而言,这是一次惨痛的经历,地方对中央的向心力以惊人的速度削弱了。最后,这一事件也明确暴露出政权对军队以及对外约旦农村地区政治经济上的依赖。虽然示威游行结束了,整个国家也可以歇一口气,但是激进主义政治与传统势力的斗争在约旦还远远没有结束。1956 年大选是它们之间的第二次交锋,激进派大获全胜,成功组建政府。

在这之间短暂的休整期里,侯赛因国王昙花一现般地成了阿拉伯民族主义英雄,折射出这一时期约旦政治氛围的波动,以及阿拉伯世界的复杂多变性。侯赛因之所以成为民族英雄,是因为 1956 年 3 月 1 日他宣布解除格拉布帕夏总参谋长的职务,同时被解职的还有他的两名助手,其中一位是约旦情报机构负责人。格拉布被免对英国政府不啻晴天霹雳,尽管有些国王和帕夏不合的迹象,伦敦一直坚信格拉布将留任。格拉布自己在一年多前就开始忧心和国王的关系,但他也没有想到解职来得如此突然。现在看来,格拉布和其他人本不应该过于自信。1955 年 5 月陶菲克·阿布·胡达下台标志着阿卜杜拉国王时代最后一个中坚分子离场,新的时代已经开始,而格拉布及他的手下们却对此一无所觉,这也充分说明约旦境内英国人间仍然弥漫着自满情绪。

侯赛因国王作出这一举动有两个根本原因。第一个是个人原因,由将军和国王的代沟造成。格拉布和侯赛因的祖父阿卜杜拉国王私交甚笃,由于格拉布年纪较轻,因此在这段关系中毫无疑问阿卜杜拉国王占据主导地位。但是当侯赛因即位后,格拉布变成这段关系中的年长者,而且年纪差距多达 37 岁,矛盾几乎不可避免。在巴格达条约危机中侯赛因国王不得不依赖格拉布的阿拉伯军团维持秩序,这是侯赛因难以容忍的,两者的矛盾进一步激化。但是格拉布对自己在这段关系中的定位缺乏正确的认识,他没有意识到这种关系是不健康的难以维持的。他的所作所为就像一个过分焦虑包办一切的父亲,在制定战术和军队里人事任免及提拔等敏感问题上他表现出高高在上的态度。[25] 所有这一切都增加了国王的挫败感和不满。侯赛因决定罢免格拉布，有证据标明他至少一年前就曾产生这个念头，他罢免格拉布同时又可以讨好纳赛尔，可谓一箭双雕。

第二个原因是出于政治考虑，受到国内和地区政治形势的影响。[26] 短期来看，罢免格拉布使得侯赛因得以改变他的政治资本。侯赛因曾经采取其他措施试图改变国内的政治形势，比如解散议会，以及任命毫无争议的易卜拉辛·哈希姆组建看守内阁等，但是这些措施都成效不大。毫无疑问驱逐格拉布注定是一步好棋。在追求主权独立的中东地区，罢免武装部队的英国指挥官是国王手中的一张王牌。就像抛弃阿卜杜拉时代的老臣一样，他早就应该这么做了。

虽然格拉布的解职让人震惊，但是除了暂时的动荡之外，这一事件并没有对英约关系造成重大影响。格拉布本人表现出政治上的成熟，他回国后强烈反对任何针对约旦的报复性措施。伦敦也不想在中东地区制造更多的纷争。这一事件有助于年轻的国王在后来的苏伊士运河危机中疏解国内压力，同时也促使英国认真审视与约旦的关系，得出 1948 年结盟条约已经不合时宜的结论。[27]英国方面的结论是国王只是与格拉布个人合不来，而不是对两国的关系有所不满。侯赛因仍然亲近英国，1958 年他的堂兄伊拉克国王倒台后他仍然愿意向英国寻求军事援助。最终，驱逐格拉布一事被轻描淡写地一笔带过，约旦和英国关系如旧。

国内激进主义者的挑战

侯赛因赢得了民心，跟上了地区的政治形势，表现出前所未有的自信。借着罢免事件的东风，他推进机构改革。在军队里，年轻一代的军官主要来自约旦河东岸的城市，长期以来受到格拉布和他的手下的压制，现在得到快速提拔。他们中的翘楚是新晋总参谋长"海盗"[28]阿里·阿布·努瓦尔，努瓦尔 1956 年 5 月就职时才 30 多岁。他引起侯赛因的注意是在他担任约旦驻法国大使馆军事联络员实则相当于流放期间。两人都喜欢享受人生,侯赛因在一次欧洲旅游时为他的魅力所折服。

在地区事务上侯赛因也游刃有余。到 1956 年年中时显得格外从容。正是在这种背景下他解散下议院准备大选。

虽然侯赛因在罢免格拉布之后不久举行大选自有其道理,但他错在自以为已经掌握全局能够左右大选走向,简而言之,他以为自己还能利用原来的王牌再下一局。6 月 26 日下议院解散,一个月之后纳赛尔宣布苏伊士运河收归国有。在苏伊士运河危机中侯赛因的天真暴露无遗。10 月 12 日,英国、法国和以色列达成秘密约定驱逐纳赛尔,以色列出兵占领了西奈半岛,英法两国军队入侵埃及意图夺回苏伊士运河控制权。但是,在美国的施压之下三国如意算盘落空,军队不得不撤出埃及,纳赛尔取得大胜。

苏伊士运河危机发生的时机对侯赛因特别不利,约旦大选定在 10 月 21 日举行。但是侯赛因并没有推迟大选,他天真地认为仍可以利用格拉布事件的余波推动大选取得对他有利的结果,激进分子没有胜算。事实上,大选完全被苏伊士运河危机所左右。通过巴格达条约事件可以看出约旦老百姓,尤其是居住在城市地区的约旦人,普遍对纳赛尔有好感。候选人们竞相表示支持开罗。虽然这是约旦历史上最自由的选举,但是沙特和埃及的暗中干涉注定了这并不是一场公平的比赛。

国内反对派候选人大获全胜,在议会的 40 席中斩获了至少 22 席,包括共产党人 3 席,复兴社会党 2 席(他们的竞选口号是"从监狱到议会"),以及小众的激进伊斯兰主义者政党解放党 1 席。竞选最大的赢家是苏莱曼·纳布西领导的国家社会党(NSP)。虽然纳布西本人在议会竞选中惜败,但是国家社会党却赢得了 12 个席位。保皇党虽然处于守势,但也赢得了 16 个席位。反对党中唯一一个对纳赛尔无感的政党——穆斯林兄弟会,赢得了 4 席。

伊斯兰主义者和左派政党都是组织相对严密,有一定意识形态的党派,而国家社会党却颇有挂着羊头卖狗肉之嫌,它高举民族主义的大旗,意识形态却不强。相当一部分野心勃勃的年轻政客加入它只不过是为了获得一张成功的门票。NSP 党魁纳布西是一位专业人士、知识分子，长期出没于安曼的沙龙谈论政治。纳布西其人总的说来算是个激进分子，但是他的政治观念总是随着社会思潮的起伏而改变。1950年 10 月至 1951 年 7 月期间他曾短暂出任萨米尔·里法伊内阁的财政部长。之后他立场向左转变，虽然称不上革命派，但也变得更加激进，具体的表现就是在 1951 年支持新近比较活跃的约旦共产党组织的反对地区军备竞赛的运动。[29]

纳布西身后有许多约旦名门的支持，例如，安瓦尔·哈蒂布，希克迈特·马斯里(后成为下议院议长)，萨利赫·马阿谢尔，阿卜杜勒·哈林姆·尼米尔，和萨拉·托坎。要说这些人都是激进派也太说不过去了。这些贵族的名字出现在激进的政治运动中，恰恰是约旦国内这些名门望族们面对各种意识形态的争论致使国家的走向不确定，而作出的务实的应对。正如叶海亚·哈达德说的"有先见之明的家族们同时参加具有不同政治色彩代表不同社会阶层的党派，即使出现大的社会变动他们也能保证自己家族的权力和地位"[30]。

面对这样的选举结果，侯赛因国王保持了冷静和适当的尊重。他邀请国家社会党党魁纳布西组建新政府，因为 NSP 在选举中赢得了最多席位。新内阁里塞满了尼米尔和马阿谢尔这些纳布西的政治盟友，同时还包括复兴党主要议员、狂热的演说家阿卜杜拉·里马维。这个组合隐患不小，但是苏伊士运河危机刚结束不久，这看起来没有什么要紧。侯赛因仍然热衷于表明自己支持阿拉伯民族主义的立场，在战争刚刚爆发时就表态支持纳赛尔，甚至还考虑对以色列作战，但是纳布西给他泼了冷水，两人的立场发生了有趣的反转。

危机结束之初国王和内阁的矛盾并不尖锐。此时政府的注意力转向是否续签英约条约，英国是否继续对约旦进行经济援助，以及如何确保预算安全。本来就没有多少人支持英约条约，用达恩的话说，现在就连英国也把这个条约看成"一个费钱的玩意儿"。[31] 约旦找到了一个替代方案来保证预算供给，所以英约条约就终止了。约旦得到埃及、沙特和叙利亚三方对其经济援助的保证。1957 年 1 月四国在开罗签署了

97

阿拉伯团结协定。协定中只有三国的表态,但是对三国的经济援助能力和意愿都没有约束力,这再次暴露了侯赛因的天真和他对宏观经济的无知。结果,在三国中只有沙特完成了第一阶段的援助。

虽然约旦顺利地从英约结盟过渡到阿拉伯团结,但是如果有人说王室、内阁和激进势力未来将通力合作,那他就大错特错了。事实上,开罗会议召开不到三个月,纳布西政府就被突然解散,约旦进入了一个全新的、远远不那么开明的历史阶段。具体来说,争论聚焦于两点:第一,冷战波及中东,约旦在两极统治的世界中如何定位;第二,纳赛尔日益成为中东地区的领袖,约旦将在地区扮演什么样的角色。谁将最终决定国家的外交政策:王室还是政府?

当约旦准备签署阿拉伯团结协定时,美国推出了艾森豪威尔主义。艾森豪威尔主义是美国应对苏伊士运河危机的直接产物,名义上允许总统通过经济和军事手段援助遭受共产主义攻击的国家。人们普遍认为,这是美国在英法两个殖民帝国遭受羞辱之后为了限制纳赛尔的影响力在中东扩张的一个举措。艾森豪威尔主义一经宣布马上就吸引了侯赛因的注意,他意识到这是改变外交方向的好机会,约旦将从支持一个衰退的大国转向支持一个新起的超级大国。这不完全是机会主义的做法。侯赛因被艾森豪威尔总统在运河危机里展现出来的公正无私所打动,他郑重命令以色列从西奈撤军也给国王留下了深刻印象。[32]因此侯赛因很快向美国报价,请求美国将原来不多的援助提升至 3 000 万美元,相当于原来约旦从英国得到的援助额。

深感振奋的侯赛因,也知道美国希望自己拿什么作为回报。于是,在艾森豪威尔主义出台没多久,国王就开始打击共产主义。[33]安全部门接到国王的暗示,采取了一系列措施打压共产主义活动,包括关闭安曼的塔斯社办事处以及取缔共产党宣传。国王的这些做法打了纳布西政府一个措手不及,后者虽然不一定同情共产主义或者苏联,但不久前刚刚允许共产党出版一本周刊。国王猛烈攻击政治极端主义,认定里马维是政府制定外交政策的决定性人物,认定他的激进阿拉伯主义和无神论的共产主义一样都可以被轻易驳倒。侯赛因在示好于美国的同时也不忘维系同邻国的关系。他同开罗、大马士革和利雅得建立了背后通道,向不安的邻居们保证关系照旧。

纳布西非但没能平息事态反而越来越像个深陷政治交火的倒霉的自由主义者。他对国王毫无办法,也没能约束越来越大胆的里马维。到了 3 月底,纳布西宣布他打算承认中华人民共和国;4 月 3 日他宣布打算与苏联建立全面外交关系。激进分子们选择了对抗,他们策划赶走政府里的保皇党,内阁打算逼巴雅特·塔巴拉退休,塔巴拉是国王的安全事务负责人,一个黎巴嫩人,却是阿卜杜拉的死忠支持者。与此同时,东岸城市军官(又称为 hadari[34])策划"哈希姆行动",在夜晚秘密部署军力。消息传来让侯赛因深感不安。虽然他命令部队退回营地,但是行动本身似乎意味着随着军队介入,形势发展已逼近节点。

双方注定要爆发正面冲突。侯赛因意识到,如果塔巴拉被赶走,激进派将在这场冲突中占据决定性的优势,如果军队被对方控制,那将威胁到他在国内政治上的最终否决权。年轻的国王决定再也不能放任自由主义势力了。一天之后,在 1957 年 4 月 10 日这一天,他宣布解散内阁。权力斗争风起云涌,且看谁是最后的胜者。

王室发起的政变

用中东历史学家乌利尔·达恩的话说,接下来的三周是"哈希姆王室历史上最关键的时期",[35]期间最主要的是来自军队的威胁。关于威胁的性质和规模还没有定论。官方的说法是王室面临自由军官运动夺权,参与夺权的主要是以阿里·阿布·努瓦尔为首的高级军官集团。4 月 13 日晚,侯赛因国王得知扎尔卡军事基地发生哗变,马上带着不安的阿布·努瓦尔赶往基地。当他到达时发现贝都因士兵和来自城市的官兵打成一团。侯赛因冲到他们中间,集合他的支持者制服了背叛者。他以雷厉风行而大无畏的行动终止了叛乱。阿布·努瓦尔恳请他饶恕,于是被放逐到叙利亚,后来危机过去,他又被官复原职。共有 22 人被送上军事法庭,9 人缺席审判,5 人被当庭无罪释放,剩下的人被判 10 年至 15 年有期徒刑。

侯赛因国王在自传里称这次事件为"扎尔卡起义"。虽然起义的真相无从得知,但是显然对国王和国家来说这都是一个重要的转折点。[36] 约旦军队里有真正的纳赛尔同情者。更重要的是,军队里有一些野心勃勃的利己主义者,随时准备利用地区的动荡局势来实现个人的野心。4 月中旬国内局势紧张,纳布西下台后流言四起。有人说这是侯赛因先发制人以便掌控军队,侯赛因自己后来说他是"清除脓疮",[37] 也有人说他是利用一次偶然的争论实现政治目的。无论事实是什么,毫无疑问这次事件发生的时间正合适。国王刚好可以利用这次机会清除异己拉拢那些对他效忠的人。他在事件中展现出来的雷霆手段,正是他那在伊拉克当国王的堂兄所缺乏的。经过此事,军队被牢牢掌控在他的手中,1958 年 7 月发生在伊拉克的军事政变不可能在约旦发生。侯赛因事后建立起一支以贝都因人为主的禁卫军,这支禁卫军在日后几次关键时期如 1970—1971 年的内战中均发挥了重要作用。他给反对派安了一个罪名,指控他们的胁迫行为违宪。这次的成功使他日后得以用同样的手段而不必担心受到道德谴责。

虽然纳布西被免,阿布·努瓦尔等人名誉扫地被驱逐出国,但是侯赛因和约旦国内的激进分子之间的斗争并没有结束。4 月 22 日,一个"爱国大会"在纳布卢斯召开。与会者都是全国社会主义党、复兴社会党中的中坚分子。大会大胆地挑战既有的社会秩序,发布了"致全国人民公告",公告里号召成立一个约旦、埃及和叙利亚的联合体,要求将被罢免的官员官复原职、清洗保皇党,并号召人民和军队团结一体。他们的即时策略是号召民众举行大罢工和示威游行,并且建立起 16 人执行委员会以行使平行政府的职能。77 人在公告上签名,其中有 23 名是议会里的现任议员。签署这个公告后,全国社会主义党无可挽回地将自己与左派极端主义分子绑在一起。

冲突再起时,国王和他的部队并非孤立无援。穆斯林兄弟会在意识形态上一贯与复兴社会党和共产党相对,早早地站到国王一边。他们和国王一样对公告心生警惕,因此动员支持者们反对已经上街游行的群众,双方产生了冲突,在杰里科和纳布卢斯冲突尤为严重。约旦的各个部落因为有亲戚族人在军队里,因此也站在国王一边动员起来,他们实际上组成了一支辅助部队。阿德万和班尼萨赫尔部落早在 20 年代前就已经是老对头,但是这次也搁置争端汇聚到首都,他们撕掉支持纳赛尔的海报,赶到皇宫"向国王和王室表忠心"[38]。侯赛因国王之所以纵容社会秩序暂时陷入混乱,是为了让他之后的强力镇压师出有名。他建立了临时军政府,把国家划分为七个军事管理区,每个新任命的政府长官都要向军事总督汇报。军事司法体系建立起来,好几百人被抓并投入监狱。

这次果断的行动结束了多元政治带来的混乱和冲突。政党被解散,结党行为被禁止,相关出版物被封杀,激进组织被镇压。[39]8 名议员被抓捕或驱逐,在西岸和受巴勒斯坦影响较深的东岸地区(主要是安曼和扎卡尔),选举产生的委员会被勒令关闭。曾经的开明政治戛然而止。下一次约旦政治达到 50 年代的自由程度是在 1989 年。只有当东岸的中心地带发生骚乱、经济几乎崩溃而政府却自私自大无力渡过难关时,侯赛因国王才会被迫重启他 30 多年前放弃的开明政治。

1957 年当他出击时丝毫没有手软。他先发制人发动反革命,从始至终态度坚决。国家安全机构重组简化以助他行动。安全机关现在把注意力转向国家的民事结构。50 年代兴起的激进主义影响了一批城市居民,他们头脑灵活,才干突出,在两岸合并后快速扩张的政府部门里占据了重要位置。其中的代表人物之一是哈马德·法尔汉,他在新成立的国家经济部里快速升迁,最终成为一把手。[40]之所以这次反革命运动波及面如此之大,一个重要原因正是王室为了从这些人手中夺回权力。

在镇压反对派的过程中,侯赛因之所以有充分的自由和回旋余地,是因为约旦潜在的敌对国国内动荡无暇他顾,而侯赛因又得到了新的友好国家的支持。美国很快表示支持侯赛因国王,在镇压之后第一时间给约旦 1 000 万美元的经济支持,并且发表声明承诺帮助约旦免遭苏联入侵。最出乎意料的是来自沙特阿拉伯的支持。沙特王朝是哈希姆王朝的老对手,两国的恩怨可以追溯到 20 年代对汉志的争夺,而且沙特名义上仍然是中东地区民族主义阵营的一员。同穆斯林兄弟会一样,保守的沙特政权经过对局势的仔细评估之后,认为维持侯赛因的王位以及一个独立的维持现状的约旦对沙特最有利。因此除了公开表示
102 支持外,沙特还通过实际行动支持侯赛因,按照开罗协议里的承诺把第一批款项打给约旦。当时有迹象表明叙利亚在埃及的支持下可能入侵约旦,沙特派出一支部队供侯赛因调遣,帮助他阻止了叙利亚的入侵。沙特当局的明确表态标志着阿拉伯世界保守阵营和激进阵营之间的裂缝正式出现。马尔科姆·科尔所说的"阿拉伯世界的冷战"拉开序幕。[41]侯赛因国王之后到沙特进行了短暂的国事访问以示感谢。沙特阿拉伯后来成为约旦主要的经济资助来源国,侯赛因国王也多次到访沙特。

恢复稳定

成功平叛并不意味着麻烦结束。侯赛因国王依靠强制力量掌控了国内政治,但是对国界外的事态发展他就无能为力了。而正是这些国际大事使约旦在 50 年代接下来的时间里危机重重。

1958 年 2 月 1 日,埃及和叙利亚合并成立阿拉伯联合共和国。叙利亚复兴社会党担心它在大马士革的地位不稳,因此撺掇埃及加入成立共和国,但是纳赛尔并未遵守合并的精神反而企图把叙利亚当成埃及的附属国。阿拉伯联合共和国的成立缺少明细规划,内部关系混乱,因此仅仅存在三年就瓦解了。但是在成立的初期,大家普遍认为它是实现阿拉伯世界联合的第一步,必将重组阿拉伯殖民地国家体系。

阿拉伯联合共和国成立之后关于阿拉伯世界大一统的呼声渐高,按迈克尔·博纳特的说法,这加剧了"象征意义的竞争"以及"象征意义陷阱"的风险。[42]侯赛因国王出自哈希姆家族,具有泛阿拉伯的使命感,统一阿拉伯世界是他的执念。他希望建立一个新的联合体对抗阿拉伯联合共和国,至于大众是否支持则是另外一件事。他最初的选择是沙
103 特阿拉伯,但是生性谨慎的沙特国王拒绝了他。于是他将目光转向同为哈希姆家族的伊拉克国王、他的堂兄费萨尔二世,[43]提议建立一个哈

希姆联邦。

最初伊拉克对于他的提议不温不火,主要担心这会引起同阿拉伯联合共和国的尖锐对抗。但是巴格达乐于看到安曼服软。侯赛因后来修改了提议,建议由伊拉克国王费萨尔二世担任联邦的国家元首,此举深得巴格达的欢心。双方于是进行了简短的协商达成了一致:约旦不参加巴格达条约组织,两国将在 2 月 14 日成立阿拉伯伊拉克和约旦联邦。联邦政府三个月后成立,伊拉克首相努里·赛义德兼任联邦的首相,而约旦首相伊布拉西姆·哈辛担任他的副手。除了外交和国防,在其他国内事务上,两国仍然维持各自独立。

虽然纳赛尔向阿拉伯联邦致以祝贺,但是阿拉伯联合共和国的媒体立刻开始诋毁新政权,宣称联邦注定解散。他们说对了。6 月 13 日至 14 日巴格达发生兵变,兵变者血洗王宫,费萨尔国王、王储阿卜杜勒·伊拉,甚至包括伊布拉西姆·哈辛都惨遭杀害。兵变由伊拉克军队里的自由军官群体发起,他们的领导人是阿卜杜勒·卡里姆·卡塞姆。具有讽刺意义的是,本来大家以为政变会发生在约旦。有消息称约旦派驻联合国代表团副团长马赫姆·鲁桑归来企图发动政变,因此伊拉克的部分武装部队被派往约旦边界以防万一,结果给了自由军官集团可乘之机。

侯赛因国王既为亲人惨遭屠杀感到愤怒,又为哈希姆王朝再次的失败而伤心,自从丢失汉志之后,这是哈希姆王朝又一次历史性的溃败。侯赛因的第一反应是抵抗命运的逆转。他以为起义部队尚未控制全国,寄希望于军队里的官兵会倒戈相向,因此宣布自己为联邦元首并决定带兵进攻伊拉克。弱小的约旦打算入侵强大的伊拉克,这个画面太滑稽了。最终侯赛因不得不撤回他的部队,专注于稳定自己在国内的地位。形势非常严峻,安曼变成了一个"武装营地"。[44]侯赛因国王后来写道,在 1958 年他需要一些援助,但"不是物质上的援助而是道德上的"。[45]英国政府派了两个伞兵营支援约旦,与此同时美国政府也派部队进驻黎巴嫩防止类似政变发生,道德援助终于到来。

但是,要说约旦不需要物质援助也是不准确的。约旦地理位置不利,与外界的联系受到强大邻国的限制。它三面被强国包围,唯一的出海口亚喀巴港还未开发,因此它主要的进口依赖贝鲁特港,这使它尤为脆弱。当叙利亚决定关闭边界,切断约旦的石油供给时,侯赛因就更需要美国的援助了。在接下来的四个月里,约旦先是依靠沙特的石油供给,但是当这条线路出现问题后,只好从黎巴嫩借道以色列空运石油。

　　同时,约旦仍然面临来自阿拉伯联合共和国和地区激进主义势力的压力,他们试图通过阴谋破坏和政治暴力来打击人们对政府的信心。到 1960 年为止,大约有两年的时间约旦经历了一系列针对政府官员和外国使馆的爆炸事件,桥梁、机场和电报线等基础设施多次遭到人为破坏。人们普遍认为制造这些事端的人是从叙利亚边境潜入约旦的。他们策划的最轰动的事件是在 1960 年 8 月刺杀时任约旦总理哈扎·马贾利。随着 1961 年阿拉伯联合共和国解体,暴力事件和外部压力才消失。

第六章　通往灾难之路

　　到 20 世纪 60 年代初,约旦十年动荡终于消停,局势稳定下来。政治领域被国家安全机构所掌控,忠诚核心是具有强制能力的军队,新兴的国内情报机构日益发挥重要作用。在这样的背景下,王国内没有政党,政治领域整齐划一,法律被围绕王室的、活跃的政治精英轻易地操控。1961 年阿拉伯联合共和国解体之后,激进的阿拉伯民族主义的吸引力随之下降。在 1962 年后,也门日益成为地区保守与激进势力之间不断升级的争斗的焦点,这让王国获得进一步喘息,尽管 1963 年发生在伊拉克和叙利亚的政权更迭暂时再次暴露了约旦的区域脆弱性。

　　随着法政图景中政治意识形态混乱和不连贯的结束,从民众到政治顶层,王国比以往任何时候都更关切王国未来发展的图景和战略。王国采取的道路是经济发展和公共规划,以充分利用国家贫乏的资源,实现国家繁荣。在 60 年代初,国内涌现致力于实现这项使命的新一代技术官僚。其中,瓦斯菲·塔勒无疑是最富有才华也最富有争议的一位,甚至在其逝世多年后,王国内的政治对手仍然继承着他的政治遗产。

　　但公共部门规划还未生根发芽,约旦就被卷入 60 年代阿以纠葛的漩涡之中。1967 年灾难性的“六月战争”成为王国 60 年代的决定性事件。侯赛因国王失去了包括耶路撒冷在内的一半国土,约旦再次遭受

106　大规模巴勒斯坦人因战争而流离失所的困扰。事件再引争论:为什么侯赛因选择和埃及人共命运? 他是否本可以置身事外,在不失去王位的前提下保住西岸? 他是否真的视以色列人为不共戴天的仇人?

　　约旦在 60 年代后半段面临的生存危机几乎和 50 年代中期的一样严重。这次是因为在约旦境内巴勒斯坦游击队和巴勒斯坦解放组织实体的存在。当时,约旦与以色列之间不时发生低强度冲突,同时又再次面临经常带有敌意的阿拉伯外交环境。在这种背景下,巴解组织的存在给约旦造成了挑战。尽管经过无数次谈判和筹划,约旦和巴解组织之间的紧张局势仍然起起伏伏,在 1970 年达到顶点。只有通过求助贝都因部队,约旦才打败了巴解组织的军事对抗力量,并将其驱逐出境,从而再次稳固了约旦国家政权。

瓦斯菲·塔勒和其他政客

　　随着阿卜杜拉一代政客的逝去以及 50 年代中期激进政治造成的混乱,50 年代末期和 60 年代初约旦涌现出新一代政客。他们出身于约旦名门望族,接受了比他们的前辈更正规的教育。论背景和抱负,他们不像过去的地方精英只注重本地情况,他们具有更大的区域意识和现代观。然而,由于国家内部部落割据,这些政客不大可能成为真正的全国性的政治强人,这当然减少了他们对国王的威胁。和他们的前辈一样,他们的政治地位也取决于君主的恩惠。

　　在此期间或者说事实上自此以后,在约旦,最接近全国真正政治强人的是富有争议的瓦斯菲·塔勒。[1]以色列历史学家乌利尔·达恩称其是约旦独立的"杰出的政治家"。[2]塔勒性格暴躁,似乎是一个矛盾混合体。他既是一位阿拉伯民族主义者也是一位约旦民族主义者,既是一位巴勒斯坦权利的斗士也是巴勒斯坦积极活动分子的镇压者,既是一位爱国者但也被视为英国特工,曾是一位新闻记者和改革者但是其首个政治任命是被任命为一位政府审查员,他曾三次担任约旦首相但从
107　来不是一位团队合作者。在约旦,塔勒是一个备受争议的人物。即使在今日,其政治遗产仍是从政资历较浅的政客竞争的焦点,他们争相宣

称塔勒是他们政治运动的守护神。

　　瓦斯菲·塔勒于 1919 年出生于约旦北部塔勒氏族的一个显赫家庭。他的父亲约旦诗人阿拉尔本身也是个矛盾体。[3] 塔勒在伊尔比德度过童年，之后就读名牌大学贝鲁特美国大学——当时新兴的激进阿拉伯民族主义的地区中心。第二次世界大战期间，他加入英国军队，尽管在贝鲁特时，他表示支持短命的反英政府——伊拉克拉希德·阿里政府。具有讽刺意味的是，塔勒曾加入阿拉伯联盟领导下、第一次阿以战争中在巴勒斯坦战斗的命运多舛的阿拉伯解放军，他冒着生命危险试图阻止以色列国的建立，但后来他却遭受巴勒斯坦民族运动的多加诋毁。阿拉伯解放军的失败，促使他在之后政治生涯中极端不屑泛阿拉伯主义行为的理论和实践。

　　20 世纪 50 年代，塔勒担任多个政府职位，在政坛日益显要，尤其是在哈扎·马贾利的支持下，负责约旦公共外交。到 1960 年，塔勒已成为马贾利的亲密顾问。在同一时期，他对埃及总统纳赛尔产生发自肺腑的憎恨[4]，认为纳赛尔将给阿拉伯世界带来灾难。他的想法在后来的事态发展中得以印证。塔勒言语鲁莽直率，毫不隐晦他对埃及领导人的蔑视。1971 年，为报复约旦于 1970 年至 1971 年间对境内巴解组织的镇压，巴解组织采取报复行动"黑色九月"。作为镇压行动的主要推动者，塔勒在开罗被一位巴勒斯坦刺客暗杀，成为"黑色九月"暗杀受害者之一。

　　1960 至 1967 年战争前夕，政府政治中充斥着塔勒和巴哈贾特·塔尔霍尼之间激烈的个人和政治竞争。塔勒被视为马贾利理所当然的继任者，而巴哈贾特·塔尔霍尼是一位老资格的政界要员。他们之间的职位竞争体现了典型的约旦特色的国内政治格局，是领导政治精英的政治大人物之间二元竞争的最新例子。稍早些时候，有陶菲克·阿布·胡达对萨米尔·里法伊，之后在 80 年代有扎伊德·里法伊对穆达尔·巴德兰。在各方面，塔勒和塔尔霍尼都截然不同。塔勒是北方人，塔尔霍尼来自南方的马安；塔勒精力充沛，声音洪亮，有时甚至粗鲁，塔尔霍尼性情安静，谨慎小心；塔勒个性直率，固执偏强，甚至有些盛气凌人,塔尔霍尼则是一个狡猾的政治操盘老手——为了巩固政治王朝,可以将他的女儿嫁给萨米尔·里法伊的儿子扎伊德;塔尔霍尼贪污受贿,自私自利,[5]塔勒则大公无私,甚至蛮干。

外交政策仍是选择首相的重要考量因素,他们对此也持截然相反的观点。对于侯赛因国王来说,塔勒和塔尔霍尼体现了不同的外交分工:塔尔霍尼和纳赛尔关系日益密切,从而进一步和阿拉伯世界总体上保持紧密关系,而塔勒则与巴格达保持良好关系,1960 年两国恢复邦交后,他出任第一任约旦驻伊拉克大使,然后担任约旦驻利雅得大使。塔勒传记作者亚设·苏沙认为,正是塔勒的直言不讳才使他比同僚更得侯赛因国王的青睐:

> 塔勒是为数不多愿意冒着触怒侯赛因的风险尝试大力说服国王的人。但是侯赛因喜欢并欣赏塔勒的诚恳。在塔勒身上,国王发现了一个可以基于相互尊重和信任分担政府职责同时维持正确工作关系的真正伙伴。[6]

1962 年 1 月,塔勒继任塔尔霍尼,被首次任命为首相。塔尔霍尼主政期间的主要任务是在马贾利遇刺后保持国内稳定。侯赛因国王交给塔勒改革任务。[7]因此,塔勒选择新一代年纪更轻、接受过大学教育的公务员组建内阁。经此,国王学习到 50 年代中期一个和党派政治不太相关的重要教训,即促进精英阶层的流通。通过这种方式,年轻的政治精英至少可以开始实现现实抱负,担任高职,如部长或高级公职人员;政权存亡对新一代开始具有切实利益。这种方式触动了巴勒斯坦精英中思想开明者。他们认为继续激进反对约旦政权毫无益处。[8]通过重振内阁政府,约旦避免了直到 90 年代中期仍困扰沙特阿拉伯的政府和官僚停滞。新政府在年轻一代中没有丧失吸引力。[9]再加上用专业知识,而不是狂热思想治国,一个更有效率的政府建立起来。

109　　　瓦斯菲·塔勒精力旺盛地推行改革任务。他选择没有担任部长职位经验的新人组成政府,其中只有一位曾经是国会议员。其内阁成员以效率著称,他最亲近的部长是哈利勒·萨利姆,日后成为王国首任中央银行行长。同时,他提拔那些具有发展前途,接受过良好教育的人士,其中日后最著名的是谢里夫·阿卜杜勒·哈米德·谢拉夫。1980年,谢拉夫短暂地担任首相一职,成为改革之星。[10] 塔勒对内阁的座右铭是"新边疆",[11] 正如在第一届塔勒政府被任命后,英国大使在一篇公报中写道:"空气中充满了希望。"[12]

塔勒认真对待国王所托,着手进行行政改革。例如,在反贪污和效率促进运动中,大约 700 名官僚,包括若干法官,无论其氏族背景,均被退休、解职或转岗。为了提高公务员队伍的水准,政府设定招聘最低教育水平要求。在过去,外交人员由公务员系统统一进行招聘,[13] 现在则需通过单独的公开考试进行选拔,这项措施效果显著。所有约旦大使必须接受过大学教育,这提高了国家使节的素质,可以和更发达的中东国家使节的素质相提并论。公务员薪酬提升,与此相对应,每周办公时间从 36 小时增加到 42 小时。内阁会议也从每周两次增加到三次。

除了提高效率,首都安曼传递的新消息是无论是何种族来自哪里,任何人均有机会进入政府机构。为强调这个消息,塔勒组建的政府中包括"优秀的西岸人民",其中半数为巴勒斯坦人,使他们能在"政府职位中占据更大比例"。他甚至任命巴勒斯坦人卡迈勒·达加尼担任内政部长,[14] 以此表示愿意主要通过政治增选而不是单纯的胁迫来稳定政局。

塔勒政府另一个引人注目的措施是鉴于地区局势缓和,尝试缓和王国局势,使王国恢复更具包容性的政治体制。这主要体现在 11 月举行的新大选。尽管仍然实行党禁,但这是约旦历史上最自由的一次选举。这次的相对自由和 1961 年全国大选形成强烈反差。在阿拉伯联合共和国威胁的阴影下,1961 年大选公然受到操纵。尽管一些反对人士因地区政治因素杯葛 1962 年 11 月的大选投票,在整体上大选受到约旦人民的普遍欢迎。在某些选区,投票率达到 70%。

选举产生的国会虽然不反对政权,但组成却比较尴尬。国会议员

110

中包括 4 位内阁成员,议员都接受了良好教育,具有自由的思想。这样行政和立法部门都由改革派担当,看上去非常适合塔勒。他认为下议院是政府的合作伙伴,在其成立之初即呼吁下议院作出"真正贡献"。他也表示有兴趣建立若干委员会,为内阁提供政策咨询、协助内阁制定政策,并建议议会会期从 11 月开始持续到 5 月。[15] 他接着向国会提交包括女性选举权、扩大政府服务和向农村农民分配国家土地的政府计划。

然而,塔勒没有充分利用有利的阵容。他高傲的性格使他没有去游说那些针对其计划辩论的新议员,因为他不喜欢欠他们人情。尽管他受到新议会的信任,但是 18 张反对票,其中大多数来自西岸(包括 5 位巴勒斯坦议员),把首相拉回现实。这种冒犯激起塔勒性格中好斗和独裁的一面。他解雇了温文儒雅、精明能干的耶路撒冷总督安瓦·努赛贝,任命一位来自东岸的强硬派取而代之。结果和其打算缓和约旦河西岸—东岸紧张局势的初衷相背,紧张局势进一步加剧。这标志着他将和巴勒斯坦整体上开始疏远。他的暴躁性格进一步加剧了而不是缓和了选举中已经显现的东西岸分裂。塔勒政府的结束之日大概已经为期不远了。此外,伊拉克和叙利亚境内动荡再起,区域威胁死灰复燃,约旦需要安抚开罗,这一切加快了塔勒政府的下台。

尽管塔勒内阁到 1963 年 3 月就毫无光彩地结束了,然而这届政府清楚地展示了面向青年和择优而选的象征意义。这是王国第一个技术官僚政府,为未来非危机时的管理提供了样板。对于国王侯赛因来说,与纳布西和其同伙的好斗和不安分相比,塔勒技术官僚的稳定性和自信大不一样。达恩称之为"约旦现代史上另一个里程碑……在某些方面,它标志着现代约旦的诞生"[16]。让人悲哀的是,塔勒是一个被扭曲的历史人物。自其逝后,约旦只记得瓦斯菲·塔勒晚年对巴勒斯坦人的迫害,而不记得其早期生涯中政府改革者的身份。

经济发展建设

除了任命技术官僚和年轻官员,第一届塔勒内阁最重要的一点是强调综合经济发展是国家建设的一个重要方面。这不是第一次经济被提到王国管理的重要地位。在英国支持下，约旦为经济发展付出巨大努力，尤其是于 1952 年建立约旦发展理事会。50 年代后期，涌现出一批致力于变革的活跃官员，如哈马德·法罕所说，经济发展道路带着激进思想的色彩。在这个时期，根据"第四点计划"，美国对约旦提供援助，在约旦经济发展中发挥日益重要的作用。1957 年，重建理事会成立，启动系统规划。[17] 正如保罗·金斯敦所总结的，一切为了"高度细分发展"[18]。

在塔勒领导下，发展经济再次成为实现国家繁荣的重要道路，并通过经济发展团结约旦人民，压制政治反对派。塔勒政府采取广泛措施，包括综合指导性计划、基础设施建设和公共部门的能力建设，充分体现 80 年代末经济自由化开始之前约旦特色的经济监管手段。

塔勒政府经济策略的核心是实施五年经济发展计划。[19] 五年发展计划是在卡迈勒·萨伊尔领导下，[20] 由约旦发展理事会起草的 1962至 1967 年的发展计划，[21] 覆盖所有重要的经济领域并从整体进行调配，这是王国第一次努力实现经济平衡和综合发展。[22] 政府对计划抱有很大期望。第二届塔勒政府提出一个有点雄心勃勃的口号，那就是"在 70 年代实现自给自足"[23]。

五年计划设定三大目标，主要目标是扩大国民生产总值。当时，约旦各产业平均劳动生产率仍非常低下，尤其是农业。农业人口占全国人口将近一半，但只贡献 20％ 至 30％ 的国民收入，产值深受每年降雨量影响。为解决这个问题，五年计划的目标是提高王国生活标准。当时约旦的生活水平虽然高于一些欠发达国家，但总体上仍然不足。

第二个主要目标是降低失业率。据估计，当时三分之一的劳动力，或者说 12 万人口处于失业状态。高失业率进一步加剧了贫困。

第三个目标是大力促进国家贸易平衡。当时，总值三分之一的货物依赖进口。对进口的依赖进一步加深了对租金的依赖。当时大约 75％ 的进口通过外国援助付清。

斥资 3.56 亿美元的发展计划希望通过农业投资首先解决这些问

题。将近三分之一的计划资金被投入到农业中,投资重点是曾被拉米·克里描述为"约旦总体发展基石"[24]的约旦河谷。主要目的是雄心勃勃地通过修建一个灌溉系统——东古尔运河——提高产量。除了扩大灌溉土地面积,五年规划希望可以打破威胁农业生存能力的自给农业模式。这些举措使瓦斯菲·塔勒获得尤其支持东岸小农户的名声。确实,他看上去信奉保持土地农业人口非常重要,并愿意为他们调配资源。然而,这看上去也是遏制城市安全威胁的一大方法。城市暴民中一部分是从农村迁移到城市的心怀不满、仍保持着农村生活方式的农民。

其他受惠行业包括:工业,即发电、磷酸酯和钾肥的开采以及在扎尔卡附近建立一个工业区;建筑业,即学校、医院、住房和政府办公楼的建设;交通业,尤其是扩建亚喀巴港、建设新马路和铁路线延伸至亚喀巴;通信业,特别是广播;旅游业。尽管对国家吸收新投资能力存有担心,人们认为庞大的难民数量可能引起持续的通货紧缩,即使最乐观的估计也认为五年计划期内只能创造 9 万个新的就业机会。

虽然计划包括综合投资,但并不打算实行中央集权的国家规划。规划中将近 40% 的投资资金计划来自私企,特别是工业,期望可以吸引私企资金。混合经济是约旦主流的经济哲学。

为实现更加有效、综合的经济管理,有必要发展适当的机构,其中最重要的是于 1964 年建立的为商业开设的中央银行。虽然在第一任塔勒政府之前,国内已开始讨论是否需要建立这一机构,建立中央银行的目的是调控当时约旦境内的金融活动。

然而,塔勒政府的改革具有局限性。1962 年,塔勒注意力转向军队。自 1957 至 1958 年,军队成为至关重要的权力机构,一直作为半自主机构存在。塔勒对军队在国家的中心地位忧心忡忡。部分原因是军费占到将近 50% 的国家预算。然而,塔勒不仅仅是从经济角度考虑。他认为军队占用过多资源,影响了民用经济发展,这会加剧贫困和经济边缘化,这样可能增加间接政治威胁。更加直接的威胁是,塔勒担心国家安全机构日益强大,导致政权过于依赖军队,同时国家安全机构问责制缺失,这种状况已经导致一些暴力事件发生。

最初,迹象不利于塔勒政府。1959年的里法伊政府就是因为试图重组军队而被拉下马。然而,塔勒最后却取得了部分成功。一些早期措施,例如给高级官员分配警卫员,缩减了军队规模。作为甜头,政府给军队官兵发放生活费用津贴。塔勒获得侯赛因国王的支持精简军队以提高军队效率。他甚至调动军队参与诸如植树造林、修筑大坝和修建马路等非军事任务。但在缩减军队所占国家资源比例上,成效并不大。军队在东岸农村政治经济中具有根深蒂固的社会基础,仍然为政权中心的重要力量。

地区冲突

塔勒政府任命大量技术官僚,优先进行经济和行政改革,这些开拓性举措体现了约旦新政治。但这些举措却无法给局势稳定打下牢固的基础,即将席卷整个中东地区的社会动荡严重干扰了像约旦这样一个相对孱弱、疆界易渗透的小国。结果,1965至1967年间的第二任塔勒政府的精力基本完全被地区事务和日渐受影响的约旦—巴勒斯坦关系所占据。

然而,这不是1961年的初衷。自1955年后,纳赛尔总统影响力一直稳步上升,但是,阿拉伯联合共和国的解体使他的命运毫无准备地遭到急剧逆转。之前,开罗针对约旦发起多次宣传攻势,并试图在约旦国内制造政治混乱。所以对于约旦来说,这一联合体的结束无异于一个恩赐。此外,开罗和大马士革之间开始相互指责,充满敌意,这使约旦不再像过去一样强烈担心被激进主义国家包围。

阿拉伯联合共和国的解体使约旦获得喘息,从而使像瓦斯菲·塔勒这样的改革者可以被任命为首相。但是,1962年9月,随着也门内战的爆发,地区重陷于动荡之中。[25]之后五年,也门内战成为地区的风暴漩涡,如同从70年代中期到80年代末影响整个地区的黎巴嫩内战。也门成为中东地区保守和激进思想之间斗争的缩影,尽管从约旦人的视角看,这总比发生在约旦好,黎巴嫩内战对于约旦也是如此。在也门,保守的宗教政权"伊斯兰教长国"被激进主义者推翻。纳赛尔支持代表变革进步力量的激进主义者。

摆在面前的只有两种选择。对于国王侯赛因和他的首相瓦斯菲·塔勒来说,这并不让他们两面为难。1962 年的也门和 1957 年至 1958 年的约旦过于相似,所以大概毫无疑问,约旦会支持保皇党,采取反纳赛尔路线。约旦确实坚定地采取了这条路线,这反映出领导层认为国内将保持稳定,尽管出了约旦空军总司令叛变至开罗这件令人尴尬的事,一些反对人士对国会选举的杯葛如同直接抗议般恶劣。一个更微妙的代价是对塔勒政府,包括减弱对其改革的支持。虽然王国国土不大,相距也门也远,难以对也门国内冲突造成决定性影响,但约旦的象征性表态大大激怒了开罗,塔勒也乐在其中,这更是火上浇油。约旦派遣一小队军事顾问,1.2 万支老式步枪,展开尖酸刻薄的宣传攻势。具有丰富政府工作经验的塔勒对此非常擅长。

对于侯赛因和塔勒来说,也门战争不仅仅是阻止激进变革和谴责纳赛尔,也是为了巩固保守集团,使其足够强大,确保将来国内不会发生类似也门事件。同时,约旦还有可能从海湾地区获得援助。尽管五年发展计划的目标是在未来实现自给自足,目前它仍依靠外来资金注入。正是基于这样的议程,1962 年下半年,约旦和沙特阿拉伯达成几项安全和经济合作事项,包括建立联合防御理事会。

1963 年 2 月 7 日和 3 月 7 日,伊拉克和叙利亚先后发生政变,地区局势大变,塔勒迅速改变态度,不再怂恿国王慢待也门。在巴格达,狡谲诡诈的"自由军官集团"领导人,从所谓的阿拉伯民族主义者转变为伊拉克至上的领导者的阿卜杜勒·卡利姆·卡西姆,被遵循正统阿拉伯民族主义的军官推翻和处死。在叙利亚,支持脱离阿拉伯联合共和国的分离主义者被推翻,新统治者转而寻求与开罗建立良好关系。突然间,约旦再次三面受敌,三个与其素有仇怨的邻国可能结成联盟。1963 年 4 月 17 日,三国发布了联合宣言。

虽然侯赛因国王试图通过解雇塔勒来缓和日益增加的压力,但中东地区巨变很难不对国内政治产生影响。尽管萨米尔·里法伊组建其第六任也是其最后一任政府后,立即寻求和开罗改善关系,但对政治老手来说,这一步太无足称道也太晚了。类似1957年的暴乱席卷西岸和北部城市伊尔比德。对里法伊来说,还债的时候到了。当他在国民议会上寻求信任票时,遭到了对其贪污腐败、任人唯亲和专制做法的严厉批评。他随后的失败标志着约旦议会第一次有力量团结起来颠覆政府。

尽管地区环境不利,1963年的国内情况大不同于1957年,军队团结一致镇压暴乱。侯赛因向反对派摊牌,用一位哈希姆王室人员,即他性格和蔼的叔叔谢里夫·侯赛因取代里法伊,任命其为临时首相。国王也相当自信,拒绝美国愿提供军事支持的暗示,并利用1963年7月举行的新大选组成一个可被操控的下议院。直到25年后,约旦才再次选举产生独立国会。

尽管在国王的老练措施下国内压力大为缓解,但外部环境依然问题重重。面对埃及、伊拉克和叙利亚浓烈的敌意以及与沙特阿拉伯脆弱的关系,侯赛因国王开始寻求与中东地区剩下的唯一一个有分量的国家——以色列——发展关系。从1963年9月开始,侯赛因国王和以色列高级官员举行了一系列秘密会谈。首次秘密会谈在伦敦举行,侯赛因与以色列总理列维·艾希科尔的办公室主任亚科夫·赫尔佐克博士会面。对于务实的侯赛因来说,这些会谈是为了让彼此熟悉,尽管他犯了一个错误,认为和以色列这些官员会谈代表和以色列会谈;国王仍将不得不学习到一个痛苦的教训,认识到在以色列政府安全决策过程中国防部的中心地位。尽管启动这样的对话无法使国王免于1967年的灾难,但为20世纪七八十年代双边关系稳定和最终在20世纪90年代双方达成全面和平条约奠定了坚实的基础。

最后,约旦邻国内部的快速发展化解了约旦的外部压力。在叙利亚,阿拉伯社会复兴党地位迅速巩固,导致和巴格达以及开罗产生新的摩擦。在伊拉克,九个月的政治博弈以纳赛尔的崇拜者阿卜杜勒·萨拉姆·阿里夫的胜利而告终。他对纳赛尔的崇拜更加反映出他想效仿埃及领导人控制国家政权而不是成为纳赛尔的地区追随者。纳赛尔总统被新生的竞争力量巴格达和大马士革弄得心烦意乱。阿拉伯社会复

116

兴党思想成为与纳赛尔提出的阿拉伯民族主义相竞争的意识形态对
手,在此情况下,约旦被重新审视,被视为地缘政治中重要的一方力量。
当时瓦斯菲·塔勒影响力处于最低点,里法伊和塔尔霍尼等人再次在
国王耳边进言,所以约旦转向和埃及恢复友好关系也就不难理解了。

巴勒斯坦民族主义的觉醒

1963 年间发生的不断的变动和不稳定最终使中东在 1967 年 6 月
走向战争。埃及和叙利亚彼此竞争,纳赛尔寻求通过外交和宣传维持
地区领导力,这些促使冲突最终爆发。激进分子之间的竞争使阿以矛
盾又突出起来。本来自 1956 年以来,阿以矛盾已让位于阿拉伯世界内
部激进派与保守派之间的斗争。对于约旦来说,这无异于才出虎穴,又
入狼窝。侯赛因国王可能刚舒了一口气,可能会为被邀成为阿拉伯世
界中重要一员感到荣幸,原有的分歧变得没有那么重要。但是他应该
对结果更为警惕。与以色列的冲突迫在眉睫,虽然冲突中心是巴勒斯
坦人,但对王国产生直接影响。

纳赛尔担忧 1963 年事件重演,从阿拉伯地区政治角度考虑转变了
策略。他基本停止对约旦的宣传攻势,只是暗示约旦政权孱弱保守。
他也暂且搁置激进政权强调的"统一"。取而代之,他发起阿拉伯国家
首脑会议,倡导互相尊重,寻求各方加入,激进分子和保守派共商地区
大事。

侯赛因国王积极欢迎埃及的转变,率先接受纳赛尔的会议邀请。
这对国王来说是一个契机,符合并有利于自塔勒政府倒台后的外交政
策。开罗和其他国家首都减少了对约旦的煽动性广播,暂时缓解了其
受到的来自埃及和其他激进阿拉伯国家的压力。更重要的是,这是一
个通过协调和合作处理与埃及和纳赛尔关系的机会。侯赛因国王对新
策略的短期收效甚为满意,也感到如释重负,不愿意去想他即将不得不
作出的让步。

侯赛因顺应中东地区新变化也缘于他对纳赛尔的一丝敬畏。经过
多年的对抗和诋毁,多亏纳赛尔的恩赐,才最终有机会与其合作。对他

来说,这个机会是无法抗拒的。纳赛尔仍然被视为阿拉伯世界的英雄, 118
被阿拉伯人民广为爱戴,取得的成就让年纪较小的侯赛因难以望其项
背,这样就可理解两者之间的心理不对称了。20 世纪 80 年代,国王对
伊拉克萨达姆·侯赛因表现出类似但却不那么容易解释的敬畏与怀
疑。不管这其中个人情况和心理因素起多大影响,正如劳伦斯·塔勒
写道,侯赛因接受纳赛尔领导的首脑会议的两大决议是巨大的错误。

这个时期,三次阿拉伯国家首脑会议分别于 1964 年 1 月在开罗、9
月在亚历山大以及 1965 年 9 月在卡萨布兰卡召开。第一次首脑会议
对约旦产生了深远的影响。首先,首脑会议决定建立巴勒斯坦解放组
织(PLO),开展巴勒斯坦解放运动。其次,首脑会议决定阿拉伯实行
统一指挥,由埃及进行统一指挥,这是个不祥的征兆。尽管是因为第二
项决议,侯赛因国王于 1967 年签署协议把军事指挥权委托于埃及,但
是巴解组织的成立对约旦具有更深远的影响。

毫无疑问,开罗出于狭隘的国家利益倡议成立巴解组织。在成立
的最初三年里,巴解组织基本完全处于埃及羽翼之下。埃及意图使巴
解组织成为其外交工具,使巴勒斯坦问题符合埃及和其领导者的利益,
同时成为应对其他阿拉伯国家的杠杆,就如同 20 世纪 40 年代成立的
全巴勒斯坦政府一样。如果侯赛因国王认为巴解组织驻扎在约旦可便
于他控制这个组织,他对国民议会中西岸议员零散的管理难以乐观。
正如 40 年代,约旦将又一次深受巴勒斯坦的影响。三大原因如下:

第一,巴解组织的成立使得在这一区域形成了清晰的巴勒斯坦身
份意识。在这个区域里,原本的主要认同是超国家身份、相互竞争的阿
拉伯和穆斯林,还有狭隘的氏族、村庄和地区认同。第二,全新组织自
觉致力于反抗以色列,寻求巴勒斯坦权益,这将令居住在约旦河西岸的
巴勒斯坦人心神不定,尤其是那些本来觉得心理上不感到矛盾成为约
旦公民的巴勒斯坦人;全新组织对约旦身份认同产生了影响。约旦政
府一直寻求建立统一的约旦身份认同。更特别的是,巴解组织的成立
促使清晰、自觉的巴勒斯坦民族主义的形成,并促使萌芽于 20 世纪二 119
三十年代初期的外约旦民族主义的复兴。外约旦民族主义憎恨外部影

响。自 20 世纪 50 年代以来,哈希姆家族的中心策略一直是促进国家统一。由此,约旦选择支持建立巴解组织的决定削弱了实现国家统一的意志。第三,约旦在阿拉伯国家首脑会议上允许巴解组织在其境内驻扎,这如同打开了大门迎接特洛伊木马,1967 年战争后,这个后果日趋明显。

首脑会议之后,国王和巴勒斯坦民族主义打交道的危险开始显现。在耶路撒冷举行的一场巴勒斯坦会议上,艾哈迈德·舒凯里被选举为巴解组织首任主席,而年迈的哈吉·阿明·侯赛尼被排挤出政坛。侯赛尼在约 30 年前达到他的政治顶峰,但他的时代已经过去了。巴解组织同意尊重阿拉伯各国的领土完整。舒凯里展现其老练手腕,给国王灌迷魂汤,向其保证巴解组织不干涉内政的承诺也包括约旦和西岸地区在内。但是这一承诺和巴解组织的国旗和国徽主张并不一致;此外,根据协议,巴勒斯坦将在联合国、中东地区国家和共产主义阵营建立办事处,这也与它的承诺矛盾。从一开始,舒凯里就努力成为一名具有影响力的地区政治角色,从海湾地区聚敛大量资金,在巴解组织中大量安插其支持者。

第二次阿拉伯峰会巩固了第一次峰会的决议,允许巴解组织在加沙和约旦境内进行军事训练,并允许其征税,甚至向为约旦工作的巴勒斯坦人征税。约旦对埃及的追随也体现在其他领域,尤其是更大范围的外交,和东欧集团国家如保加利亚、捷克斯洛伐克和波兰建立外交关系。国内政策也体现了侯赛因和埃及之间新建立的友谊。侯赛因赦免一些 50 年代中期的持不同意见人士,允许他们回归故土。其中最著名的异见人士是阿里·阿布·努瓦尔。毫无疑问,这些举措受到了热烈欢迎,尤其在西岸。特别是在驱逐格拉布之后,侯赛因沉浸于这些措施带来的短暂欢呼声中,没有意识到或者无视它们的长期影响。

但联系紧密的约旦决策小圈子对此疑虑越来越重,劝服侯赛因放慢支持纳赛尔策略的步伐。1965 年 2 月,塔尔霍尼首相之位被其政敌瓦斯菲·塔勒取代。尽管约旦政策回归谨慎,但难使约旦摆脱困境。特别是独立的巴勒斯坦民族运动发展迅猛。不利的是,将成为独立巴

120

解组织中流砥柱的法塔赫也成立于此时期。1965 年 1 月,法塔赫进行了首次游击战。尽管游击战未取得胜利,但法塔赫以此宣告它的成立。塔勒拒绝巴解组织在安曼开设办事处,也拒绝巴解组织向政府雇员中的巴勒斯坦人征收 5％的税收,双方关系迅速恶化。毫不意外,埃及宣传机构开始指责约旦破坏巴解组织。这些分歧在第三次阿拉伯峰会上公开化。

埃及从中斡旋,然而调解以失败告终,双方未能达成实质妥协。在代表权问题上,约旦—巴勒斯坦关系到了紧要关头。这不是最后一次双方关系处于如此紧张的状态。国王坚持只有约旦可以代表巴勒斯坦,于 1966 年 6 月命令约旦安全部队采取行动,关闭巴解组织办事处,逮捕巴解组织积极分子。直到 1967 年战后,巴解组织才得以继续在约旦王国境内活动。

1967 年战争

约旦和巴勒斯坦关系破裂,随后安曼倾向于沙特阿拉伯新生的伊斯兰联盟,这对约旦—埃及关系造成巨大破坏。到 1966 年年中,关系已经降到瓦斯菲·塔勒上次 1963 年在任时的低点。两国的糟糕关系一直持续到 1967 年。1967 年 2 月,约旦召回驻开罗大使,抗议纳赛尔在当月 22 日一次讲话中对侯赛因进行恶意人身攻击。然而,几日之后,塔勒即被迫辞职,显示安曼愿意和埃及继续保持良好关系。随着局势急转直下,战争随时可能爆发。5 月 21 日,侯赛因国王向开罗派遣特使,向纳赛尔表示支持。5 月 30 日,侯赛因国王飞往开罗,亲自和埃及签订了一份共同防御条约。6 月 5 日,在埃及指挥官指挥下,约旦部队向以色列阵地发起攻击。到 6 月 8 日为止,以色列已经占领了整个西岸地区。到 6 月 10 日,战争结束。埃及、约旦和叙利亚军队一败涂地,约旦军队支离破碎。[26]

许多评论员和这场战争中的主角试图解释 1967 年约旦的反复曲折政策以及为何约旦最终决定加入阿拉伯联盟参与这场致命的战争。对此众说纷纭,尤其在侯赛因的动机和算计方面。得到较多认同的解

121

释是侯赛因担心如果约旦抛弃埃及,仅和叙利亚联合抗击以色列,会导致人民起义;或者认为侯赛因错估形势,没有估计到以色列愿意交战,高估阿拉伯方的相对军事实力,以至于认为阿拉伯方不可能完败;认为超级大国将会进行外交干预,阻止战事,如 1956 年般迅速削弱冲突或者逆转冲突结局。萨米尔·穆塔维的著作是约旦方关于 1967 年战争的主要书籍。在书中,穆塔维写道:"主要错误在于依赖其他阿拉伯国家的帮助和领导。"[27]正如劳伦斯·塔勒所示,[28]这个解释和其他广为接受的解释都暗示战争无可避免,侯赛因国王别无选择,只有加入阿拉伯方参与战争。至少,这些解释都在一定程度上倾向于免除侯赛因国王为失败所应承担的责任。侯赛因或者是被特拉维夫的埃什科尔政府无意战争的言论所迷惑,或是被所谓的埃及军队力量所欺骗。

上述因素都很重要,但需加上一贯被认为是次要因素的另外两点。第一,侯赛因性格狡诈善变,尤其在危机时刻,国内决策高度取决于他个人而非机构。至少,当时约旦政策的摇摆加剧了地区不稳定。第二,侯赛因对以色列国扩张而构成的威胁抱有一股真实的恐惧,这使他夸大了以色列对约旦的直接军事威胁。把这两点加入整个事件考虑,可认为侯赛因国王不得不对其灾难性的决定承担比广为认为的更多的个人责任。这也显示出敌人概念有多容易形成。一旦心中树敌,则难以去除。对于 1967 年战争,理查德·帕克的观点最具有说服力。他认为各方多重误算最终导致冲突爆发。[29]

1966 年 11 月 13 日,以色列袭击希伯伦市以南位于西岸地区的萨穆村。对于侯赛因的约旦王国来说,这导致走向 1967 年战争。在这次毁灭性的袭击中,以色列派出一个旅的军团,并有空军支持,这是苏伊士战争后以色列最大的军事行动。在袭击中,15 名至 21 名约旦士兵被杀,更多的平民丧生。[30]自 1965 年年初开始,针对基地设在叙利亚的法塔赫的跨越国境行动,以色列对西岸展开一系列报复性袭击。这次袭击是报复性袭击之一。约旦军队试图反击[31],但无力阻止。然而,这次袭击不同于以色列以往的军事行动。过去以色列军事行动把握分寸只展开相应报复,也主要针对非人目标。

　　萨穆袭击对约旦的凝聚力也造成负面影响。它暴露出军队孱弱，无法组织任何形式的报复。看到约旦政府没有能力保护他们或者帮助他们自我保护，巴勒斯坦人对约旦感到十分失望，在西岸城镇开始发生骚乱。军队被召集维持秩序。在冲突中有人丧生。暴徒们号召人民武装起来，罢黜国王，用巴解组织政府取而代之。

　　然而，正如乌利尔·达恩所论，萨穆袭击影响最大的是侯赛因本人。[32]在其生日当天，以色列对萨穆发动袭击，约旦国王认为这是以色列传递给他的要其灭亡的个人信息。国王自1963年开展的秘密会谈明显忽略了以色列军方，导致毫无建树。正如劳拉·詹姆斯总结到，萨穆袭击是以色列敌人形象在国王侯赛因眼中形成的关键事件。[33]基于1948至1949年，以及1956年西奈半岛被夺的回忆，萨穆袭击也使领导层深信以色列从根本上是一个扩张主义国家。简而言之，袭击事件使约旦精英相信以色列迟早会以巩固其安全的名义试图征服西岸。[34]这种坚定观点不仅为约旦决策走向六月战争奠定了基础，而且之后，虽然以色列政府保证他们想避免冲突，但约旦精英对此深表怀疑。

　　除了对国王心理造成冲击，萨穆袭击也最终促使约旦和纳赛尔的埃及发展更亲密的关系。国王认为只有埃及有能力阻止以色列的进一步袭击，为此，必须和开罗建立更紧密的政治联系。国王花了好一些时间才使国内政治作出适合推行这个策略的必要调整。不过，一旦塔勒被辞[35]，精英政治的钟摆摇向人数更众的支持埃及的团体，也就无人能调节国王现在向纳赛尔倾斜的战略摇摆。1967年4月，国王控制国会选举，使这一政策就位。当时，埃及已经开始实施激怒以色列的莽撞策略，一步步走向战争。

　　纳赛尔越来越愿意冒险的主要原因是阿拉伯世界对埃及对以色列的保守政策展开一致批评。在这个不负责任的宣传中领头的是叙利亚。自1966年以来，阿拉伯社会复兴党的一个激进分支统治叙利亚，讥讽纳赛尔对以色列的懦弱态度。然而，具有讽刺意味的是，约旦也加入讥刺纳赛尔阵营。在其对埃及的最后阶段宣传报复中，安曼批评埃

123

及领导人龟缩在根据 1956 年战争决议在西奈建立的联合国紧急部队(UNEF)的背后。一个弱小国家发出这样的指控,刺激到了埃及的神经。

从 5 月中旬开始,事件以不可阻挡的速度发展。5 月 14 日,被以色列在叙利亚边界集结兵力的虚假报告所误导,纳赛尔采取行动;5 月 18 日,埃及宣布终止联合国紧急部队在西奈驻扎,以自己的军队接管了联合国紧急部队的阵地;5 月 22 日,纳赛尔下令封闭了通往南部港口埃拉特的以色列的重要出海口蒂朗海峡,关闭对以色列航运。约旦不是两位主角之一,无力影响事件发展主线。安曼所能做的只是应对埃及和以色列的行动。其与埃及重归旧好,且抱有与以色列战争不可避免之疑虑,因此,针对埃及驱除联合国紧急部队的决定,侯赛因国王宣布支持阿拉伯方,结束了王国对纳赛尔的反面宣传,并派遣陆军参谋长阿梅尔·哈马什将军作为其特使前往开罗,表示约旦愿意协调作战计划。[36]

5 月 30 日,侯赛因国王飞到开罗与埃及签订共同防御协议,至此,木已成舟。共同防御协议的签订让以色列大为担心被包围。根据这项羞辱性的条款,国王同意从叙利亚边境撤军,释放政治犯,允许舒凯里返回约旦。舒凯里搭乘国王专机返回约旦。最重要的是,侯赛因同意把约旦武装部队指挥权移交给埃及将军阿卜杜勒·利雅得。6 月 1 日,利雅得带一小队随行人员抵达安曼上任挂帅,当时战争一触即发。利雅得开始着手制定一个新战略,让约旦军队进行进攻,但是战略还未制定完毕,战斗就打响了。

尽管此举鲁莽,侯赛因还是很高兴地签订了共同防御协议。在评论 5 月下旬至 6 月初的事件时,约旦政治家扎伊德·里法伊认为"民众对战争可能感到欢欣鼓舞",似乎国王侯赛因也被这种情绪笼罩着。[37]他回国时受到热烈欢迎,满足了他的虚荣心和受到爱戴的渴望。协议完全按照于 1964 年年初阿拉伯首脑会议上达成的阿拉伯统一指挥战略制定,所以假设是约旦不会再像在萨穆袭击中那样孤立无缘,被以色列为所欲为。

侯赛因国王将在 1967 年 6 月经历和以色列的冲突。6 月 5 日,以色列向埃及发动袭击,战争爆发。为了避免与约旦发生战争,以色列向约旦表示它不会向约旦发起敌对行动。然而侯赛因国王对萨穆袭击的教训仍铭记在心,因而对这一说法置之不理。虽然利雅得是作战指挥,侯赛因国王仍然是约旦军队的最高指挥官。冲突爆发后最开始的 24 小时,他一直待在陆军司令部。6 月 5 日上午,埃及领导人声称在冲突爆发后几个小时内,它已经摧毁了 75％ 的以色列空军力量。侯赛因当时也在场。事实上,被摧毁力量的是埃及空军,战争结果就此注定。尽管许多约旦指挥官持怀疑态度,怀疑这是个谎言,敦促国王延迟行动,以获得独立确认消息,但侯赛因国王没有理会这些建议,而是允许利雅得指挥约旦军队投入战斗。至此,侯赛因放弃了约旦基于其有限的武装部队的现实情况制定的选择性防御的战略,[38]采取全面防御。然而,王国的军事力量过于薄弱,埃及人发出不熟悉的和矛盾的命令,造成一片混乱,约旦很快遭受了失败。

处理战后问题

对于约旦,有点像再次回到 1948 年。约 30 万巴勒斯坦难民涌入约旦河东岸地区。他们不仅立即需要人道主义援助,而且引发忠诚和身份认同的长期问题。失去西岸后,约旦经济失去了 40％ 的 GDP,相当于其工业产量的一半,以及全国 25％ 的可耕地。王国 60％ 以上的水果和蔬菜以及三分之一以上的粮食和牲畜产自西岸。王国同时失去的还有大多数基督教圣地。自 60 年代中期发展起来的 90％ 的旅游资源位于西岸。

侯赛因国王对六月战争感到无比懊恼,但没有一蹶不振。他从冲突中吸取了三大教训。第一,以色列军事力量过于强大,并可能继续保持其强大军事力量,所以它的阿拉伯邻国即使联合起来也无法击败以色列,更不用说单个对它采取行动了。因此,他应该寻求与以色列恢复对话,以期稳定他们现有的关系。这引向第二个教训,即只有通过外交才有可能成功收复西岸和稳定整个中东地区局势。第三,作为一个相

125

126

图 11　1967 年中东战争期间巴勒斯坦难民
越过约旦河前往东岸(JEM，1.1505.1)

对弱小的国家,约旦对主导地区趋势无能为力,因此其努力方向是设法
创造环境防止战争和促进外交。

　　六月战争结束后,这个方面似乎进展顺利。阿拉伯国家本能地转
而依赖阿拉伯国家首脑会议确定前进的道路。8 月底 9 月初,他们聚
集于喀土穆。首脑会议最让人印象深刻的是"三不"发言片段:不同以
色列和解,不同以色列举行谈判,不承认以色列。对此,以色列的反应
并不过激,只表示对首脑会议决议表示关切。实质上,从侯赛因国王的
角度来看,喀土穆向着积极方面发展,因为它显示出战争对纳赛尔的影
响,促其趋于温和主义。埃及领导人认为无论政权有何不同,阿拉伯国
家之间都需要开展密切合作。更重要的是,他同意国王的基本立场,即

应使用和平手段促使以色列军队撤出在 1967 年战争中占领的领土。叙利亚和阿尔及利亚拒绝参加喀土穆会议,这不是巧合。

喀土穆发布温和论调之后,国际社会也取得重大突破。11 月 22 日,联合国安理会通过联合国第 242 项决议,为后来的阿以和平奠定基础。决议基本原则包括:不容许通过武力获得领土;尊重和承认该地区每个国家在牢固和被认可的疆界内和平地生活而免遭武力的威胁或行为的权利;以色列军撤出在最近战争中占领的领土。埃及和约旦都支持通过决议,为土地换和平的和平协议奠定了基础。

尽管有积极的区域和国际发展趋势,即将主宰王国命运的是约旦和巴解组织的关系。古老的巴勒斯坦一部分被占领,这每时每刻地提醒着巴勒斯坦人,使他们变得激进。正如迈克尔·哈德森当时写道:"比起 1948 年以前,巴勒斯坦人更热切寻求在现代基础上恢复他们的政治身份。"[39]越来越多的巴勒斯坦人加入巴勒斯坦民族运动下的各个组织,表达他们新的政治共同体感。此外,埃及、约旦和叙利亚在战争中的失败,让活跃人士相信只有通过他们自己的组织的努力,才有希望实现他们的建国愿望。在阿拉伯国家中,约旦与以色列有着最长的边界,还被以色列新占土地,因此越来越多的活跃人士被吸引来到约旦。

最初,约旦没有对他们进行过多的劝阻。相反,在整个阿拉伯世界,许多人对他们的困境报以同情。最初,在某种程度上,约旦军队和巴勒斯坦游击队甚至视彼此为战友。因为战争失败,约旦军队士气大降,其本身也无力影响当时事件发展。在六月战争失败后的头三个月,约旦的首要任务是重建其军事能力。约旦情报部门,不管是军事情报部门还是普通情报部门,都视监测巴勒斯坦组织的各种活动为当务之急。从一开始,约旦军方仍然相信如果需要的话,它可以处理巴勒斯坦抵抗问题。[40]

最初,约旦和巴解组织在一些领域进行合作。虽然即使在合作最紧密的时候,双方也没有完全消除充满在他们关系中对彼此的猜忌。1968 年 3 月 21 日的卡拉马赫之战让人喜出望外。以色列军队对法塔赫在约旦的据点发起袭击。约旦军队和巴勒斯坦战士并肩作战,阻挡以军进攻,成功迫使以军撤退。这对屡受打击的约旦军队来说,是一场巨大的胜利。然而,胜利让约旦和巴解组织开始产生分歧。巴勒斯坦人把卡拉马赫之战视为他们独自的胜利,公开进行庆祝,外约旦地区对此大为不满。安曼对巴解组织表现出来的支持,特别是对胜利庆祝的支持,显示首都人口具有潜在骚乱的可能。双方越来越相互鄙视:对于巴勒斯坦人来说,外约旦人是"al-hufa",意思是"光脚丫子",暗示他们是无知的山野村夫;对于外约旦人来说,巴勒斯坦人是懦夫,在1967年战争中溜得像兔子一样快。[41]

128

卡拉马赫之战后,许多组织招募了大量新成员。战斗结束后三个月,法塔赫人数从2 000上升到约1.5万人。虽然大多数新兵是巴勒斯坦人,一些外约旦人,特别是一些激进分子,也成为新兵。事实上,其中一个主要左翼集团,即从解放巴勒斯坦人民阵线(简称"人阵")中分裂出去的解放巴勒斯坦民主阵线(简称"民阵")的领导人纳耶夫·哈瓦特马赫是一位来自外约旦萨尔特的基督徒。在约旦和巴解组织签订一份协议,即允许约旦国籍的巴勒斯坦人通过参加突击队"费达因"完成他们的义务兵役后,游击队队伍迅速扩大。"费达因"指那些愿意为事业牺牲自己生命的敢死队队员,他们喜欢称自己为"费达因"。巴勒斯坦团体使用从不同阿拉伯国家接受的资金支付他们工作人员的工资,这对当时正遭受战争直接影响的约旦经济来说,是一个重要的拉动因素。

1968年,巴解组织和约旦当局之间出现更多的紧张点。以色列加强对巴勒斯坦在约旦河谷据点的炮击,这导致许多巴勒斯坦新兵驻扎在以色列枪击范围之外。安曼因而聚集了更多的巴勒斯坦民兵,变成一个巴勒斯坦人占大多数的城市。新的难民营就设在首都城外,如瓦赫达特和贾巴尔·侯赛因难民营,似乎成为无警察管辖之地。受这些激进团体的鼓舞,一些在约旦被禁的政治运动开始以更公开的方式进行活动。于1957年被撤职的首相、国家社会党的苏莱曼·纳布西以支持游击队的左翼联盟领导人身份,在一次活动上公开露面。

和平外交进一步加剧了巴勒斯坦游击队和约旦当局之间的紧张关系。1969年3月,侯赛因国王访问华盛顿,与新当选总统理查德·尼克松会晤。基于联合国安理会第 242 号决议,他向以色列提出六点和平方案,一旦方案敲定,显然将遏制游击队发展。但是以色列坚持强硬态度,不愿意从被占领土撤军,使得巴勒斯坦游击队和约旦当局之间持续的紧张关系达到顶点。

1968 年 11 月,游击队和约旦国家安全部门发生第一次重大冲突。一个名为"纳斯尔"(el-Nasr)的小团体涉及其中。不管是否如巴勒斯坦方面所声称的那样,"纳斯尔"的领导人是一个约旦傀儡,约旦军队都进行了果断回击,对游击队发出警告。像这样的武装冲突贯穿 60 年代后期,伴随着无数次试图稳定局势的直接谈判。1969 年 2 月,法塔赫的一个主要成员亚西尔·阿拉法特成功地把舒凯里赶下台,成为巴解组织的领导。阿拉法特致力于不通过在阿拉伯现有政权内寻求政权更迭的方式实现巴解组织使命。然而,在很大程度上,他不能或不愿意控制巴解组织内部激进的小团体,尤其是"人阵"。"人阵"认为获取认可和资源的捷径是打破这些协议。尽管他们进行了种种艰苦努力尝试,包括许多真诚的努力,但没有一次获得成功,或仅仅是昙花一现。正如卡迈勒·萨利比在对这段时期的总结中写道:"显然,一个主权革命和一个主权国家不能继续生活在同一屋檐下。"[42]

血腥的内部冲突

两者之间爆发真正、持续的冲突大概只是一个时间问题。在团队内部一些鹰派人士的施压下,侯赛因国王将会采取行动向游击队摊牌。1969 年 7 月,国王任命强硬派、他的叔叔谢里夫·纳赛尔担任军队最高指挥官。来年 2 月,国王任命情报总局前任局长穆罕默德·拉苏尔·凯拉尼担任内政部长,试图在大部分主张和解的塔尔霍尼内阁中加入强硬人士。凯拉尼忠诚履行职责,禁止在约旦城镇携带和使用武器,主张登记所有车辆,甚至阿拉伯突击队的车辆也需登记在案。对此,巴勒斯坦"人阵"围攻位于首都众多山中其中一座名叫贾巴尔·阿西拉菲娅赫山上的警察局。面对这个以及其他种种挑战,国王退怯了,撤销了凯拉尼的职位。

对于侯赛因国王的举动,当时有两个观点,两个都不是毫无实据。第一个观点是侯赛因国王热切希望,几乎孤注一掷地阻止全面冲突,所以甚至不惜安抚游击队,比如 1970 年 5 月,国王宣布美国驻安曼大使为不受欢迎人士。即使在一场冲突中获胜,叙利亚和伊拉克的敌对政权将有可能使局势复杂化,侯赛因也知道国家将无法避免一场死亡和毁灭。更严重的是,内战将使约旦政府更难以宣称它代表巴勒斯坦人的利益。王国境内巴勒斯坦—外约旦关系将会更不和谐。当时,约旦军队和突击队之间关系越来越紧张。

关于侯赛因这段时间行为的第二个观点是,正如萨利比所暗示的,国王可能知道约旦—巴解组织之间迟早会发生冲突。在双方走向最终对抗之前,他给游击队更多机会,只是为了尽可能让他们名誉扫地。如果这的确是一个有意识的战略,它确实发挥了作用。在约旦的大部分巴勒斯坦人开始疏远游击队,包括那些被游击队任意没收财产尤其是车辆的富人;其中最受影响的是店主和商人。他们被游击队的小额勒索和持续不断的不稳局势激怒了;还包括那些保守或宗教人士,他们对粗陋的左派思想的不成熟表现感到恼怒。

到 1970 年 6 月,一场冲突似乎终于即将爆发。除了政府及其盟友的标志受到若干攻击,侯赛因国王的随从还在一处路障被枪击。尽管国王和他的高级顾问的生命显然不再有保障,但不能证实这是蓄意暗杀,还是局部交火所致。在动荡混乱中,7 月和 8 月大部分时候相对安静,双方从冲突边缘退回来。9 月初,区域外交形势的变化使约旦国内局势随之而变。

6 月,美国国务卿威廉·罗杰斯提出一项新的外交倡议,希望在安理会第 242 号决议的基础上促成阿以和平。埃及接受了罗杰斯方案,约旦顺应埃及,也表示同意。由于方案承认以色列,确认巴勒斯坦丧失一大部分土地,巴解组织没有接受罗杰斯方案。此外,当时,各个游击团体从革命组织快速变为服务自身利益的官僚机构,对这一倡议也纷纷表示强烈反对。激进组织恢复对约旦军队和民用目标的武装袭击,甚至在 9 月 1 日对侯赛因车队进行伏击。国王因此在 8 月中旬提高军队人员工资,加强他在首都的军事力量。

　　其中最惊人的事件是,9月6日,巴勒斯坦"人阵"劫持了载有425名乘客和机组人员的4架国际客机,将其中3架飞机劫持到约旦道森机场。虽然阿拉法特领导的以法塔赫为主导力量的巴解组织对事件发展方向不快,但他们希望在巴勒斯坦和更广泛的阿拉伯公共舆论中受到欢迎。因此,他们对劫机表示赞同。随后,"人阵"在全世界媒体面前炸毁所有3架飞机,释放大多数乘客,但扣留了54名乘客额外两个星期作为人质。整个事件象征着巴勒斯坦"人阵"的挑战,对于约旦和侯赛因国王来说,则充满了羞辱,充分暴露出王国的软弱无能和无法治状态。

131

　　现在终于是采取行动的时候了。侯赛因传记作者之一的詹姆斯·伦特认为,如果不采取行动,国王只能退位。[43] 9月15日,巴勒斯坦游击队接管了北部城市伊尔比德,宣布其解放,并建立了一个"人民政府",这让国王确信无路可退。侯赛因国王宣布实行军事管制,建立一个军事政府;被巴勒斯坦人称为"黑色九月"的约旦内战开始了。在接到行动命令一天后,以贝都因人为主的军队对阿拉伯突击队的主要基地——安曼附近的瓦赫达特和贾巴尔·侯赛因难民营地——发动袭击。贝都因人希望可以轻松快速取得胜利。但事实上,战斗比预期持续时间更长,更激烈。根据巴解组织的数据,在11天战斗中,死亡人数达到3 400。在一个重要方面,约旦方面赢得了战争:游击队在国内仅得到有限支持。

　　巴解组织的困境日益严峻。尽管它向外界多方发出呼吁寻求帮助,但只有叙利亚试图有所回应。大马士革派了一个包括200辆坦克的装甲编队跨越边界。然而,在阿拉伯地区,斗争的结果不是只对叙利亚具有核心利益。应美国要求,以色列加强在叙利亚边界的军事部署,准备抵消叙利亚干预。以色列派遣空军参与行动,给约旦政权提供有效的防御深度,而叙利亚方面则明显缺乏同样力度的支持,因为军事行动成为大马士革国内政权阴谋诡计的牺牲品。这样,受到约旦的军事行动和以色列表露的支持的双重遏制,游击队只能自生自灭了。以色列吸取了教训,知道它的利益所在;萨穆被抛诸脑后。

9月21日,纳赛尔总统促成约旦和巴解组织达成停火,这可能是他死于心脏病之前的最后一次政治作为。侯赛因国王坚定地顶住阿拉伯的压力,同意在他确信掌控局势之后结束敌对行动。签订协议之后,国王没有结束行动。大量的战斗机仍驻扎在国家各个角落。侯赛因结束了之前用一位巴勒斯坦人领导一个和善的内阁的短暂的实验,用瓦斯菲·塔勒领导的由忠实可靠的外约旦人组成的内阁取而代之。新首相的任务是维护法律、秩序和主权。

132　随着游击队战略性的失败,外约旦民族主义浪潮风起云涌。在接下来十个月中,军队和内阁联合起来,系统地清除境内的巴解组织。美国向约旦军队空投补给,加强军队防御能力。到1971年3月,游击队被逐出伊尔比德。一个月后,在政府决心驱逐下,游击队从安曼撤离。7月,在杰拉什周边和阿伊伦丘陵展开最后的战斗。最后的主力约5 000名游击队员选择毫无意义的继续战斗,而不是选择谈判如何离开。在遭受决定性的失败后,游击队员或者逃跑或者向约旦当局投降。投降者被给予安全通行前往叙利亚。至7月15日,约旦境内只存在一个政府。最终,敢死队和他们所属组织逃亡至黎巴嫩。数年后,黎巴嫩陷入类似约旦内战的境地,但是更为持久,更为血腥。

第七章 进展幻想

失去西岸和与巴解组织的内战并没有结束约旦历史上的巴勒斯坦问题。东岸巴勒斯坦人代表的性质,在和平外交中谁将为巴勒斯坦人发言,这些相关问题还有待决定。在这个问题上,侯赛因国王将经历艰苦斗争,先是在阿拉伯地区框架之内与巴解组织斗争,之后与美国斗争。美国提出的和平外交最终开启了埃以和平进程。与此同时,区域石油价格暴涨促进经济繁荣,大量巴勒斯坦劳动力迁徙至海湾地区,从而帮助缓解了国内一些紧张局势。

20 世纪 70 年代末,约旦的当务之急转向东边。伊朗革命被视作破坏了区域稳定,使区域失去了另一个保守君主制和伊朗国王。伊朗国王是侯赛因国王的朋友。埃及因与以色列建立和平而被阿拉伯世界排斥出领导核心,萨达姆的伊拉克跃跃欲试要填补领导权真空。约旦很快发现自己离不开伊拉克,部分原因是经济上对伊拉克市场的日益依赖,部分原因是两位领导人之间保持关系密切。然而,在与伊朗的八年战争中巴格达时运逆转,又恰逢以色列入侵黎巴嫩,约旦突然发现自己两面受敌。巴解组织丧失了在黎巴嫩的游击队活动基地,被迫彻底面对现实。但是,尽管付出了诸多努力,新的外交机遇并未取得什么成果。

虽然 70 年代末和 80 年代初充满希望,但是到了 80 年代末,约旦

133

121

的命运再次充满变数。区域石油萧条加重了王国国内压力。第一次巴勒斯坦大起义迫使国王中断政府与西岸联系的纽带。两伊战争已经结束,但是伊拉克重建前景不容乐观。此外,债务拖欠、骚乱和海湾危机三重灾难潜伏在地平线上。

134

一个国家,两个民族

把巴解组织驱逐出境也许能消除巴勒斯坦民族主义对王国紧迫、直接的军事威胁,但人口结构、移民和经济控制这些更微妙的现实让约旦被巴勒斯坦化的可能性越来越大。此外,到 70 年代初,巴勒斯坦敢死队和约旦政府之间开始了赤裸裸的权力斗争,这使两者之前长期的紧张关系浮出水面。外约旦仿效居住在境内的巴勒斯坦人,欲建立清晰独立的国家身份认同,这使双方紧张关系进一步加剧。随着巴解组织离境,部落种族间能否长期和睦取决于是否可以重塑约旦种群之间的关系,即巴勒斯坦人、外约旦人和那些对自己身份认同迷惑、不确定和模棱两可的中间群体[1]之间的关系。

尽管清晰的巴勒斯坦和外约旦民族意识在许多人心中滋长,但是如果认为两者之间是简单的二元分割,特别是在基本政策问题上,那就错了。确切地说,在每个群体内部也存在重要差异。在内战期间已经凸显的约旦境内巴勒斯坦人的内部差异现在进一步加深。一方面是约旦籍巴勒斯坦人。他们虽然仍记着自己的地域渊源,对失去巴勒斯坦感到愤怒,但却因现实生活和事业忠于约旦国家。这一群体中主要是 1948 第一次中东战争之后就迁居至东岸的巴勒斯坦人,他们的子孙都已在约旦定居。他们越来越专注约旦的政治和公共决策领域,因为这些对他们的生活和财富有着极大的影响。

另一方面是巴勒斯坦民族主义者。他们的思想意识以及对巴勒斯坦事业的承诺远远超出暂时的居住机会。这一群体中特别包括那些自我意识觉醒的巴勒斯坦政治活动家。[2]更普遍地说,这一群体包括 1967 年战争后迁居至东岸的人。他们中许多人在 1948 年被迫背井离乡迁移至西岸,现在再一次流离失所。他们大都认为他们在约旦是不受欢迎的,也非永久居住。他们视巴解组织为他们的主要政治代表。内战之后,他们大都不再参与王国的政治,回避选举,既不当候选人也不做选民。

与此同时,外约旦人分为两大阵营:纳瓦夫·特勒称这两大阵营分别为"约旦民族主义者"和"泛约旦主义者"。[3]第一大阵营包括那些在 1967 年第三次中东战争失败和国土丧失的耻辱消散后,越来越庆幸西岸地区不再继续由约旦控制的人们。他们认为,1967 年之前约旦控制西岸,反而阻碍了约旦领土巩固和思想团结。他们认为,巴解组织应代表西岸地区所有的巴勒斯坦人以及那些流亡的巴勒斯坦人,并最终负责管理解放后的巴勒斯坦;在条件允许的时候,那些居住在东岸、持有约旦护照、自身身份认同主要是巴勒斯坦人的人应该返回巴解组织控制的政治实体。事实上,正如 1968 至 1971 年间所展现的,约旦民族主义者认为,巴解组织和巴勒斯坦民族主义整体上力量过于强大,约旦若要与其斗,必须付出代价。抱有这样想法的领导者包括在接下来的 20 年里身居高位的苏莱曼·阿拉尔、瓦斯菲·塔勒的弟弟赛德·塔勒和阿卜杜勒·拉乌夫·拉瓦比德,以及哈马德·法罕(他的政治生涯漫长但并非不同寻常,最初在 50 年代中期他是一位左翼和阿拉伯民族主义者)。这种想法的极端一面逐渐演变成对巴勒斯坦人整体上发自肺腑的深切敌意。后来,他们被比作以色列右翼的主要政党,被轻蔑地称为"外约旦的利库德"。

相比之下,泛约旦主义者是 1950 年的阿卜杜拉派。他们认为两岸统一是约旦的领土基础,但是国家权力中心仍然留在安曼。因此,他们视巴解组织为竞争对手,不愿意在代表权和治理问题上对巴解组织作任何让步。这一群体中绝大多数是那些具有清晰的巴勒斯坦血统的约旦人,他们的祖先大都在 1948 年之前自愿迁移到约旦,长期在东岸开展他们的职业生涯,但是对他们来说,约旦民族主义是站不住脚的。他们中包括扎伊德·里法伊和塔赫尔·马斯里。扎伊德·里法伊是侯赛因的儿时好友,被认为是 20 世纪最后 30 年中最有建树的政治家;塔赫尔·马斯里是在 80 年代之前最能代表约旦境内巴勒斯坦人的发言人。

约旦民族主义者和泛约旦主义者——这两个截然不同的群体也影响到约旦社会和哈希姆家族之间的政治关系。作为哈希姆家族的一员,侯赛因国王背负着更宏大的阿拉伯使命感;作为个人,他渴望收复在他手上失去的西岸,因此,侯赛因国王骨子里是一个泛约旦主义者。在七八十年代长期担任国王外交政策顾问的巴勒斯坦人阿德南·阿布·欧德赫是一位主要的泛约旦主义者。如果说侯赛因国王和泛约旦主义者具有自然相近的政治观点,那么君主和约旦民族主义者之间的关系则充满了矛盾心理。每当和平进程顺利时,国王就着力于谈判,意图恢复约旦在所有或部分西岸地区的统治,令约旦民族主义者感到惴惴不安。在这种情况下,一些人认为侯赛因不再充分代表他们的利益。民族主义者在安曼的主要政治沙龙上就时常气愤地感慨:"他是谁的国王?"

70 年代早中期和 80 年代中期,约旦民族主义者和泛约旦主义者在和平进程政策上剑拔弩张。历届以色列工党领导人明显倾向于选择所谓的"约旦方案"。自 1967 以来,工党一直倾向于采取这个方案建立和平,特别是在 1972 年之后,随着"阿隆方案"的实施,这种倾向性更加明显。"阿隆方案"是把被抢占的西岸归还给王国的安全蓝图。根据"约旦方案",以色列政府愿意视侯赛因国王为优先和平伙伴,尤其借此把巴解组织排除在外。以色列人期望国王代表被占区巴勒斯坦人并最终恢复对他们的一定责任。然而,正如"阿隆方案"所示,以色列人对国王面临的国内和区域束缚不感兴趣。对他们来说,"约旦方案"意味着侯赛因国王接受他们的所赐,国王应对此心怀感激。

通往拉巴特之路

内战结束之后,侯赛因国王的主要任务是寻求恢复在阿拉伯世界中的地位,稳定与安曼认为唯一可以往来的巴勒斯坦抵抗组织法塔赫的关系,并且维持约旦在和平进程中的引领地位。然而,这些目标越来越被证明难以共同实现。许多阿拉伯领导人越来越从国家的逻辑考虑,在内战后对侯赛因和约旦并不抱有本能的敌意;如果他们面临王国 1971 年前所面临的暴力和激进挑战,毫无疑问,他们中许多国家也会采取同样的措施。然而,阿拉伯舆论本能地同情巴勒斯坦人,同情他们的家园被夺,同情他们被迫离散,阿拉伯国家的政府不得不安抚这些舆论。这解释了为什么在内战中,他们对约旦进行制裁,比如,阿拉伯邻国关闭他们与约旦的共同边界,停止对约旦的财政援助。战斗中一些贝都因部队的嗜血行为也广为流传,尽管毫无疑问这些故事被大肆渲染,言过其实,但是加深了对巴勒斯坦人的同情和对约旦的痛恨。

国王选择在中东地区修复更广泛的关系,同时在王国内减少族裔间龃龉,旨在形成一个基于约旦和巴勒斯坦领土重新联合在一起的新愿景。虽然这个路径从未实现,其中包含的理念将在以后不时浮现。1972 年 3 月 15 日,他的阿拉伯联合王国(UAK)计划揭开面纱,使东岸、西岸以及"任何其他巴勒斯坦领土"有可能重新统一。[4]然而,在这个蓝图下,政治关系将比 1950 年至 1967 年间更松散和平衡。更为重要的是,这将推翻早期的思想主旨,即遏制任何独立的巴勒斯坦意识,巴勒斯坦人和外约旦人将都是劳丽·布兰德所称的"混合约旦身份认同"[5]。然而,从 1972 年开始,国王表示他准备承认清晰的巴勒斯坦意识,并将其纳入更广泛的政治实体中。

根据该计划,哈希姆王国将更名为阿拉伯联合王国。新的国家将包括两个自治省:东岸和西岸,各有自己的议会和行政机关,安曼和耶路撒冷分别为各自的政府中心。所有巴勒斯坦人的代表,即使是那些居住在东岸的巴勒斯坦人的代表,都将进入设于西岸的机构。这个计划的制定反映出约旦民族主义潮流的影响。在联邦级别,将有一个由具有同等代表权的两个部分组成的联合国会,一个中央最高法院和联合军队;安曼将仍为首都。联邦政府权力将限于一些职能领域,包括外交和国防政策。

建立阿拉伯联合王国的设想把新兴的巴勒斯坦人的身份认同考虑在内,被宣传为重新设计约旦国家的激进尝试。事实上,如果在六年前提出来,这个设想会是激进的。据说侯赛因国王从那时开始便有这个想法。如果有不充分的地方,这个设想也是试图认真地赶上出现新的

138

政治身份认同这个现实。但是,它没有跟上其他关键的新情况,如巴解组织独立或以色列占领这些新现实。这个设想明显是保守的,因为它完全是在哈希姆君主制的老上层建筑框架内建立新的国家结构。所以,不足为奇,该计划遭到巴解组织和其他阿拉伯国家的广泛谴责,特别是(与约旦切断外交联系的)萨达特领导的埃及,他们认为该计划剥夺了巴勒斯坦人民的自决权和建国权。

由于建立阿拉伯联合王国的设想未能吸引到广泛支持,国王越来越难以摆脱内战对地区的影响。1973 年,被称为"代表权之战"的斗争进入关键阶段。当年 11 月,在阿尔及尔召开的阿拉伯国家首脑会议上,[6]侯赛因国王不得不孤注一掷,使用一切外交手段,去抵御阿拉伯要求约旦承认巴解组织作为巴勒斯坦人民政治代表的集体压力。国王选择不亲自参加会议,也没有派其首相,而是派遣王室首席顾问巴哈贾特·塔尔霍尼参加峰会。虽然是国王的主要顾问,但塔尔霍尼缺乏行政权力,他参会使这次首脑会议无法发挥决策论坛的作用。

在接下来的 11 个月,直到阿拉伯国家首脑会议召开,侯赛因国王和他的首相扎伊德·里法伊千方百计力图摆脱与日俱增的压力。为了打破主宰阿拉伯世界的开罗—大马士革—利雅得轴心,约旦与叙利亚和解。这一尝试取得了成果,但效果还不够快。虽然机会不大,约旦也试图劝说以色列撤出耶利哥,以此显示在约旦领导下取得的和平进程。但是最后,甚至拥有神奇外交技巧的美国国务卿亨利·基辛格也无法改变结果,只能尽量控制损害。侯赛因国王设法说服了萨达特限制巴解组织对巴勒斯坦人的代表权,使巴解组织不能代表居住在东岸的巴勒斯坦居民。在以色列可能最终从西岸撤出的恰当时机出现前,有巴勒斯坦血统的约旦人不会被迫决定他们的首要身份认同。

然而,有了这一次警告,侯赛因国王被迫顺从阿拉伯领导人的意愿。1974 年 10 月,在拉巴特召开的第七届阿拉伯国家首脑会议上,他明确表示了这一点。实际上,这意味着约旦接受这一不可避免的趋势,即巴解组织将削弱约旦代表巴勒斯坦人政治意愿的地位。至少,约旦正式承认巴解组织是代表巴勒斯坦人的主要行为体,拉巴特首脑会议

139

承认巴解组织为"巴勒斯坦人民的唯一合法代表"。拉巴特会议还承认巴解组织有权在任何现有的巴勒斯坦领土上建立一个"独立的国家权力机构"。由于要以色列和巴解组织彼此承认对方还有很长的路要走，拉巴特会议大大减弱了接下来的十年就西岸未来进行有意义的谈判的可能性。

在拉巴特侯赛因国王不是毫无所得。他已经为约旦重建付出了代价，所以不出预料，首脑会议把约旦包括在每年 136.9 万美元的拨给"对峙"国家的军事援助之内。此外，具有讽刺意味的是，由于断然拒绝约旦对巴勒斯坦人的代表权，阿拉伯国家默认约旦对西岸具有主权，因为拉巴特会议避免提及西岸领土的状态。萨达特总统甚至呼吁约旦继续对西岸进行行政和财政管理。约旦也的确维持对西岸的管理，担心如果西岸出现政治真空，以色列将会采取什么行动。[7]尽管在拉巴特侯赛因取得了这些进展，但就这是谁的首脑会议而论，毫无疑问拉巴特证明了是阿拉法特和巴解组织的胜利。对于具有统一两岸抱负、愈加以零和博弈算计的侯赛因和泛约旦主义者来说，这是一个失败，一个他们永远难以从中完全恢复的失败。

如果说拉巴特是巴解组织在中东地区取得的一次胜利，但是在约旦国内，这个结果倒没有那么明显。侯赛因国王归国时，受到许多东岸部落成员欢迎。约旦民族主义者认为他们现在可以根据拉巴特逻辑来塑造约旦。的确，在拉巴特首脑会议之后，约旦内阁中巴勒斯坦人成员大为减少。即使如此，在片刻摇摆后，侯赛因国王的哈希姆泛约旦主义倾向占了上风，避免了像五六十年代那样的政策摇摆。相反，侯赛因让里法伊持续担任首相直到 1976 年。侯赛因也恢复国会以通过宪法修正案，授权他暂停经选举产生且包括东西岸议员的国民议会。侯赛因在等待时机。虽然国王愿意顺从拉巴特的决定，但不愿意放弃一个潜在的重要机构资产，以使他在将来某个时候可以要求具有代表西岸巴勒斯坦人发言的合法权利。如同亚设·苏沙总结道："形式上，约旦接受了拉巴特决议，但实际上，侯赛因试图破坏它们。"[8]

140

十月战争

从内战到下一次阿以战争爆发前夕,约旦与更广泛的阿拉伯世界之间的关系总体上一直很糟糕。1973 年秋,战争在即,开罗和大马士革与安曼重建外交关系。埃及并不真正期望约旦参加与以色列的新战争。第一,尽管美国和以色列对两者都保持友善,侯赛因和萨达特之间相处从来不曾融洽;事实上,侯赛因后来讥讽道,他发现纳赛尔比萨达特容易对付。[9] 第二,根据和尼克松总统谈判的 M-60 计划,约旦军队进行了大规模装备更新,还未做好开战准备。第三,萨达特怀疑侯赛因不顾阿拉伯其他地区的利益,准备和以色列做秘密交易,以期恢复他对西岸的控制。侯赛因有可能投桃报李,警告以色列阿拉伯即将对其发起攻击。

开罗对侯赛因的怀疑是有理由的。侯赛因频繁与以色列高级官员举行秘密会谈,包括果尔达·梅厄总理和高级部长阿巴·埃班和摩西·达扬。此外,由于 1970 年叙利亚对约旦进行干预的历史仍历历在目,约旦仍然担心来自叙利亚的安全威胁,因此两国的情报部门保持例行接触。有人指控国王在 9 月 10 日与阿萨德和萨达特进行三方首脑会议后,通知以色列攻击正在逼近。侯赛因国王否认他知道攻击计划。虽然他确实在 9 月 25 日与梅厄会面,但在会议上,他只是笼统地强调地区形势的严峻性。尽管国王对此否认,但似乎约旦利用其他渠道向以色列人透露了攻击计划。让埃及感到庆幸的是,以色列对此警告没有采取足够的重视。[10]

很清楚的是,侯赛因国王不知道确切的攻击日期。他也是很意外地接到攻击开始通知。埃及—叙利亚袭击开始后不久,萨达特总统打电话给侯赛因,要他不进行干预。在经历了 1967 年的创伤之后,国王不再需要任何怂恿,特别是鉴于约旦军队对埃及同行的评价很低。此外,约旦陆军也没有做好部署准备对约旦河对岸发起进攻,其空军力量也不足以抗衡以色列空军。但是随着埃及和叙利亚在战争初期取得军事胜利,冲突持续,侯赛因国王开始受到压力,即要求其加入战争。随

141

着最初的军事优势开始瓦解,萨达特越来越期望可以引诱约旦参与其中。

局势不明,国王本能地拖延时间。与 1967 年一样,他派遣阿梅尔·哈马什将军前往开罗,不过不像上次那样以参谋长身份前去把约旦军事力量交给埃及,而是作为个人特使和信使。在哈马什携带的书信中,侯赛因搪塞道,在没有足够的空中掩护的情况下,约旦进行干预是不明智的。在得知巴解组织提出派遣部队加入内盖夫大战斗并寻求从约旦领土通过的消息之后,国王变得越来越焦躁不安,巴解组织的要求将会使除了那些最激进的巴勒斯坦民族主义者之外的所有东岸人民胆战心惊。随着时间的推移,关于约旦是否应该加入战争的争论愈来愈烈。越来越明显的是,必须采取行动阻止压力不断上升,特别是在叙利亚战况开始急剧逆转的情况下。因此,约旦作出妥协,向叙利亚提供援助,从而在避免与以色列人直接对垒的情况下在冲突中发挥积极作用。

10 月 12 日,约旦派出一支坦克旅协助叙利亚在戈兰高地与以色列交战。随后,约旦派出一支装甲师,但其直到十天后,在阿萨德总统接受停火协议的前几个小时才到达。因此,尽管 27 名约旦士兵在战斗中丧生,但约旦的军事存在在很大程度上是象征性的。75 辆左右的约旦坦克实际参与军事行动,其中 15 辆被毁。以色列人完全没有认真考虑过扩大冲突,直接攻击约旦领土或通过约旦境内包抄叙利亚。在 1973 年的冲突期间,正如阿瑟·戴伊所观察到的那样,约旦河谷对在其南北进行的残酷战争"竟毫未察觉"。

没有石油的石油财富

20 世纪 70 年代初,约旦经济是混合体,规模适中,由少数小规模、缺乏雄心的公共部门企业和家族企业组成。60 年代初,经济看似将会增长和发展。然而,1962 至 1963 年间第一任塔勒政府制定的雄心勃勃的计划在执行时受到重重阻碍。行政上的断断续续,战争后的流离失所以及 1967 年至 1971 年之间的国内动乱阻碍了计划的实施。尽管政策不连贯,但发展范式并没有被抛弃。当约旦开始从前五年的政治

142

动荡中恢复时,王国推出 1973 年至 1975 年三年发展计划,旨在振兴经济,使经济重新协调发展。

尽管瓦斯菲·塔勒热切希望通过实现自给自足最大化地维护约旦主权,在经济结构上,约旦仍然是一个地租型国家。在其历史上,约旦一直依赖外部现金注入建立众多国家机构以及更普遍地维持国家级经济活动。通过强调它对资助者具有战略重要性,首先从英国,然后从美国和它的阿拉伯邻国,约旦能够吸引到外部租金。对于英国来说,约旦可作为对抗瓦哈比和法国扩张主义的一个缓冲国;对于美国来说,约旦是反共产主义的堡垒;对于阿拉伯大国来说,约旦非常重要,既可用来对以色列发动袭击又要避免王国过于强大。

如果说开创和维持外部战略租金是建立和巩固约旦国家的关键,那么对于从 20 世纪 70 年代中后期至 80 年代初持续十年的经济发展和繁荣,外部资金将是至关重要的。这些外部资金关键来自阿拉伯主要产油国,以及在 1973 年至 1975 年之间因石油价格陡增带来的收入大幅上涨。收入大幅增加意味着像沙特阿拉伯、科威特和伊拉克这样的石油生产国现在有了更多的资金可以用来资助,并且愿意或明或暗附加政治条件进行资助。[11] 至 20 世纪 70 年代初,正如劳丽·布兰德总结道,沙特援助已成为"约旦预算安全的基石",[12] 而且这个趋势仍将持续。凭借阿拉伯石油收入这样的二次分配,约旦在自身没有生产石油的情况下,开始富有成效地获得一些石油经济的经济属性。

表 4　外国资助和政府收入,1967—1982 年

年份	外国资助 (第纳尔)	资助/政府 总收入(%)	资助/发展 支出(%)
1967	40.4	57.6	172.0
1968	40.2	56.6	172.3
1969	38.4	45.4	165.6
1970	35.4	48.7	163.4
1971	35.4	38.8	157.7
1972	44.5	44.2	143.5

年份	外国资助 (第纳尔)	资助/政府 总收入(%)	资助/发展 支出(%)
1973	45.6	40.0	111.5
1974	58.8	39.5	136.7
1975	100.6	47.3	127.1
1976	66.2	32.0	86.5
1977	122.2	36.2	85.9
1978	81.7	23.6	55.0
1979	210.3	44.9	108.2
1980	209.3	39.9	92.2
1981	206.3	33.4	80.7
1982	199.6	30.5	79.6

来源：约旦中央银行，《年度统计公报》(1964—1989)
《特刊》,1989 年 10 月,第 44 页。

约旦经济也间接受益于区域石油繁荣,大量外汇流入,直接在私人手中累积。石油繁荣使石油生产国内需要大量熟练工,特别是那些阿拉伯海湾中迄今欠发达国家。持有约旦护照的巴勒斯坦人具有竞争力,能够满足对劳动力的增长需求:他们受教育程度相对较高;并且自 20 世纪 50 年代以来,巴勒斯坦人关系网已经在海湾国家建立,从而便利劳工迁移;此外,巴勒斯坦人更可能欢迎所谓的"退出方案",否则他们要么得生活在以色列占领区要么得生活在东岸不安稳的政治环境中。到 20 世纪 70 年代结束时,估计有三分之一的约旦劳动力在王国外工作。

1973 年至 1980 年间,中东处于相对和平时期,此外,收入产生盈余,这使信心和支出空前高涨。两者结合立刻对约旦经济产生深刻影响。积极的影响包括高增长率,在这一时期,每年的实际国民生产总值增长幅度介于 7% 至 11% 之间,自 40 年代后期一直困扰约旦的失业问题也迅速消失。然而,它也包括一些负面影响:因为经济没有能力吸收所有的新资金,约旦落入通货膨胀的漩涡;因为约旦生产基地规模不大,贸易逆差扩大;国际收支平衡表经常账户赤字愈加扩大;人口增长

143

144

失控,因为约旦相信最宝贵的自然资源是它的人民;农村人口向城市迁移,特别是向安曼迁移。于是安曼吞并了毗邻的定居点,很快形成一个城邦。

这一时期,公共部门的资本积累促使政府规模迅速扩大,影响可与约旦经济史上早年两个时期相媲美:20 世纪 20 年代首次进行国家建设的初步阶段和 50 年代把安曼发展成为全国权力中心的建设阶段。这些新资金的注入特别带来三大结果,全部和政治相关。

第一,政府扩大后获得新职能,支出增加,并雇用更多的雇员。结果,与中东其他地区发展趋势相同,约旦人民愈加依赖政府,尤其是在就业和服务方面。例如,1970 年至 1985 年间,公务员人数上涨了 200%,从 2.7 万增长到 7.4 万。塔里克·特勒写道,到 80 年代初期,约旦城区的文职人员已经成为就业大军,是外约旦人的一种主要就业方式。[13] 在内战和 1974 年拉巴特首脑会议后,国家趋于外约旦化;在这个背景下,那些来自外约旦的人从中大为受益。如果说在约旦的巴勒斯坦人愈来愈主宰私营部门经济,那么外约旦人加强了对公共部门的控制。

第二,国家加强了对经济的干预。1974 年,供应部成立,便是新干预主义的最佳事例。在因面包和大米等主食价格高昂在扎尔卡引发军队骚乱后,里法伊政府设立供应部以安抚民心。为了从总体上消除民众不满情绪和安抚贫穷的城市社区,政府设立供应部管制价格。为确保市场稳定,财政部必须为价格补贴作好准备。财政部确实给不同产品提供补贴,从主食食品到燃油再到公用事业。这一供应战略也垂直延伸到供应部职责中。供应部负责大宗基本商品货物供应的招标发行。因为在约旦只有大商人有能力采购所需数量的基本货物,这一做法使大型贸易商和国家相关部门之间发展出亲密的内部关系。

第三,国家特别偏爱大型资本密集型投资,用以发展国家基础设施和开发国内有限的自然资源。对基础设施的需求肯定是存在的,尤其是在发电、输电和建设现代公路网这种增长领域,扩建亚喀巴港则对伊拉克以及约旦经济非常重要。投资开发自然资源促进了对王国储量丰富的磷酸盐矿藏以及死海地区钾碱的开发,使其成为世界第四大磷酸盐出口国。

　　其中也有不少肆意挥霍浪费的现象。规模远超飞机流量所需的阿利亚皇后国际机场就是一个例子。长期人员配置过多拖慢了约旦磷酸盐矿产公司的发展。国家航空公司可以说是最挥霍无度的。它花费大约 8.5 亿美元的债务(或相当于 11% 的国民生产总值)大肆购买飞机。由于国王嗜好飞行,航空公司受到王室的积极资助,未接受按程序审核。这样的颜面工程无疑提高了小国的地位。但随后披露,债务和重新出现的失业问题成为主要社会及经济问题,这意味着王国为这短暂的名声付出了巨大的代价。若其投资决策能够更为谨慎,面向规模较小、更有望成功的劳动力密集型的企业,而不是投向资本密集型企业,约旦本来可以从中获利。

　　这一时期,不只有政府部门经历了快速扩张。在海外工作的约旦人带来资金流入,加上经济活动总体加强,进口大幅增长,银行业也实现增长,为约旦境内的私营部门创造了新的机会。然而,这些活动对各部门影响不均。侨民汇款一般被用于修建别墅和公寓,考虑到退休后使用或获得租金收入,或者被用于支持留在约旦的家庭成员的消费支出。这推动房地产价格上升,刺激建设,并促进从专业服务到批发零售业的服务业发展。[14] 然而,它基本没有推动生产部门的扩大。

　　尽管经济空前增长,私营部门蓬勃发展,对风险感兴趣的企业家阶层未能在约旦出现。实际正相反,因为财富创造与风险基本毫不搭边。结果,那些建国初期从叙利亚和巴勒斯坦来的,或者随着西岸并入从巴勒斯坦争取的,和那些控制汽车经销机构和消费品进口等利润丰厚的行业的大商人变得非常富有。几乎不用拓宽服务领域,老牌银行就实现大幅扩张和利润增长。由于回报周期长,固定资产易被国有化或被损坏,工业投资对制造业兴趣索然。

　　如果说工业增长有限,那么私人服务领域完全是另一番景象。过去,国家努力培养出各行各业的大学毕业生。专业人士阶层不断扩大,脱颖而出成为新兴中产阶级的基石。这些人被培养成为工程师、医生

146

和律师,并通过以前无法想象的私人执业而获得愈来愈多的财富。

戴维营的诱惑

如果说拉巴特首脑会议证明是侯赛因国王和外约旦人的一个低谷,那么没多久,他们就重整旗鼓。关键点是自 1974 年开始修复与叙利亚的关系。到 1975 年,黎巴嫩像大概五年前的约旦一样,濒于内战的边缘。像当时一样,巴解组织影响社会稳定,其激进派别采取过激行为,扰乱了黎巴嫩微妙的权力平衡。一年后,战斗爆发,与巴解组织联合的左翼联盟看上去将击败马龙派主导的右翼政权。只有在 1976年 6 月叙利亚进行军事干预并控制左翼人士之后,才阻止了黎巴嫩内战的结果过早地出炉。

随着巴解组织突然转为防御以及阿拉法特和阿萨德之间产生不共戴天的敌意,外约旦的利益迅速与叙利亚的利益融为一体。里法伊监管与叙利亚达成和解。他政治生涯后期基本基于他与叙利亚发展密切关系的能力。两国宣布着手建立政治统一,显示两国关系突然亲密。巴解组织对事态发展感到震惊,要求参与进程。1976 年,阿拉伯国家首脑会议在开罗召开。在会上,阿拉法特和侯赛因进行了短暂会晤,这是自内战结束以来双方第一次正式接触,最终结束了约旦在阿拉伯世界被半遗弃的状态。随着巴解组织愈来愈被黎巴嫩国内政治暴力的复杂局面牵绊,侯赛因国王愈来愈有空间挽回他在拉巴特遭受的挫败。

开罗首脑会议承认约旦与巴勒斯坦问题的特殊关系,这为约旦在西岸加强活动开创了条件。穆达尔·巴德兰领导的政府取代了里法伊政府。巴德兰是前情报局长,同情约旦民族主义者,因此在外交层面更适合与巴解组织重新接触。此外,坚持巴解组织将成为在西岸建立的巴勒斯坦国的政府的理念开始模糊。1977 年 2 月,巴德兰政府与来访的巴解组织代表团展开会谈。会谈议程以侯赛因国王的"阿拉伯联合王国"计划为基础,同意恢复双边关系。1977 年,经常被称为巴解组织事实上的流亡国会的"巴勒斯坦全国委员会"通过决议,废除了该组织颠覆约旦哈希姆政权的政策。最终,约旦和巴解组织看来将在互相妥协的基础上维持双边关系。

与此同时,更广泛的和平建设颇具戏剧性,扰乱了约旦和巴解组织对前方道路的探索。1976 年 11 月,吉米·卡特当选为美国总统,这重燃中东和平的希望。特别是希望重新召集日内瓦和平会议。在局势缓和时,美国和苏联曾于 1973 年 12 月联合主办日内瓦和平会议,然而收效甚微。埃及和叙利亚之间愈来愈糟糕的关系中断了那次会议的筹备工作:阿萨德不信赖萨达特的意愿,埃及打巴解组织牌反对叙利亚。1977 年 11 月 19 日,在未提前通知侯赛因的情况下,萨达特总统访问耶路撒冷并在以色列议会又称克奈塞特上致辞。这个具有重大意义的政治姿态使争执告一段落。突然间,促进正式且复杂的多边互动的日内瓦方式变得无关紧要。在美国支持下,埃及和以色列最终开始进行双边谈判。虽然和平之路远不平坦,和平进程终于有了成果。1978 年 9 月,双方达成戴维营协议;1979 年 3 月 26 日,双方签署双边和平条约。

萨达特的赌博和进程推动为侯赛因国王提供了一个良机,但也包含着很大风险。推动与以色列严肃的双边和平谈判非常符合 1967 年战争后侯赛因构想的战略。以色列愿意将西奈半岛归还埃及,这表示经政治谈判,以色列愿意以大规模有形土地资产换取和平。这明显鼓励了侯赛因设想西岸回归。美国的严肃干预使之更有可能由一个对双方都友好的超级大国进行建设性调停。不利的是,侯赛因国王知道萨达特遭到阿拉伯政府和民众广泛的批评,其中包括伊拉克和叙利亚。这两个地区内最好斗的国家推定都有能力从内部破坏约旦稳定和从外部对约旦施加压力,尤其是通过与巴解组织的合作。

埃以和平进程具有的重大意义以及和平进程中双方愿意超越狭隘的双边问题也让侯赛因国王大受鼓舞。例如,1978 年年中,萨达特提议在西岸建立一个五年过渡期的约旦政府。该提案得到国王对萨达特的"谨慎支持"[15]。甚至在 1978 年秋季举行的戴维营会议也让人鼓舞。9 月 17 日,双方签署两项协议。第一份协议文件为处理西岸和加沙地带问题的《关于实现中东和平的纲要》,规定将"全面解决巴勒斯坦

148

问题"。甚至有猜测约旦和"巴勒斯坦人民的代表"将加入随后埃及和以色列的谈判中。当然,扩大和平框架的范围对埃以自身也有好处:它使以色列有可能诱使第二个阿拉伯国家与其单独媾和;它给了萨达特为阿拉伯利益考虑的借口,使其可以争辩说并没有抛弃巴勒斯坦事业。

面对相互冲突的压力,侯赛因国王保持骑墙观望的态度。最初,沙特阿拉伯加入约旦阵营,而摩洛哥、阿曼和苏丹实际上支持和平进程。国王的最初公共外交并没有反对和平建设。他称赞萨达特是一位勇士,拒绝谴责埃以和平谈判,(虽然后来他调整立场,对"不经事先协商"就把约旦包括在戴维营协议内表示不满)。[16] 这种谨慎却使约旦与"阿拉伯拒绝阵线"之间产生了龃龉。加上里法伊当时已不担任首相,约旦与叙利亚之间来之不易的友谊特别遭到损害。

国王拖延不决,一直到戴维营协议签订。最终,面对日益增长的压力,包括美国的"强硬说服策略"[17]和安曼街头支持巴勒斯坦的示威,国王不得不作出选择。他选择不加入和平进程,因为协议未提出解决耶路撒冷问题也未归还足够的其他阿拉伯被占领土,不足以证明值得冒风险与以色列媾和。简而言之,这笔交易还不够好。在国王最终作出决定后,剩下的就是以阿拉伯团结和巴勒斯坦民族自决此类自以为是的言辞粉饰约旦的拒绝。[18]

约旦拒绝加入戴维营进程,无视美国的愿望,导致与美国的关系趋于冷淡。卡特总统拒绝相信除加入和平进程之外侯赛因国王愿意为和平作任何努力,这进一步加深了白宫的失望之情。[19]国王从法国购买军火,并威胁从东欧集团购买武器,以显示他的不满和不结盟立场。尽管约旦作出违抗的姿态,但不久后爆发的事件解救了约旦与美国的关系。1979年1月,伊朗国王被推翻,美国震惊之下不得不巩固与中东地区友好领导人的关系。侯赛因国王对在伊朗发生的一连串事件忧心忡忡,甚至试图进行干预。1978年11月,国王访问德黑兰。据报道,他与流亡在法国的阿亚图拉·霍梅尼协商,寻求共同点。1979年12月,苏联入侵阿富汗,促使约旦和美国在战略和思想上恢复一致。1980

年 6 月,在侯赛因国王拜访卡特总统期间,双方和解,终于同意在戴维营进程上各自保留不同意见。

侯赛因和萨达姆:奇怪组合

约旦决定不加入埃以和平进程,这导致关闭了一个战略路径。大部分阿拉伯世界对萨达特和他的单边主义充满敌意,难以化解。阿拉伯国家随后一起切断了同埃及的外交关系。阿拉伯联盟的总部搬离开罗。与此同时,伊朗革命和伊朗国王的倒台使约旦失去了和时常侵扰的两个强大邻国——伊拉克和叙利亚——抗衡的第二个传统砝码。结果,当约旦脱离埃及势力范围,它发现自己几乎无法阻挡地移向地区另一中心——阿拉伯拒绝阵线。充满雄心壮志的地区领导者阿拉伯复兴社会党主导下的伊拉克愈来愈成为阿拉伯拒绝阵线精神的代表。

1978 年和 1979 年 11 月,在强有力的领导人萨达姆·侯赛因的领导下,伊拉克主办阿拉伯国家首脑会议,约旦也参加了首脑会议。在会议上,阿拉伯国家诋毁和排斥埃及。在 1978 年的首脑会议上,阿拉伯国家推出对前线国家的十年援助方案。每年向约旦拨款 12.5 亿美元。[20]向西岸提供的援助将通过设在安曼的一个联合委员会分发,从而增强约旦对西岸的控制,以此增强约旦为西岸庇护者的形象。由于伊拉克和沙特阿拉伯是主要捐助国,约旦王国经济更加依赖主要阿拉伯产油国。从 1978 年秋到 1979 年夏,巴格达和大马士革迅速和解,虽然根本上无法令人信服。在一个很短的时期内,看上去约旦似乎享受既与伊拉克相交,又无损它与叙利亚的联系。正如和解之迅速,1979 年 7 月,和解也迅速破裂:萨达姆就任总统,指责叙利亚在巴格达密谋政权更迭。面对这样戏剧性的逆转,约旦不得不再次作出选择。

约旦选择完全背弃叙利亚,转而与伊拉克发展更密切的关系,这点可能毫无疑问。毕竟,两次巴格达首脑会议显示,在所有阿拉伯国家中,伊拉克目前具有最重的外交分量。萨达姆·侯赛因的个人野心可能让国王相信伊拉克将保持其外交分量。此外,作为世界上石油储量第二高的阿拉伯国家,伊拉克石油相关财富激增,这使伊拉克比叙利亚更具吸引力,叙利亚的碳氢化合物前景一般。约旦国内的身份政治在这一决定中起了重要作用。正如纳瓦夫·特勒所说,在国内,泛约旦主义和约旦民族主义之间的分裂仍然影响着国家外交政策。[21] 如果说在 70 年代,里法伊和泛约旦主义者一贯主张与叙利亚保持密切关系,那么约旦民族主义者就一直可能倾向于反对。1979 年,对约旦国家利益的强调使约旦民族主义者在经济和外交上明显倾向伊拉克。

然而,伊拉克一约旦关系中令人瞩目的并不是关系最初怎么建立,而是关系持续时间之长。1988 年,以色列主要的伊拉克问题分析员阿马提兹亚·巴拉姆说:"侯赛因(国王)和侯赛因(萨达姆·侯赛因)之间的个人关系比任何其他阿拉伯领导人之间的关系都更为紧密。"[22] 虽然战争和 1990 年后的制裁会削弱两个领导人之间的个人联系,但把两国联结在一起的纽带并没有被全部切断。即使在 20 世纪 90 年代末,也可以说,约旦首个也是唯一的外交政策游说集团仍然地位稳固,而这个集团倾向于支持伊拉克。[23]

伊拉克一约旦关系中心有三大特征。第一,两国间具有复杂的经济相互依存关系。由于缺乏商业互补性,其他阿拉伯国家之间缺乏这种类似关系。在 80 年代末时,160 家约旦公司与伊拉克有着密切的关系,约旦制造业四分之三出口伊拉克。[24]

第二,伊拉克领导人长期向约旦的知识分子和管理精英赠送礼物,使他们堕落腐败。最臭名昭著的也许是在 1987 年 11 月,萨达姆·侯赛因乘坐奔驰车队参加在安曼举行的阿拉伯国家首脑会议,然后把奔驰车送给一些约旦人。从各种破坏制裁和其他诈骗得到的利润进一步巩固了这种不太健康的联系,帮助了那些与政治机构具有密切联系者致富。[25]

第三,在一个残暴的农民总统萨达姆·侯赛因和一个哈希姆贵族侯赛因国王这对阿拉伯政坛奇怪组合之间形成亲密的个人纽带。虽然人们只能猜测国王拥抱巴格达新统治者的原因,但金钱肯定不是最不重要的因素。自 1976 年以来,萨达姆·侯赛因向侯赛因国王个人提供了大笔资金。[26] 就像他的祖父一样,侯赛因国王挥金如土。与其他方式相比,国王对这笔资金来源感到更为舒服,一部分原因是萨达姆比科威特人和沙特人更慷慨,另一部分原因是这笔钱的发放方式更为简单。萨达姆似乎也敏锐地捕捉到操纵国王的最好方式,他修复了哈希姆家族在伊拉克的坟墓,让侯赛因深为感动。

侯赛因国王无疑没有监控伊拉克领导人的野心和伊拉克领导人愿为其野心所冒的风险。例如,1980 年 9 月,萨达姆对伊朗进行军事冒险,国王对此表示强烈支持。萨达姆担任总统期间犯下一系列战略失误,这是第一个。超过 100 万人伤亡,可以说是现代中东地区历史上伤亡最大的事件。1982 年,约旦甚至组织、派出一个军事特遣队,称作"耶尔穆克旅",象征性地与伊拉克并肩作战。1981 年,以色列对伊拉克在奥西里斯(osirik)的核反应堆进行空袭,侯赛因对此提出强烈抗议。国王甚至情绪激烈地反对美国罗纳德·里根总统,表示对美国允许以色列发起攻击感到"毫无意义和幻灭"。[27] 金钱被普遍认为是约旦当时明确表示支持巴格达的主导动力;在这个时候,侯赛因在中东地区反复轻蔑地表示,在两伊战争中,"侯赛因将战斗到最后一个伊拉克第纳尔"。

相较依赖美国军火供应的屈辱,伊拉克的金钱无疑可以帮助国王维护尊严。王国希望购买武器提高其早应更新的防御能力;然而,在犹太复国主义游说集团施压下,美国国会拒绝在没有严格的先决条件限制下向王国销售它所需要的武器。这些严格的限制性条件包括规定鹰击反舰导弹的具体部署,使装备失去灵活性,并且规定不能把鹰击反舰导弹部署在约旦河谷,因为在那里导弹能对以色列飞机造成威胁。对此,侯赛因国王决定从苏联购买价值 2 亿美元的 SAM - 6 导弹,这是约旦第一次从非西方国家购买军火。因为巴格达愿意支付账单,自 1974 年以来一直可能的交易变得可行。[28]

为了动摇叙利亚政权,约旦也愿意纵容甚至串通伊拉克利用穆斯林极端分子,这导致在 1979 至 1982 年间,约旦北部邻邦暴力事件愈演愈烈。安曼当局看上去忘记了自己在 50 年代中期遭受的外部支持暴力。1980 年夏天,一位叙利亚伊斯兰主义领导者在安曼被杀害;随后,约旦和叙利亚在共同边界上相互动员军事力量。这成为两国关系迅速恶化的主要标志。1985年,侯赛因国王为约旦向叙利亚伊斯兰主义者提供军事训练的行为认错,争取与叙利亚达成和解。

　　然而,仅靠金钱并不能解释为什么即使在旷日持久、让伊拉克元气大伤的两伊战争开始榨干伊拉克国库之后,约旦仍与伊拉克保持亲密关系。到1982年下半年,伊朗已在战场上占据主动,把战场推到伊拉克的土地上。伊拉克已停止履行每年向王国提供1.85亿美元的阿拉伯援助义务,也被迫放弃在战争最初两年中别具特色的大炮与黄油政策,导致从约旦的进口和通过约旦进行贸易的供应商的进口减少,危及了约旦脆弱的制造业部门,并影响那些涉及交通和其他相关服务的部门。这些部门中大部分几乎把所有鸡蛋放在一个篮子里,仅依赖伊拉克市场扩大它们的商业活动。

　　当时区域经济正开始出现衰退,为避免其制造业崩溃,约旦决定动用基金帮助制造业渡过难关,显示制造业利益对王国公共决策过程的影响。1983年,约旦中央银行授予制造业4亿美元的循环信用额度,以使商人在外币付款减少的情况下,能够继续与伊拉克进行贸易,并通过达成交易让伊拉克原油在约旦的扎尔卡炼油厂加工,永久保留了这一信贷额度,使之演变成一个精心策划的对销贸易。因此,在约旦国库开始以商业利率向欧元市场借贷大量主权债务的时候,它也给伊拉克经济提供了强有力的补贴,把其私营部门从挥霍中拯救出来。

　　和伊拉克保持关系对约旦也有一些好处,其中值得一提的是使用亚喀巴作为伊拉克原油和用油罐车载运出口的燃油的终端。至1986年,伊拉克石油进口已覆盖王国30%的需求;至1990年,需求覆盖率超过80%,[29]从而使约旦不再只依赖沙特的石油供应。由于一直担忧来自以色列的安全威胁,经多次讨论的亚喀巴输油管道建设没有付诸实施。

　　约旦待伊拉克如初,部分原因是担心伊朗革命的传播和伊拉克战败可能导致伊斯兰主义者的多米诺效应,那将对约旦产生威胁;部分原因是维持两国关系,特别在两伊战争结束后仍然维持两国关系是出于对未来的期望。对于像约旦这样日益陷入停滞的经济体,有两种办法可能走出困境：和平进程成功后的区域经济一体化；石油储备丰富的伊拉克的战后重建。1988 年 7 月，伊朗终于同意结束敌对行动。1989年，安曼主导建立了阿拉伯合作委员会（阿合会），试图以此促进战后发展。作为一个新的次区域组织，阿合会成员国包括约旦和伊拉克以及埃及和也门。但在中东地区，阿合会被广泛嘲笑为一个债务人俱乐部。同时，因为战争造成的政治损害对伊拉克经济的影响实在太大，即使与伊朗战争结束，经济也未获得什么喘息的机会。这个约旦邻居没有着手重建，而是犯下第二个战略错误：入侵科威特。

有限的国内改革

1967 年的战争，与巴勒斯坦游击队的对峙，然后内战，接二连三的动乱意味着在若干年内约旦王国的国内政治发展受阻。1971 年至 1974 年间，约旦和它以前的西岸领土之间的正式关系悬而未决，使得这种情况进一步延续。拉巴特首脑会议决定支持巴解组织，侯赛因国王不情愿只是巩固东岸的政治，这些意味着经 1967 年选举产生的约旦国会被无限期地解散了。这反过来，使得 1974 年后缺乏一个运作良好的立法机关的情况继续存在，后几届政府同时身为立法和行政机构。虽然国会缺位可能在立法质量方面，甚至在对行政部门审查方面都没有多少差别，但还是让人深刻感觉到缺乏一个安全阀和一个辩论舞台。

这种政治缺陷难以维持。自 20 世纪 20 年代末以来，约旦民众已经习惯了立法机构的存在，至少扩大了咨询基础，如果算不上决策基础。这些立法机构逐步演变为规模更大、更具代表性的机构。20 世纪 50 年代，大众政治兴起，进一步需要一个包容性机构的存在。同时，年轻一代的社会精英充满渴望和雄心抱负，希望在国家政治中发挥作用。到 20 世纪 70 年代，大众教育的普及和十多年高等教育部门的建设培养了更多心怀抱负人士。具有讽刺意味的是，内阁政府越来越不能满足不断壮大的上进政治精英的野心。随着国内政治日趋稳定，政府将更加稳定，不必如此频繁地更换 15 位至 18 位部长。在这种机构缺失的情况下，地方政客愈加焦躁不安。

154

因为 50 年代的经历,侯赛因国王对代议制民主的承诺大打折扣,于是采取折中之计替之。1978 年 4 月,在穆达尔·巴德兰首相以及日益显要的、现担任国王首席顾问的谢里夫·阿卜杜勒·哈米德·谢拉夫的建议下,国王宣布成立全国协商委员会(NCC)。成员经任命产生,共 60 人,全部为重要人物。委员会将作为辩论舞台,并为重大时事提供意见。为了确定它在精英和更广泛的公众中的地位,当时的主要政治人物,主要是来自东岸的政治领袖被任命为委员会成员。通过这种机制,国王巧用策略,借助创建一个代表新约旦的机构对付当时形势,同时巧妙处理 1967 年国会,以在更适宜的时机,恢复他对西岸的主张。

尽管委员会成员经任命产生,禁止批评国王和王室,尤其是所有委员会成员的最终政治命运都由君主所赐,但委员会对政治中心不是一味地默许顺从。新的委员会包括反对派成员,如在 20 多年前曾是纳布西政府中阿拉伯复兴社会党狂热分子的阿卜杜拉·里马维。国王也任命一些专业协会和商人领导者担任委员会成员,使委员会更能代表不同地区和意识形态。雄心勃勃的年轻政治家们开始活动争取成为委员会成员。这样,国王一举提供了一个亟须的安全阀,同时又增加了自己的官职任命手段。直到 1984 年 1 月被解散,全国协商委员会填补了约旦体制上的空白。在 20 世纪 90 年代初非常不同的政治背景下,在起草作为与约旦人民新协议基础的《国民宪章》时,国王再次使用这样的彩虹式多元协商方式。

在担任被誉为未来首相的传统训练场的王室首席顾问时,谢拉夫提议创立全国协商委员会。他晋升到首相只是一个时间问题。很快,1979 年 12 月,在其 40 岁时,谢拉夫被国王任命为首相。与提拔瓦斯菲·塔勒相似,侯赛因也是提拔在王室授权下有能力改革之人。虽然他们各自生活有一些相似之处,他们都是充满干劲的政治家,但他们并不完全相同:塔勒举止粗鲁,时刻做好准备,而谢拉夫是一个有教养的知识分子。

20 世纪 20 年代初,为追寻财富,谢拉夫家族跟随埃米尔·阿卜杜拉和费萨尔离开了汉志地区。1941 年,在拉希德·阿里挑战英国权力期间,他的父亲被任命为伊拉克摄政,卷入短暂争议。1945 年,在经历政治难民不确定的生活之后,年轻的谢拉夫和他的家人来到安曼。像瓦斯菲·塔勒一样,在贝鲁特美国大学学习期间,曾有短暂时间,谢拉夫是一个激进学生,之后,他被政府任命一系列公职,特别是在艺术、通信和外交领域。60 年代中期,他在塔勒内阁担任信息和文化部长。在职期间,谢拉夫建立了一系列的文化机构,如王国的全国画廊和剧院,并开通王国首个电视频道,在约旦文化、信息事业发展历史上留下了他的印记。

156

谢拉夫带着一张改革清单上任。他致力于把全国协商委员会发展成为一个有力的思想平台,并希望随着区域自治的发展,把参政扩大到地方政府。他也赞同更多新闻自由。后来,他的自由和改革派的妻子莱拉在 1984 年担任奥贝达特政府信息部长时,使新闻享有了更多自由。他也很早就支持女性权利和环境保护。他厌恶约旦政治阶级的浮华奢侈,这一点也众所周知。他把反腐作为首要任务,设立了一个专门法庭处理官员贿赂指控,并成立了一个办公署专门处理对公务员的投诉。除此之外,其他方面的政策乏善可陈,因为在 41 岁生日后不久,在他还未有机会制定和实行其他政策之前,他死于严重的心脏病。

改革派失去了领导人监督政策实施,许多谢拉夫的想法,如建立新的地区理事会,不了了之。直到 1984 年 1 月,在变革背景下,侯赛因国王才大胆任命另一位年轻的新人物担任首相。艾哈迈德·奥贝达特和谢拉夫非常不同,特别是在政治自由观点方面。像他的导师巴德兰一样,奥贝达特具有情报背景。但是,性格孤僻、行事具有魄力的奥贝达特却致力于扫除腐败,坚持自己的主张。侯赛因犯了个马虎错误,任命奥贝达特为首相,却没有让他在王室任职。两人愈来愈明显难以合作共事。一年后,国王解聘了奥贝达特。这个经历使国王望而却步,不愿尝试改变,不再给政府顶层寻找新的血液。

这一时期的显著发展是侯赛因国王决定解散全国协商委员会,重启 1967 年国会下议院。此举部分是为了对巴解组织施压,要求巴解组织支持约旦在和平进程中发挥更大作用。部分原因也是迫不得已,若干议员的死亡使议会面临低于法定人数的危险。下议院重启后,3月12日,在东岸举行补选,并从幸存的议员中竞选出西岸选区新代表,给下议院增添活力。西岸选区议员选举令人沮丧,若干没有多少影响力的哈希姆效忠者被增选到议会。东岸补选则更加激烈,尽管党禁和戒严令依然存在,但补选为东岸提供了政治新风向指针。

超过 100 名候选人参选,竞选东岸 8 个议席。女性第一次在国家选举中投票,50％的女性参加了投票。候选人代表众多观点,几乎包括所有不同的意识形态。发生在安曼的三个选区的竞选可作为一个标杆,它演变成一场三方大战:部落首领巴尔吉斯·哈迪德,具有争议的首相苏莱曼的儿子、左派人士法瑞斯·纳布西和一位前部长的儿子、独立伊斯兰主义者、工程师辛迪加领袖莱斯·斯巴拉特。在安曼的三个选区,斯巴拉特全部赢得胜利;此外,来自穆斯林兄弟会的两位候选人也赢得选举。在补选中,约旦的伊斯兰主义者引导了当时的思想运动。

如果说补选中隐约闪现从全国协商委员会向议会本身交接的可能,那么这个希望很快就被压灭了。尽管新当选的议员们表现活跃,尤其是在反腐败和抨击国家安全机构暴行方面,[30] 政府高层却不乐见议会喧闹。奥贝达特的继任者扎伊德·里法伊就任后,着手通过分裂和拉拢许多议员削弱下议院,[31] 并从总体上压制言论自由。1984 年在莱拉·谢拉夫指导下的新闻自由短期实验迅速终结。他的前辈竞争者巴德兰和奥贝达特同样出自约旦情报部门"莫卡巴拉特",然而与他们相比,生活在大都会,受到哈佛教育的里法伊却是约旦个人自由更大的敌人,这是一个可悲的讽刺,但不完全出乎意料。

用政治投机术语来说,里法伊可能是约旦这个小政治池塘中的大鱼。然而,最后他对国王几乎没有什么帮助。在里法伊从 1985 年 1 月至 1989 年 4 月担任首相期间,国王几乎不大关注国内政治,因为他比以前更专注和平进程和享受国外生活的乐趣。里法伊可能暂时成功地稳定了政局,但王国内问题纷至沓来,特别是腐败加剧和经济恶化,在 1989 年混乱的春天,政局彻底失控。

未实现和平的进程

20 世纪 80 年代的十年间,阿以不断商讨和平计划,但是计划形式虽好,却少有结果。虽然 80 年代是一个令人沮丧的十年,但可以说它是和平进程中必要的政治酝酿阶段。这段时期,以色列继续明显偏向所谓的"约旦方案"。然而,在现实中,如果说以色列是泛约旦主义,但又从不是彻头彻尾的泛约旦主义。它控制西岸,绝不可能把包括东耶路撒冷在内的所有占领土地归还给约旦伙伴,从而也不可能具有必要道德高度与侯赛因国王真正达成和平。鉴于这一现实,以色列与约旦的和平谈判断断续续,最后痛苦地得出结论:除了与巴解组织接触别无选择。

对亚西尔·阿拉法特来说,这十年是一个痛苦的学习过程。他学习到让以色列认可巴解组织为和平伙伴的最好方式是通过约旦,而不是把约旦看作一个完全对立的竞争者。在此期间,侯赛因国王参加了几乎全部的和平进程。即使在进程看上去顺利的时候,国王也像一个躁狂抑郁者,紧张辛苦地活动,而当进程不顺时,国王更容易急躁恼怒,痛苦郁闷,难以沟通。

虽然这十年始于 1981 年 8 月提出阿拉伯可能在谈判成功后集体承认以色列的"法赫德方案",但是 1982 年 6 月以色列入侵黎巴嫩成为和平进程的主要背景,这是以色列政府最后一次尝试用军事手段从地区舞台上铲除巴解组织。它暴露出巴解组织无力对以色列形成军事威胁,后来,巴解组织从黎巴嫩疏散,别无选择只能依靠外交战略。对于侯赛因国王和泛约旦主义者来说,巴解组织遭受挤压,华盛顿试图参与到和平进程新阶段,这样的形势发展显然很有趣。

1982 年 9 月,在巴解组织从贝鲁特迁出后不久,美国公布了"里根方案"。"里根方案"基于两大主张:以色列撤离占领区,但不在撤离的领土上建立巴勒斯坦国家,尽管方案中确实提到了巴勒斯坦人的"合法权利",但却敷衍应付耶路撒冷问题,只提议在西岸建立与约旦联合的

159

自治体制。"里根方案"将约旦置于明显不同的角色,并事先与安曼进行协商。此外,在美国政府的约旦政策背后是一个包括战斗机和导弹的武器交易。不出所料,"里根方案"得到了国王的支持。在以色列,右翼贝京政府对撤军和撤军之后的不确定性感到不满。

阿拉伯国家则提出"菲斯方案"。尴尬于他们对在黎巴嫩的巴勒斯坦人状况无能为力,包括贝鲁特难民营大屠杀,阿拉伯国家政府不允许在他们和巴解组织之间出现太大间隙。因此,借助拉巴特会议确定的原则,他们忽视约旦的作用,强调巴解组织为巴勒斯坦人民的唯一代表。然而,"菲斯方案"确实赞同与以色列直接会谈,但提议会谈在一个由联合国斡旋的国际会议多边支持下进行。"菲斯方案"提出之后,美国倡议的命运就有赖于侯赛因国王是否有能力说服亚西尔·阿拉法特支持约旦在和谈中发挥重要作用。

侯赛因国王努力让难以捉摸的阿拉法特给出确定意见。双方举行会谈,讨论西岸和约旦之间关系的最终性质。讨论集中在联邦和邦联这两个解决方案。双方成立了一个联合委员会,探索巴勒斯坦人参加未来和平谈判的方式。但是随着美国卷入黎巴嫩国内政治的泥潭,未能成功迫使以色列作出让步,特别是在被占领土建设定居点的问题上,甚至同时还增加了每年对犹太国家的援助,"里根方案"前景随之黯淡。同时,"里根方案"提出巴解组织在代表权上作出重大让步,对于仅仅九年前在拉巴特获得大胜的巴解组织,这一要求难以接受。2月,巴勒斯坦全国委员会在阿尔及尔召开会议,正式拒绝了"里根方案"。对于侯赛因国王来说,要么接受阿尔及尔会议对"里根方案"的拒绝,疏远里根政府,要么像萨达特一样孤注一掷单干。虽然他内心可能想赌博,但最终他选择打安全牌,放弃了"里根方案"。

在闲谈中,筋疲力尽而又满腹怨恨的国王透露出他的失望之情。让担心越来越多的巴勒斯坦人从被占领土迁移过来的约旦民族主义者高兴的是,国王承诺"面对西岸和加沙地带事实上被吞并",这一事实"迫使我们采取所有必要的步骤全方位保卫我们的国家安全"。国王推行一系列措施阻止巴勒斯坦人离开西岸。与1988年约旦与西岸脱离

160

相比,这次被称为"小型脱离接触"。然而,到了年底,国王恢复了平衡和对和平进程的兴趣。法塔赫内部激进分子叛乱,把阿拉法特从内部更强硬派的压力中解放出来。约旦和巴解组织可以恢复外交联系,商讨如何继续。1984 年 9 月,在与埃及断绝外交关系的阿拉伯国家中,约旦成为第一个与埃及恢复关系的阿拉伯国家,进一步推动建设性接触。国王现在努力把与以色列单独媾和的埃及重新拉入更广泛的阿拉伯阵营中。王宫传递的消息很明确:与以色列媾和是埃及正确的选择,国王希望仿效这条路线。

1984 年,约旦与巴解组织的关系通过对话逐步回温。11 月,巴解组织选择在安曼召开最新的巴勒斯坦全国委员会会议。在会上,巴解组织重申其政策,即召开所有缔约方参加的国际会议和开始巴勒斯坦建国进程。国王抛开常规,向全国委员会会议提议在土地换和平的原则上,以"约旦—巴解组织方案"推动和平进程,双方成立一个联合谈判小组加快和平进程。从叙利亚的反应可看出双边关系发展之成功。大马士革如此心烦意乱,以致授意变节的巴勒斯坦人阿布·尼达尔暗杀约旦外交官。[32]

约旦和巴解组织愈加密切来往,并在 1985 年 2 月收获成果。双边达成一项和平进程战略协议。威廉·科万特称之为"一个姗姗来迟响应 1982 年里根倡议的新尝试"。[33]双方同意组成一个联合代表团,在国际会议上就以色列归还所有被占领土的问题进行谈判,然后建立一个邦联国家。邦联思想是在阿拉伯联合王国的联邦框架基础上发展而成,它的出现尤为重要。邦联方式证明给阿拉法特和侯赛因国王都提供了便利。对于阿拉法特来说,邦联的定义包括独立建国的概念,这是邦联的基本组成部分;对于国王来说,邦联为他再次参与西岸政治提供合法化渠道。从更广泛的和平进程角度来看,至关重要的是,巴解组织同意接受它在 1983 年阻挠的方案:它愿意接受不完全国家地位;除了在言辞上,它将不再坚持巴解组织是巴勒斯坦人的唯一代表。作为回报,国王同意不再提及没有承认巴勒斯坦人是一个民族的联合国安全理事会第 242 号决议。

161

为了把协议付诸实施,双方决定第一步为:美国会见约旦和巴解组织认可的非巴解组织的巴勒斯坦人组成的联合代表团。但他们在决定代表团人选上争吵不休,浪费了很多时间。随着侯赛因国王恢复与以色列的秘密外交,全国联合政府中的工党领袖西蒙·佩雷斯认为,似乎可能实现和平进程阶段性发展。最后,谈判前的激烈交锋很快演变成暴力事件,特别是在 10 月,巴解组织中的激进分子在地中海劫持了意大利阿基莱·劳罗号游轮,并杀害了一名年长的犹太裔美国乘客。这个事件破坏了气氛,使美国相信巴解组织不配成为和平伙伴,并让国王也相信巴解组织除非接受联合国安全理事会第 242 号决议,否则永远难以信任。随着对巴解组织愈加失望,在和平进程战略协议签署几乎刚好周年之际,侯赛因国王结束和巴解组织的政治协调,表示错过了和平的黄金机会。

之后,泛约旦主义者只能采取一些简陋的办法敷衍塞责,显示他们越来越无力推动和平进程。国王结束与巴解组织的协调,这给巴勒斯坦人提出了挑战,即决定谁应代表他们以及他们未来应采取什么样的政治路线。无论是赌气报复巴解组织还是试图取代它,约旦当局尝试组织一系列自发游行,展示巴勒斯坦各个社区对侯赛因国王的吹捧。巴勒斯坦部落首领、难民领袖和国会议员被迫走到王宫,对国王表示忠诚。不清楚的是,这种传统政治操作是侯赛因的主意还是里法伊设法迎合国王虚荣心。无论出于何人主意,以这样逊色的方式组织人民游行表示效忠反而削弱了效果。

同年晚些时候,约旦试图进一步收紧对西岸的控制,其中包括默许鼓励其前军事情报机构负责人阿塔拉赫·阿塔拉赫在巴解组织内部建立一个不同政见派别,但也徒劳无功。之后,当局宣布西岸地区发展计划,与东岸地区发展计划同时进行。向西岸施予恩惠的尝试碰到的主要问题是约旦政府没有钱。悲催的是,因为意图如此明显,从区域内外,安曼都没有吸引到捐助者。由于巴勒斯坦人中传统的哈希姆支持者被迫保持低调,整个战略很快就适得其反。

尽管时间流逝,国王对巴解组织仍然抱有敌意。这一点在 1987

162

年 4 月显而易见。他与现在因联合政府的轮换而担任以色列外交部长的佩雷斯缔结《伦敦协议》。双方同意召集一次国际会议作为正式全会,在全会上将合法化双边委员会举行的实质性谈判。一个约旦—巴勒斯坦联合代表团将在没有巴解组织参与的情况下,根据联合国安全理事会第 242 号决议对领土的未来进行谈判。最终,因为佩雷斯没有争取到利库德政府伙伴的支持,协议也未获得美国接受,协议未获成功。尽管如此,为《伦敦协议》付出的努力没有白费。协议签订程序代表和平进程走向成熟,尽管它明显倾向于以色列,但将形成马德里进程的基础。马德里进程促使以色列和其邻国于 1991 年至 1993 年间展开谈判。

如果说自从以色列入侵黎巴嫩,侯赛因国王一直在和平进程中引领有关巴勒斯坦领土未来的谈判进程,那么随着 1987 年 12 月第一次巴勒斯坦大起义,他完全失去了控制巴勒斯坦领土未来的能力。起义由加沙一场车祸引发,很快就变成反对以色列占领的政治运动。运动来势汹汹,而且巴勒斯坦人重心从散居地转至领土,阿拉法特和巴解组织几乎别无选择,只能支持大起义。地方和巴解组织领导人汇合让侯赛因国王感到敌意,更糟的是,因为享受与以色列政府的亲密关系,形势转而对国王和泛约旦主义者大为不利。更广泛地讲,形势恶化是在阿尔及尔阿拉伯首脑会议的背景下发生的。阿尔及尔会议加强了巴解组织的地位,特别是承诺向巴解组织提供新基金,而当时通常向约旦王国捐赠的科威特和沙特阿拉伯拒绝继续履行于 1978 年在巴格达作出的十年阿拉伯援助的承诺。国王再次陷入深深的失望中。

中断同西岸的联系

在这个背景下,1988 年 7 月 31 日,侯赛因国王决定中断同约旦河西岸“法律和行政上的联系”。这如同处于下方的赌徒掷骰子,意图能使侯赛因国王相对西岸处境大幅改善。但是这个计划未经深思熟虑,所以也未能实现目的。事实上,这是王国外交决策最糟糕的体现:决

163

策者冲动,特别在巴勒斯坦相关问题上判断失误,并且只咨询少数人,这些人本能推测或只是顺从这样一个长期在位的君主。

实际上,与西岸地区中断联系涉及的一系列措施并不像预想中的那么繁杂:约旦将停止雇用两万或以上的公务员,宗教官员和法官除外;被占领土事务部将被降格;已经奄奄一息的发展计划被正式废弃。一项真正重要的措施是降低西岸地区居民的地位,他们将丧失公民权,只能持有两年期而不是五年期的护照。这是一个防御措施,旨在阻止西岸地区居民向东迁移:这一决定不仅是出于对人口迁移的担心,利库德集团越来越多提起"约旦是巴勒斯坦"这样的论调也令约旦感到不安。

确切理解中断联系意味着什么,这点很重要。这并不是侯赛因国王放弃为约旦夺回西岸的所有抱负的战略决定。作为一位哈希姆成员,这样的举动本是违背了他的思想。事实上,如果那是他的目标,那么侯赛因国王本可以采取其他处理方式,例如,要求国会结束约旦对西岸的名义主权,或者接下来在适当情况下修改宪法。国王没有采取任何一个这样的举动,而是在他解散议会后翌日才中断与西岸的联系。这不是一个错误或疏忽,因为约两周前,侯赛因已向他信任的外国大使提前知会他的意图。

164 此外,此举也不是为了把领土交还给巴解组织管理;它体现了体育精神,承认最适合的人选赢了,那人是阿拉法特。但它更具有策略性,是仍然存在的阿拉法特和侯赛因之间仇恨的产物。国王无意让过渡顺利。相反,他有意设一个陷阱,把一个"毒圣杯"交给巴解组织,[34]预计巴解组织不能承担西岸这个负担,那样巴勒斯坦人将别无选择,只能重新寻求他的领导。侯赛因这样闹别扭的处理方式减少了改善更广泛的区域关系和改善约旦在阿拉伯公众舆论中声誉的可能性。

侯赛因国王过去可能认为,这种可能性可能存在,此时,它恰恰证明了他和外约旦人多么拒绝相信这个可能性已经微乎其微。现实是,一切都完了。国王无意给巴解组织在西岸拥有所有权的机会,但实际

上这将会发生。虽然这个过程不会很漂亮,巴解组织将继续争取成为
西岸地区的政府。虽然国王无意结束对西岸的主权,但他的所作所为
导致了这一结果。

第八章　侯赛因的选择

侯赛因国王人生中最后十年是其一生中国内和邻国的多事之秋，时局充满变数，暗流汹涌。时局动荡始于经济几乎陷于崩溃，包括第纳尔暴跌，债务拖欠剧增，导致国际货币基金组织对约旦经济进行长达十年的监管。经济结构调整引发暴乱，但不是巴勒斯坦人暴乱，而是来自东岸腹地。突然间，政权政治基础显得如此脆弱不堪。国王努力跟上形势发展，允许在国内进行自由改革，以缓和经济紧缩困境。

约旦刚恢复国会多元化，伊拉克就入侵科威特。约旦这个弹丸之国再一次被地区政治风云左右。大量难民滞留积压，因其在调停中有失偏颇，请求被美国傲慢回绝，领土又易受导弹攻击，这些使王国岌岌可危。最终，王国侥幸逃脱灾难。由于阿以和平进程再次取得进展，民众和王室对伊拉克本能的同情迅速得到谅解。尽管马德里会议和双边和平进程收效甚微，但却为巴以双边关系在奥斯陆取得突破性进展提供了平台。至关重要的是，阿拉法特提出秘密单边会谈，解脱了侯赛因对巴勒斯坦的义务。在癌症阴影的笼罩下，侯赛因抓住时机，在仅仅一年多后就和以色列达成和平条约。约旦自由化进程为随后的邦交正常化努力付出了代价。

在其统治后半段获得一个主要成就之后，国王只需操心王位继承问题。最后，王位继承混乱纷呈，在大庭广众之下，如同一场炫目的美

国风格的肥皂剧。如同他晚年时在约旦经常得心应手,一切正如侯赛
因所愿,他下令废黜其弟王储头衔,让其长子重新掌权,背后是新王储,
侯赛因最喜爱的儿子 18 岁的哈姆扎。哈姆扎和其父亲 1953 年回国正
式继任王位时具有离奇的、令人不安的相似性。至此,所有工作已完
成,侯赛因可以放心离开了,虽然有些为时过早。

约旦崩溃

1988 年和 1989 年两年,约旦灾难重重。主要因自身原因,国家经
济碰壁,导致明显政治后果。1988 年,一直被视为国家力量象征的约
旦货币第纳尔经历了两起激烈动荡。从 4 月至 10 月,货币贬值 23%。
第二年年初,王国别无选择只能在其建国历史上首次拖欠外债。[1]一旦
实情最终被公布于众,形势严峻一目了然:以人均计算,约旦是世界上
最大的债务国。按照国际对债务拖欠的处理惯例,约旦被施以一系列
相关措施,从国际货币基金组织要求还清贷款,到通过巴黎和伦敦俱乐
部多边债权人重新调整双边和商业债务偿债期限。1989 年 4 月出台
的愚笨措施引发当月暴乱。阿迪巴·曼果在对这一时期的约旦政治的
评论中写道,王国陷于"动摇政权核心的"危机漩涡之中。[2]

这些灾难起源于在 20 世纪 80 年代大部分时期实行的被称为"雷
克进程"的政府经济政策。70 年代,外部经济对公共和私人开支的重
要性急剧增长,这本应该使安曼对境外经济变化感到敏感。伊朗革命
后高涨的石油价格回落,两伊战争打响以及 1982 年发生的黎巴嫩冲突
终结了区域繁荣。对约旦的直接影响在 1983 年变得清晰。该年年底,
从科威特和沙特阿拉伯的转账包括在内,仅有约 45% 在巴格达阿拉伯
首脑会议上允诺的阿拉伯援助到位,相当于约 5.5 亿美元。

几届安曼政府都完全忽视了外部经济财富明显下降。从 1983 年
至 1988 年,每一年安曼政府都尽量避免紧缩性预算政策,选择增加货
币支出。这反映出几届政府都极不情愿以裁员或降低主要是外约旦公
共部门薪水的方式渡过经济困难。毕竟,政府由约旦人主宰,公共部门
是其基石。政府不肯直面经济下滑,仍然保留自 70 年代中期以来发放

的系列政府补贴。从 1985 年开始的私有化承诺有名无实,很难转变为实际改革。[3]不像经济状况所示,经济没有收缩,反而继续扩张,以政府服务带动经济增长。

表5　约旦不断恶化的政府预算(百万第纳尔)

年份	预算赤字 (除去外国贷款)	赤字(除去贷款)占国内 生产总值百分比(%)
1979	85.1	12.7
1980	109.7	12.3
1981	106.4	10.2
1982	103.6	8.9
1983	76.6	6.2
1984	164.6	12.5
1085	201.5	14.5
1986	235.7	16.8
1987	159.1	11.0
1988	388.3	26.8

来源:约旦中央银行,《年度统计公报》(1964—1989)以及作者计算。

政府也通过减少国家外汇储备[4]和借债应付当时经济状况。借债范围从双边和多边借贷机构的政党软资金到欧元市场上商业利率贷款。例如,1983、1984 和 1985 年,约旦政府分别举借了 2.25 亿、1.5 亿和 2.15 亿美元外债,借款只能用于预算支持,不能用来增值以偿还贷款,更不用说用于进一步扩张。每笔贷款都有宽限期,政府明知这样会增加麻烦,债务会迅速堆积到约旦这样规模的经济体难以偿还的地步。1989 年财政年度,正好在拖欠债款之前,2.1 亿第纳尔还款被用于支付王国内债和外债的利息,占总支出的 20%。随后揭示,1989 年和 1990 年,约旦债务高达 12 亿美元。

这种失职行为没有成功保护约旦免于经济衰退。约旦开始为其不受控制的人口增长以及再次出现的严峻的结构性失业付出代价,人均收入降低。失业率不断上升,专业人士也受到影响。如医生和工程师这样颇负名望的职业也出现了供过于求。[5]生活水平不断下降,约旦仍依赖亲族社会传统方式处理问题,担心侨汇减少,于是展开越来越多的取缔非法外籍劳工的行动,减少他们的劳工市场份额。金融机构开始纷纷倒闭,最先从外币兑换点开始,[6]然后随着不良贷款曝光,扩展到商业银行[7]。

　　20世纪80年代中期不负责任的财政行为可从三方面解释。第一,自建国以来,王国一直实行地租经济,效果迄今为止还算是不错。这导致错觉,以为超出国家经济水平线生活是常态,符合经济结构和状况,而不是一种新的危险发展模式。这也解释了为什么债务拖欠刚开始时,即使当时王国没有任何其他现实的解决方法,国王和首相都不情愿向国际货币基金组织求助。

　　第二,整个80年代,不仅在阿拉伯石油生产国之间,而且在范围更广的烃行业中,都以为油价迟早会恢复,70年代末和80年代初期的收入曲线将会重现,重振地区经济。他们固执地期待奇迹出现,油价反弹,甚至在1986年油价崩溃时也认为其不值一虑。

　　第三,由于不透明的公共财政和秘密文化,王国内普遍不知道状况有多糟糕。外债最能说明这一点。[8]许多负有大量由政府担保的债务的公共部门的活动,如国有航空公司的活动,不包括在预算中。除了部分外债被隐藏起来,王国合计外债的方法也不清晰明了。另外,约旦军事债务极度不透明。以国家安全为由,不透明制度使约旦军事合同中的回扣和瞒报不为人知。不仅约旦,阿拉伯其他地区亦如此。国王有条件知道问题的严重性,但对此话题却完全不感兴趣,毫不过问。

169

　　80年代后期,在约旦决策分工中,国王把工作中心放在外交上,并且日渐发展到只关注外交领域。最终,以首相扎伊德·里法伊为首的一个小集团试图阻挡这不可避免之势。其中包括被其任命为中央银行副行长的妹夫马赫·舒克日。他们秘密售卖35万盎司的黄金,占王国三分之一的黄金储备,试图获取时间延缓经济崩溃,但一切徒劳无益。[9]

　　即使在1989年2月事情已经完全泄露之后,侯赛因国王仍不愿解雇里法伊。随后,出现一番不同情景。已经任职财政部长五年的哈纳·欧德带领约旦团队和国际货币基金组织谈判。两者之间很快达成一项协议。在协议中,基金组织和世界银行答应约旦要求,分别延长一项备用信贷和一项贷款以方便调整偿款计划。双边还同意协议的短期目标是削减预算赤字。为此,里法伊政府采取一系列大幅度提价措施。尽管政府允诺主要粮食产品不会被波及,但财政紧缩方案在实施过程中管理非常不善。

在此背景下,4月18日暴乱爆发。首先参与暴乱的是南部城市马安的出租车司机。他们要求提高运费以应付上涨的石油价格,但被拒绝了。骚乱迅速席卷整个马安,然后向南部地区其他东岸城镇蔓延,如卡拉克、舒巴克和塔菲拉。南部是王国经济发展最为落后的地区之一。一周后,距离首都安曼10英里的萨尔特爆发骚乱。抗议者冲击政府办公室这样的政府象征。外约旦人宣泄他们对生活水准突然意外下降感到的愤怒和痛苦。安曼,这座巴勒斯坦人占据主要人口的城市,在混乱中保持着安静。在巴解组织的呼吁下,巴勒斯坦地区总体上表现得非常克制。巴解组织不希望族裔之间紧张气氛模糊了抗议的中心议题。至少八位民众死于骚乱。

除了抗议物价攀升和生活水准的普遍下降,民众的不满主要针对里法伊政府,指控里法伊政府专权腐败。抗议者隐晦地抱怨国王已和民意脱节,尽管这不代表着直接挑战政权。因为缺乏社会抗议机制,部落和社区领袖以及专业人士协会领袖带头表达抗议者要求。要求包括:内阁辞职、取消紧缩措施、惩治腐败官员、举行全国大选、允许更多的政治自由和新闻自由。除了取消紧缩措施和惩治腐败,其他方面要求都得以满足。

骚乱爆发后,侯赛因国王很迟才恢复一些以往的活力。他取消了对美国余下的访问,回到安曼后立马罢免了里法伊,任命一位远亲表弟谢里夫·扎伊德·本·沙克尔接任首相职位,监管过渡政府。直到1988年12月,谢里夫·沙克尔一直担任王国的最高军事首领,这说明国王不允许在法治上作任何让步。然而,为了平衡,国王要求新任首相给王国政治生活重新注入活力,作为对物价高涨不落的一种补偿。

侯赛因最终跟上了民意。国王随后勤快地走访多个东岸偏远地区,让人回想到50年代时年轻的侯赛因。之后,国王悄悄地撤去一些受到极为严重腐败指控的官员的职位,如警察局长,甚至他喜欢的国有航空公司的主席和行政总裁,这显示国王终于了解到危机有多深了。

为解决财政紧缩实施自由化

过去20年来,缺乏真正有效的审查和问责机制使得领导层忘乎所以;现在,为了控制事态发展,领导层被迫孤注一掷地尝试,宣布在约旦恢复参与型政府。用一位反对党成员的话说,人们一致认为国王"光说光计划不做"[10]。为推动恢复多元政治,国王不仅仅回应了骚乱者的要求,而且也回应了许多东岸民众的呼声。自从20世纪70年代以来,东岸一直为政党合法化而努力。事实上,政治领袖们,如苏莱曼·阿拉尔(选举后成为首任议会议长)和贾马尔·沙伊尔,已经尝试着建立新生政党,如阿拉伯宪章党(ACP)和民主统一协会,以期促进更大自由。1993年,在对事态发展重新取得控制后,国王最终决定暂停进一步政治自由化,作出和以色列签订和平条约的战略决定。

1989年11月8日,大选如期举行。[11]国民议会大幅度变革,席位从60个扩大到80个,取消西岸专门席位。不管是1974年在拉巴特召开的阿拉伯国家首脑会议之后还是在1988年行政、立法分立时,约旦都没有停止国会作为西岸的代表机构,从这可看出东岸危机的严重性。哈希姆家族在西岸推行战略性撤退以确保他们在东岸的生存。随着里法伊名誉扫地,外约旦坚持自我权利,议会变革标志着约旦民族主义的一场重要胜利。议会中东岸席位增加,为国家的政治精英增加了机会,有650位候选人踊跃参选。

大体上自由公正的大选对于伊斯兰主义者无疑是一场胜利。他们预计将会获选7至15个席位,[12]事实上,34位成功的竞选者被认为是不同教派的伊斯兰主义者。随着当权者放宽禁止被禁党派成员参选的条款,在最大的伊斯兰组织穆斯林兄弟会的26名候选人中,20名成功当选。伊斯兰主义者愿意遵守规则参与政治自由化进程,这让许多评论者印象深刻。美国中东专家格莱恩·罗宾逊甚至形容他们为"有能力的民主主义者"[13]。反对党赢得另外 10 个议席,包括 6 位民族主义者和 4 位左翼,从中可见抗议强烈程度。经济话题和腐败成为竞选的两大话题,抗议者把票投给非现政权的代表。在余下的 36 个议席中,22 个为部落代表所掌控。然后,不同团体的议员开始在议会内部联合形成广泛但无太多规则约束的不同意识形态派系。[14]

172   选举过后,国王马上又对政府进行变革,任命里法伊的仇敌、经验丰富的穆达尔·巴德兰为首相。一些人对国王在这个加速开放的年代没有选择一位更加年轻、更自由主义的人士担任首相管理国家表示失望。然而,他们很快就意识到国王的反逻辑:正是因为他认识到需要继续实行改革开放战略,他才任命一位年长、更保守的人士,一个他有信心在放宽政治制度的同时不会在政权安全上作出根本让步的人士。

在之前的大赦中,于前一年春天骚乱中被逮捕的人士已被释放。谢里夫·扎伊德政府又释放另外 80 名政治犯。以此为基础,巴德兰努力争取从可能抱有敌意的下议院获取信任票,这解释了他为什么在其政府中吸纳了 10 位议员。他的初期改革废除了一系列镇压措施,包括:取消之前因国内令人不快的政治活动而颁布的国外旅行禁令[15],废除对一些国内新闻记者的写作禁令,放宽对约旦报界的约束,[16]解禁约旦作家协会。

这些让步还不足以确保获得下议院的信任票。巴德兰参加了三天的激烈辩论。辩论中议员对他过去的执政经历提出批评,尤其是 1980 年至 1984 年间经济管理方面。为了获得信任票,巴德兰被迫接受比他最初预计严厉得多的盘问,接受不少持反对声音的人士的纲领。政权仍然未恢复对事态的控制。巴德兰同意修改或废除许多酷法,使安全部门更加透明,并允诺腐败调查将不会像以前一样束手束脚。

巴德兰兑现了他的一半诺言。政府新一轮释放政治犯,包括 1989 年前被逮捕入狱的和服长役的政治犯。首相颁布指令,终止秘密警察对公共部门雇员进行审查。他也颁布命令,恢复因为从事政治活动而被解雇的公务员的职务。这些举措获得了公众赞许,尤其是获得了国际特赦组织的肯定。

在其他方面,巴德兰则不大有作为,尤其在腐败问题上。在国会上,巴德兰因政府腐败问题遭受议员的猛烈抨击,他回应将加强反腐力度。他指令公共检察官调查九起涉及众多前官员的腐败案,包括售卖国家黄金储备、大型进口招标和大型公共项目定标。至于是否对他们进行起诉令人怀疑,因为那些最初追查的案件只是冰山一角。委婉地说,民众普遍认为腐败触及最顶层。然而,伊拉克入侵科威特把政府从两难中解脱出来,反腐问题就此被搁置起来。在 1991 年 1 月中旬海湾北部地区战争爆发之前,巴德兰以缺乏起诉的法律依据为由,宣布撤销一些最具有争议的案子。当时约旦公众注意力都在伊拉克危机上,因此巴德兰在腐败问题上出尔反尔并没有激起太多抗议。在决定终止审理的案件中包括售卖黄金储备案。其他的案件即使被告上法庭,诉讼全部告败。巴德兰成功地化解了曾一度被认为是随时可能引爆的问题。

巴德兰政府的另一大政治贡献是着手削弱穆斯林兄弟会的威胁。在被任命为首相后,巴德兰立即开始和兄弟会谈判,希望兄弟会加入政府。当谈判陷入僵局,巴德兰把 3 位独立伊斯兰主义者议员纳入内阁。年底时,巴德兰恢复和穆斯林兄弟会谈判,把 5 位兄弟会成员(和 2 位独立伊斯兰主义者)纳入其改组后多达 25 位成员的内阁。在海湾战争爆发前拓宽政府基础是非常明智的。为此,在部长位置上付出的代价并不大,穆斯林兄弟会成员仅占据教育和卫生部这两个支出庞大的部门的部长职位。这或是巧合或是出于精心设计,让兄弟会成员担任教育部长是一个非常精明的举措,尽管社会普遍担心兄弟会成员会借此大肆招募伊斯兰主义者积极活动分子担任教师或教育行政官员。新任教育部长阿卜杜拉·阿凯利赫[17]规定禁止在校女生的父亲参加集体体育运动,为此遭致广泛批评,批评其专横狭隘,使兄弟会丧失了部分民众对它的广泛尊敬。穆斯林兄弟会享受了不到六个月的有限权力的果实,就随着巴德兰政府在来年 6 月的倒台而丧失了大量职位。

173

174

国民宪章

在推进政治自由化进程的同时,约旦也在王宫的提议下制定《国民宪章》。此项提议是国王对 1989 年 4 月骚乱的紧急对策之一,原本目的是为王国顺利过渡到享有更大自由的政治体制提供一个政治框架。许多人担心它会成为国王用来拖延争取时间的工具,从而实际阻碍更大的政治开放和参与。漫长的制宪准备似乎印证了这个怀疑。60 人的宪章起草委员会成立后,直到 1991 年 12 月才结束审议。

然而,事实上,《国民宪章》不仅没有阻碍政治自由化进程,反而成为极具意义的文件。可以说,其最大意义在于确定国王推进更大政治自由的步骤措施。宪章核心的基本规定是,国王应允许完全恢复政党多元化、民主和参与型政治。反过来,作为回报,全国人民将同意:第一,承认约旦为合法的领土所属国;第二,承认约旦为哈希姆君主制国家,侯赛因国王为国家合法元首。简而言之,宪章试图超越 50 年代遗留下来的对政府与政权挥之不去的矛盾。这也反映出国王再次产生不安全感。

侯赛因国王试图通过两种程序确保宪章在约旦获得普遍合法性。第一是任命不同政治党派的官员起草宪章。通过这种方式,国王再次施展他在建立全国协商委员会时使用的非常成功的手段。国王任命廉洁正直但与其并不和睦的艾哈迈德·奥贝达特为起草委员会负责人,这一任命大大增加了制宪可信度。第二是宪章最终通过的方式:2 000 名来自诸如部落和专业人士协会这样的传统和现代社会组织的代表组成人民大会,以人民公告的形式对宪章表示认可。

这一过程不是没有危机。虽然仅有少数不同意宪章提议,但有不少人质疑制宪程序。一些人推崇 1952 年约旦宪法,认为该宪法已为政治系统提供了全面的规范基础。许多和国民议会相关者并不欢迎宪章。也许这毫不意外,因为在宪章起草和通过过程中,国会基本被靠边站。这样的抱怨不是毫无根据。当年秋,国王再次使用批准宪章时的程序,绕开反对党占大多数、抱有潜在敌意的国民议会,使约旦参加在马德里召开的一次国际会议合法化。1991 年 6 月 9 日,临时国民会议适时召开并通过宪章。

之后很短一段时间,约旦经历了最迅猛的自由化和民主化发展。宪章为政党合法化铺平了道路,最终于 1992 年 9 月形成法典。从此,政党之间竞争成为经普选产生的下议院的主导力量。当然,仅此还不能产生一个完全民主的系统。侯赛因国王没有义务选择国会最大党的领袖组建政府,而是由经任命产生的上议院对经选举产生的下议院进行机构审核。在这些幕后,没有推行任何有效措施改善情报机构——约旦情报总局——的审核和问责制度。然而,相对 1989 年以前的制度而言,这已是一个巨大的进步,使王国成为阿拉伯世界中政治自由化的龙头之一。新合法化的政党受到一定限制,如被禁止创建准军事派系。最大的限制是任何政党都不可接受外国财政支持或和外国有联系,以及政党领导人必须是约旦人。国王保留一丝谨慎,没有忘记 50 年代遭受跨国政党带来的痛苦经历。

随着被期待已久的宪章最终正式通过,20 个左右的政党按照法律要求在内务部正式登记,虽然之后随着制度整合有些政党合并。[18]可以说,穆斯林兄弟会(新成立的伊斯兰行动阵线的支柱)是王国唯一的大众政党;精英政党,如阿拉伯宪章党占据政治权力的中心;一众细碎政党主要在左翼阵营中。在之后推行的进一步措施中,最具有标志性意义的是 7 月 7 日自 1967 年以来实行的戒严法被废除。戒严法被用于很多场合,甚至扩展到起诉店主违反物价控制。

伊拉克—科威特危机

虽然国内存在众多纷扰,1989 年,约旦外交顺风顺水,特别是就其中心目标而言。一方面,约旦坚持不懈地让埃及重回阿拉伯世界的外交努力获得成果。1989 年 5 月,阿拉伯国家首脑会议在卡萨布兰卡召开。在会上,开罗受到热烈欢迎重新融入阿拉伯国家,阿盟总部回到原来在开罗的家。另一方面,两伊战争现已结束,约旦可以期待与伊拉克发展关系。在前一年的 8 月,伊拉克归还缴获的武器,以此作为公开礼

176

物,就印证了持久的安曼—巴格达轴心。约旦以外交作为回报,例如,拒绝指控伊拉克对国内库尔德人使用了化学武器,这是一个小国追随像伊拉克这样的国家付出的代价。

1989 年 2 月,随着一个新的次区域组织——阿拉伯合作委员会(阿和会)[19]——宣告成立,侯赛因国王的埃及和伊拉克战略似乎找到了一个愉快的结合点。阿和会成员包括埃及、伊拉克、约旦和北也门(随后不久与南部的也门民主人民共和国合并)四国,具有不小的人口规模和强大的军事实力。从经济角度来看,情况则完全不同。阿和会看上去是债务国、欠发达国和遭受战争破坏的国家的组合。

阿和会对约旦至少有三大吸引力。第一,它巩固了与伊拉克的经济关系,这使王国享有优势,无论何时等其外汇充盈时即可开始参加邻国重建。第二,在与以色列对峙的紧张时刻,阿和会暗暗把埃及和伊拉克拉在约旦背后。约以关系紧张的起因是大约 80 万苏联犹太人移居以色列。由于担心他们将会在西岸定居,导致更多巴勒斯坦人迁至约旦,国王利用里法伊和大马士革的良好关系,想把叙利亚拉进新成立的组织中,扩大遏制战略范围。第三,当时猜测四起,以为被占区最终会与约旦建立邦联关系;阿和会可以让巴勒斯坦的政治实体在将来成为其中一员,就此可以回避让约旦最不舒服的话题。

阿合会似乎是约旦一个有吸引力的新起点,国王似乎没有考虑太多新组织对区域的潜在破坏性。沙特担心被包围,叙利亚担心被进一步孤立,以色列则担心形成一个新的阿拉伯对抗阵线。结果,不到 18个月,国王极力促成的阿合会即宣告解散。这一结果是阿合会破坏区域稳定的最大证明。

令人非常担忧的是,鉴于他与萨达姆·侯赛因广为人知的亲密关系,国王似乎看不到伊拉克外交和安全政策走势。无疑,从战略角度,对于急于在近十年战略东移后重申其在阿拉伯世界中地位的伊拉克,阿合会极具吸引力。然而,伊拉克不像安曼所期待的那样加强约旦相对以色列的安全,反而因其日益高调,效果适得其反。1989 夏,伊拉克幻影战斗机沿约旦河谷飞行;1990 年 2 月,双方可能创建一个联合空军中队(即使因为约旦资金贫乏,只是出于训练目的);同月,伊拉克总统借阿合会在安曼召开首脑会议之机抨击美国在海湾部署军事力量以及美国与以色列的关系;1990 年 4 月 2 日,萨达姆威胁"将烧毁以色列一半国土",不管何种行为,这些都加剧了紧张局势,增加了约以之间的不确定性。显然,尽管与巴格达有着良好联系,但侯赛因国王依然对巴格达影响甚微。除了充当萨达姆的辩护者,侯赛因国王几乎没有什么作用。1990 年 3 月,伊拉克处死英国记者法扎德·巴佐夫特,侯赛因国王为萨达姆辩护。如果说在 1989 年和 1990 年,萨达姆是一个无制导导弹,侯赛因国王则未能成功给他安上制导系统。

鉴于两者之间的不平衡关系,侯赛因国王不大可能提前知道萨达姆意图于 1990 年 8 月 2 日入侵科威特。入侵前夕,侯赛因国王访问了伊拉克和科威特两国,回国之后表现得也不紧张忙乱。[20]实际上,约旦两大阿拉伯日报之一甚至暗示争议极有可能得到和平解决。[21]沙特并不认为约旦在入侵事件中扮演了仁爱角色。它认为入侵科威特是阿合会阴谋把沙特的汉志地区归还给约旦哈希姆,把阿西尔省归还给也门的一个关键部分。约旦—沙特关系急剧恶化,双边关系退回到 20 世纪 50 年代前充满敌对和公开竞争的时期。

伊拉克入侵科威特后,出于本能反应侯赛因国王立刻着手两件事:宣布该问题是阿拉伯内部问题,并且试图调停。在过去的阿拉伯内部事件中,调停屡试不爽。侯赛因国王使约旦在区域内具有外交分量。凭借其娴熟的外交手腕,国王与交战双方政权都保持良好关系,否则交战双方会坚持让他在两者之间作出选择。[22]但是,如美国中东问题专家安娜·莫斯利·莱施所总结的,几乎从一开始,国王"不愿和萨达姆疏远,这削弱了他作为调解人的资信"。[23]在资深约旦研究学者、以色列历史学家乌利尔·达恩看来,形势更为分明:"侯赛因国王站出来支持萨达姆·侯赛因,为其入侵科威特辩护。"[24]

只要巴格达坚持声称其军事干预旨在协助科威特境内的进步力量而不是兼并科威特,因此是可取消的,只要阿拉伯世界没有迅速四分五裂,那么国王坚持进行调停达成一个阿拉伯解决方案是行得通的。然而 8 月 8 日,伊拉克宣布正式吞并科威特,8 月 10 日,在开罗召开的阿拉伯国家首脑会议赞同派遣一支泛阿拉伯部队保护沙特阿拉伯,[25] 侯赛因国王的提议宣告失败。

国王若谨慎行事,应在政治上保持低调,在国内悄悄加入联合国制裁伊拉克决议的冗长名单中,在实务上,集中精力处理危机的直接后果,特别是超过 50 万伊拉克和科威特人逃离家园涌入约旦。然而,在现实中,他忍不住插手反而让事态进一步恶化。如同亚西尔·阿拉法特,他似乎无法也不愿意和昔日伙伴保持距离。约旦反对伊拉克吞并科威特并继续承认埃米尔政权,这是事实,但是安曼同时也模棱两可,拒绝谴责伊拉克入侵;相反,安曼重申对规定不得使用武力获得领土的阿拉伯联盟宪章的承诺。事实上,通过选择这样的言辞,约旦还提及联合国第 242 号决议以及决议的关注重点——以色列占领巴勒斯坦人的土地。为应付美国,萨达姆也试图扯上联合国第 242 号决议。另外,约旦以要求联合国澄清为由拖延时间,迟迟没有执行联合国对伊拉克的禁运。[26] 随后,国王坚称要避免战争,此番言辞本身充满问题,因为这样将巩固巴格达的武力所得。

与此同时,国王称美国对伊拉克禁运是"禁止对话",并称以色列在实施巨大阴谋。其情绪化的言辞越来越慷慨激昂和不明智。侯赛因越来越言不着调,甚至招致了传统朋友的强烈反对。在英国,受侯赛因尊敬的玛格丽特·撒切尔对此严厉批评;在美国,布什总统默默地冷落了国王;以色列平静但坚定地重申若伊拉克部队开进约旦领土,将被视为开战理由。在阿拉伯世界,侯赛因国王与"人微言轻"的利比亚、巴解组织和也门为伍,成为拒绝加入国际联盟的少数边缘派。

国内是几乎唯一支持侯赛因国王路线的地方,包括过去十多年来从与伊拉克良好关系中获益良多的外约旦人以及被萨达姆展示的表面强大领导力所迷惑的在约旦的巴勒斯坦人。至少在国内,国王沉着稳健:海湾北部战争爆发之前,他就批准成立了人民民兵,15 万约旦人接受了基本训练;他允许各派举行示威活动,不管是伊斯兰主义者还是左派,以疏导民意;他悄悄和 20 年前曾经试图推翻他的统治的"解放巴勒斯坦人民阵线"与"解放巴勒斯坦民主阵线"重建联系。在 1989 年 4 月骚乱后,他可能只是默认的国王,到 1991 年年初,侯赛因国王受到臣民忘乎所以的奉承。

侯赛因国王一直坚持调停立场,直到 1991 年 1 月战争已无法避免。伊拉克认为侯赛因国王无能为力,国际联盟觉得侯赛因国王让人恼怒。在王国之外,可能只有国王认为他的立场是不偏不倚的。在战争爆发前夕,侯赛因恢复了一些平衡,警告邻国约旦将捍卫领土和领空安全,禁止"任何一方"入侵,这就是说,伊拉克也包括在内。1991 年 1 月 16 日,国际联盟对伊拉克发动袭击,约旦对此表示谴责。言辞上,侯赛因国王对以美国为首发动的战争发表越来越慷慨激昂的批评。然而,实际上,约旦按兵不动,庆幸未被卷入之后的攻击当中,保持毫发无损。

即使在战争结束伊拉克军队被逐出科威特以后,约旦似乎仍不愿意跟上形势。约旦官方出版了一份"白皮书",维护其在伊拉克—科威特危机期间行为的合理性,此举完全没有必要地惹恼了已在阿拉伯世界完全恢复老大哥地位的埃及。[27]约旦对执行联合国对伊拉克的制裁也是模棱两可,这一态度激怒了美国,于是费时费力地检查一切开往亚喀巴港的船只,进行海上封锁和拦截。

与伊拉克"决裂"

尽管在海湾危机期间,侯赛因国王"近乎固执己见"地倾向伊拉克,伊拉克入侵科威特还是破坏了两位领导人之间的亲密个人关系。很明显,侯赛因对萨达姆发动侵略感到失望。在危机爆发之初和中期,侯赛因国王曾访问巴格达,帮助说服伊拉克领导人释放余下的外国人质"客人"。然而,从此以后,访问结束了。两人没有反目,但开始疏远彼此。

这并不意味着伊拉克—约旦关系也随之结束。相反,在 1991 至 1996 年制裁影响最深的时期,约旦成为伊拉克通向世界的渠道。不在禁运之列的人道主义物品通过亚喀巴港运往伊拉克。通往安曼的陆路是伊拉克官员通向外界的唯一道路。约 30 万伊拉克公民搬到约旦寻找工作。这样的群体为情报工作和破坏制裁的行为提供了极好的掩护。王国也得益于双方持续往来。联合国承认约旦特别需要伊拉克石油,允许伊拉克向约旦出口石油。石油贸易大大推动了约旦私营企业互惠出口的发展。这种经济共生使约旦国内滋生支持伊拉克的游说团体,即使是在伊拉克经济最低点的 1991 年。

在 1995 至 1996 年间,两国关系遭遇重大挫折。伊拉克政权最高级成员之一的萨达姆·侯赛因表亲及女婿侯赛因·卡迈勒·哈桑·阿尔-马吉德在和伊拉克总统长子乌代闹僵之后,叛逃约旦。侯赛因·卡迈勒试图把自己重塑为伊拉克反对派的公认领导人和总统替代人选。最初,侯赛因国王欢迎侯赛因·卡迈勒,为其提供政治避难,并且似乎支持他的野心。毫无疑问,国王借此唤醒哈希姆在伊拉克的野心。[28]有些难以置信地,国王利用侯赛因·卡迈勒叛逃和对伊拉克政权的"揭露",对伊拉克过往行径嗤之以鼻,确定和巴格达保持现在已拉开的一定距离。他也开始用隐晦字眼提及未来伊拉克可能的新时代,和更广泛的伊拉克反对派运动建立联系,并任命著名的反伊拉克人士阿卜杜勒·卡里姆·卡巴里提为新一任首相。在这段时期,两国关系虽然明显磕磕绊绊,但从未真正决裂。

约旦的新伊拉克战略可能出现得快,去得也快。随着更广泛的伊拉克反对派拒绝认可一个他们认为手上仍然血迹斑斑的人,国王与侯赛因·卡迈勒的关系迅速降温。现在侯赛因·卡迈勒对国王来说是一个尴尬的存在,在安曼实际上显然跟囚犯无异。他被说服返回巴格达,随后在 1996 年 2 月被伊拉克政权亲信所处决。他的死亡虽然只有象征意义的重要性,但似乎表明在巴格达进行政权更迭的时机已逝。侯赛因国王也没有更直接地帮助到自己的事业。安曼提出在未来建立联邦伊拉克,这一提议受到伊拉克主流社会的冷遇,认为这无异于诱导分裂。约旦允许一个主要的伊拉克反对团体伊拉克民族团结阵线在安曼开设办事处,但该团体活动非常低调。

到 1996 年 4 月,侯赛因国王已经向伊拉克采取了一种新的和解方法。原因似乎是巴格达接受联合国第 986 号决议,即所谓的"石油换食物"决议。该决议允许伊拉克出口大量原油以换取进口"人道主义物品",比如食品和药品。这是促进双边贸易的一个现实机会,而且伊拉克也可能转向别处采购,国王悄悄地完全改变了他之前八个月的政策。

结构调整

经济因素是与伊拉克保持关系的中心,这说明了90年代约旦的贫 182
困境地以及外交政策和对外经济政策之间的紧密联系。1988 年
至 1991 年间,第纳尔贬值一半,约旦人生活水准降低约三分之一。失
业率超过 30%。公务员被冻结薪金。公共部门削减招募。王国接连
不断地推迟债务还款,巨大的债务又影响了新的经济投资。虽然 30 万
左右从科威特回来的归国者在房地产、零售和建筑行业进行投资,暂时
刺激了经济,但经济推动影响主要集中在安曼,没有扩展到农村地区。
到 20 世纪 90 年代中期,这种经济推动影响已经走完,约旦经济再次丧
失生气。

整个 90 年代,约旦经济政策由国际货币基金组织主导。1989 年,
国际货币基金组织初次进入约旦,但是其影响很快被海湾危机的直接
经济后果所取代。1991 年 10 月,双方恢复关系,签订了一个七年协
议,之后协议延长,开始长期又痛苦的结构调整,停止过去几年的挥霍
浪费和不负责任的宏观经济政策。新协议的主要目标是典型的国际货
币基金组织方案,为了削减预算赤字,削减公共开支,减少个人消费,增
加政府收入中国内收入部分,抑制通货膨胀,减少国内借贷和国外举
债,以及增加外币储备。该协议旨在达到更快但可持续地增长,提高宏
观经济稳定性,消除经济中的许多扭曲,创造一个可提供更低廉更有效
服务的环境。

尽管约旦经济处于不利地位,基金组织对王国实际政策的影响比
想象的更缓慢、更谨慎、更有限。部分原因可能是由于幕后,尤其是美
国,对国际金融机构的政治影响,特别是为了促进约旦合作,使其参与
和平进程。它也部分反映了国际金融机构与历届约旦政府之间的相互
迁就的关系;凭此,约旦政府将最终以不会危及国内政治稳定的方式和

步伐满足国际金融机构的基本条件。结果,约旦进行了有限私有化,但是在电信和水泥生产等领域,国家继续占有多数股权,而转卖国有航空公司的过程痛苦而缓慢。约旦也改变了政府监督结构,特别是在水电部门中,但也是在世界银行的催促下缓慢进行,无论是通过资产出让获得一次性的资本注入,还是通过征收全国销售税,国库获得谨慎的成功。由于受到特殊利益团体,尤其是商人的重重阻力,销售税迟迟才开始征收,成为约旦经济结构改革案例研究对象:在 1994 年初征时销售税税率为 7%,然后逐渐上升,在几乎没有引起争议的情况下到 1995 年上升至 10%,到 1999 年上升至 13%。

王国多达 40% 的人口生活在贫困线以下,[29] 在这种情况下,在对社会政策影响强烈的领域,改革小心翼翼地以渐进式展开。所以,政府逐步取消燃料等领域的补贴,但仍然维持煤油和无铅汽油补贴,以避免对最不富裕人口的影响。政府还取消了对面包的补贴,但是维持对非常贫穷人口的补助。如果国际货币基金组织和世界银行试图迫使约旦加快改革速度,则可能引起类似于 1996 年 8 月在东岸的南部城镇因面包价格而发生的骚乱,从而导致进一步的推延。另外,开始推行社会保障网也部分缓和了穷人的困境,尤其是制定"社会生产力计划",其中包括如国家援助基金(NAF)、社区基础设施建设计划、中小型企业发展计划以及家庭收入补助(FIS)等新的公共部门机构。国家援助基金虽然被指责和创可贴差不多,但它每年援助王国最赤贫的 2.2 万户家庭,而家庭收入补助则旨在帮助家庭摆脱贫穷。

十多年后,约旦的坚持和国际金融机构的耐心赢得了世界主要国家对其结构调整计划的广泛赞誉。对于在世界上遭遇很多失败的国际货币基金组织来说,它在约旦王国的表现被视为一个成功的故事,因此国际货币基金组织采取更加谨慎的方法,唯恐影响对该组织的积极评价。在海湾战争后,外界对约旦结构调整方案大为成功的印象对约旦起到了很大的帮助,认为唯一值得支持的是其灵活自由的经济政策。安曼积极的国际经济应对方式也颇为精明,正确认识到经济协议是支撑政治关系的有用手段。为了更加坚定地倒向西方阵营,根据"巴塞罗那进程",约旦和欧盟签订《结盟协定》,于 1999 年 1 月开始生效。1999 年 12 月,约旦成功地加入世贸组织。2000 年,它和美国签订美约自由贸易协定,成为继加拿大、墨西哥和以色列之后第四个享受与美国进行自由贸易的国家。至此,约旦加入了世界所有主要的自由贸易经济体。

侯赛因的和平赌博

海湾北部的战争爆发前不久,美国和苏联宣布一旦战争结束,它们将着力解决阿以冲突中的突出问题。尽管受到广泛质疑,美国还是遵守了它的诺言。1991 年 10 月 30 日,国际和平会议在马德里举行。所有的主要国家出席了会议。平易近人的约旦外交大臣卡迈勒·阿布·贾比尔作为约旦—巴勒斯坦联合代表团团长出席会议。这显示了海湾危机的影响,也说明侯赛因国王被迅速重新视为重要的区域伙伴。

具有讽刺意味的是,促使伤口快速愈合的主要是以色列政府,尽管当时以色列总理是强硬派的伊扎克·沙米尔。在其所在的利库德党内,沙米尔似乎一直倾向于"约旦是巴勒斯坦"的阵营,但最近,他转变立场,为以色列的战略所需,赞同保持约旦现状,这就是说,保持约旦独立和约旦哈希姆王国。由于不可能把侯赛因和阿拉法特同时置之事外,在以色列的支持下,焦点回到 80 年代中期和平进程的难题,即在不直接处理阿拉法特和巴解组织问题的前提下,如何通融巴勒斯坦的代表问题。解决之道也是 80 年代的遗产:在联合代表团中加入巴解组织认可的巴勒斯坦人代表。

80 年代末期特色的和平外交在马德里和会上完成。马德里和会是一次纯属仪式性的全体会议,使随后一系列以色列和其邻国的双边谈判合法化。和平谈判开始时,维持了代表权问题上的假象,约旦和巴勒斯坦组成一个谈判小组。然而,随着时间的推移,这个烦琐复杂的框架瓦解,以色列和巴勒斯坦越来越直接交谈。短短几月后,在奥斯陆双边谈判取得突破性进展,以色列和巴解组织相互承认。既然约旦不再代表巴勒斯坦,也就不再需要约旦促进和谈。

约以谈判中一旦去除了巴勒斯坦问题,两国几乎没有什么其他可　185

谈。两个最紧迫的问题是领水权和沿着从死海至红海共同边界一段人烟稀少的地带的归属,都和西岸无关。然而,新出现的以巴谈判轨道阻碍了约以谈判。侯赛因国王不能让人觉得他在快速推进约以和平谈判,因为那将被看作是破坏和巴勒斯坦人的团结。如果说在冷战后新世界中,叙利亚不可再像 80 年代中期的暗杀行动那样,阻止约旦与以色列建立和平,但巴勒斯坦人仍可阻止这一进程。随着马德里进程未能兑现,以色列政府再次由工党领导,开始寻求改变谈判渠道。在 80 年代,以色列一直选择与约旦进行谈判,而现在,伊扎克·拉宾总理内阁中的外交部长是孜孜不倦工作的以色列政治家西蒙·佩雷斯,他转向寻求与巴解组织谈判。

侯赛因国王对以色列和巴解组织之间达成奥斯陆协议感到惊讶、愤怒和怨恨。这种情绪并不难理解。侯赛因还在坚持需要阿拉伯多边协调,对双方正通过挪威从中斡旋展开第二轮双边谈判毫不知情。他生气,是因为当时看来好像是巴解组织偷偷抢先一步,先发制人,使安曼在与以色列的和平谈判中占据不利位置。其中似乎可能也有很大的嫉妒成分。过去多年来,侯赛因国王一直被世界领导人巴结,现在他似乎不得不面对现实:他所领导的是一个弱小的国度,再次变得几乎无关紧要。

然而,没多久侯赛因国王就认识到他可以让奥斯陆转为其用。最重要的是,阿拉法特的秘密单边外交使约旦不再背负和巴解组织协调的任何义务,也不再需要把约以和平进程和巴勒斯坦人的幸福绑在一起。担心约旦落在后面,国王加快约旦的双边和平外交步伐。国王的这个算盘也出于他自己的健康考虑以及加快和平谈判对他和约旦民众关系影响的考虑。1992 年,国王小病不断,之后宣布在美国进行了左输尿管癌手术。返回约旦的时候,国王受到数十万民众自发的盛大欢迎,以此表达他们的拥戴和爱意。这个经历使 57 岁的国王确信了两件事。首先,他没有本来以为的那么多时间去和以色列达成可确保约旦稳定和平。其次,他拥有民众的支持和信任,这给予领导层相当大的回旋余地以尽可能快速推进约以和平。所以,奥斯陆赐予了国王抓住时机的机会。

1993 年 9 月 13 日,巴以双方签署《以色列－巴勒斯坦原则宣言》。仅仅 22 小时后,约以签署一项谈判议程[30]。约以双方早已达成这项协议,但约旦一直不情愿公开认可。[31]双方迅速部署相应措施建立信任,包括:建立促进区域经济和发展合作的美国—以色列—约旦三边经济委员会;侯赛因国王公开承认他会见了除梅纳赫姆·贝京之外的历任以色列总理;以及佩雷斯与哈桑王储会见,这是两国之间最高层的公开会议。如果说在与以色列建立和平方面,约旦迅速追上巴解组织的步伐,但国王对进一步加深与以色列关系仍然是小心翼翼。直到来年春季,以色列才接受了国王犹豫不决的态度,从而搁置约旦轨道,转而倾向于其他和平方案,试图重启叙利亚轨道,然后与巴勒斯坦达成一项新倡议。

直到 5 月,侯赛因国王才放下矜持。他最终认识到需及时达成双边和平协议。在大马士革与阿萨德总统的会见中,国王看上去化解了政治隐忧。随后,以色列和约旦领导人召开一系列高级会议,并在 6 月和 7 月,取得一系列象征性突破,其中最重要的是宣告两国自 1967 年以来的敌对状态结束。已经建立了相当融洽关系的侯赛因和拉宾进行了首脑会谈,发表了《华盛顿宣言》。以色列一直在约旦和巴解组织关系上玩政治,也意识到国王挥之不去的哈希姆野心。在《华盛顿宣言》中,以色列承认君主负责耶路撒冷的伊斯兰教宗教场所的行政管理。美国允诺将为约旦军队现代化提供新的军事援助,同时还将勾销约旦欠美国的 9.5 亿美元的债务,进一步诱惑国王踏向缔造和平之路。这也给国王提供了终于与美国国会讲和的时机。在伊拉克—科威特危机后,不可避免地美国国会比行政部门更加怀疑是否和约旦和解。

谈判因边界划界和水资源等问题而遭到拖延,看上去无法确定是否能够签订正式和平协议。直到 10 月初,拉宾突然访问安曼。两位烟不离口的领导人直接会谈,在达成妥协之后取得突破性进展。以色列同意把面积 116 平方英里的沙漠的主权归还约旦,作为回报,以色列获得邻近的"基布兹"集体农场的"私人所有权",这为 10 月 26 日在阿拉

187

伯谷签署正式的和平条约扫清了道路。最重要的是,以色列同意承认约旦"主权、领土完整和政治独立"(第二条),承认"不允许"进行"损害约旦安全的非自愿人员流动"(第二条),并承诺"不诉诸武力或使用常规、非常规或任何其他种类的武器"(第四条)。条约终于消除来自以色列的潜在直接威胁和人口威胁,侯赛因完成了他在 1967 年战争后给自己设定的目标。他把签署和平协议的成就和"加冕"相提并论,这点让人不能不赞同。

民主化进程被暂且搁置

约以和平的迅速推进在国内引起争议,无论是巴勒斯坦民族主义者还是那些思想上不赞同与以色列达成和平的人。[32] 在 1993 年 9 月至 1994 年 10 月建立和平的主要时期,以色列把巴勒斯坦激进分子驱逐至黎巴嫩南部,一名希伯伦的以色列定居者屠杀了 28 名巴勒斯坦人,种种事件令和平进程难以为继。随着约以和平轨道日益成功,遏制王国内新近自由主义倾向的呼声也日益增强。然而,政权对威胁的认知以及有限的机构改革表明,即使在 1993 年 9 月之前,变革可能也是有限的。

早在 1991 年,约旦就不得不应付自阿富汗反苏联侵略结束后日益严重的恐怖威胁。约 1 000 名在约旦的"阿富汗人"曾与伊斯兰圣战组织并肩作战。他们在返回约旦后,成为伊斯兰极端主义者。7 月,约旦当局逮捕了 100 名左右与所谓的"先知穆罕默德的军队"相关的活动分子。他们据称是穆斯林兄弟会的军事部门,但后者拒不承认。整个 90 年代,国家也采取其他行动打击来自伊斯兰右翼分子的恐怖威胁。[33] 虽然大多数这些威胁似乎足够真实,但当局也难以摆脱滥用权力之嫌。当局逮捕、指控并定罪两名议员,其中一位是孜孜不倦的反腐斗士莱斯·斯巴拉特,然后王室又赦免他们,[34] 这突显王国一直缺乏问责制。

拘留那些与"先知穆罕默德的军队"有关的人员在王国引起了有关约旦情报总局使用手段的争议。国民议会下新成立公众自由委员会,由包括斯巴拉特在内的反对党议员主导。委员会指控情报当局继续使用酷刑。1989 年以前,酷刑是情报当局的常规审问手段。约旦情报总局否认在工作中继续使用酷刑,但伊斯兰主导的反对派与国家安全核心部门之间充满敌意。一个国家安全法院成立,承担已被废止的军事法庭的部分职能,但同时拥有上诉权。

伊斯兰主义者的规模和影响力日益引人担忧,加上暴力边缘群体的兴起,这些促使当局尽早采取预防行动。很显然,在 1992 年政府考虑修改选举法。8 月 4 日,在 1993 年 11 月大选前解散议会后,侯赛因国王颁布选举法修正案。修正案改变了选举制度,过去,每个选区具有多个代表,每位选民的投票数与其选区的代表人数对等,现在改为一票制。政府称"一人一票制"的目的是使个人不再同时投给同部落和同意识形态的参选者,认为在只有一个选择的情况下,选举制将有利于同部落的参选者。侯赛因国王任命和以色列的首席谈判官阿卜杜勒·萨拉姆·马贾利为首相,监督投票,这可看出国王对民主的热情进一步减弱。

选举法修正案达到预期效果。在自 1956 年以来的第一次多党选举中,伊斯兰行动阵线遭受严重挫折: 在其 36 名参选者中,只有 16 名成功竞选。失败者中的一位是上届国民议会大部分时期的发言人和议长阿卜杜勒·拉提夫·阿拉比亚特博士。由于只有另外 5 位独立伊斯兰主义者重选成功,下院中伊斯兰主义者议员从 34 席减少到 21 席。虽然在国议大会中伊斯兰行动阵线仍是占有一定优势的最大党,但由于它最接近的竞争对手分别赢得 5 个和 4 个席位,它自 1989 年以来的强劲政治发展势头减弱。[35]虽然对竞选结果普遍感到失望,伊斯兰行动阵线对仍然是反对党没有感到太沮丧。选举在约以和平议程签订后仅仅两个月举行,如果伊斯兰主义者获得太多席位,将会冒着与约旦当局和平进程冲突的风险。最近在阿尔及利亚发生的流血事件也让人对这种发展保持警惕。[36]

尽管在 1993 年 11 月的选举中遭遇挫折,在约旦的主要政治领域中,伊斯兰行动阵线及其同路人仍可发起强有力的挑战。仿佛要强调这一点,1994 年年初,伊斯兰主义者赢得了对两个专业协会的控制。

189

它们分别是工程师协会和农业工程师协会,前者尤其高调。国王加强遏制这种发展趋势,例如,保留脾气暴躁的马贾利为首相,而惯例是任命另一位首相监督选举。很明显,凭借马贾利在外交和国防领域的资历,排在王室议程首位的仍是成功推进和平进程。这些问题也对外交关系产生了影响。约旦愈来愈担忧伊朗驻约旦使馆的规模和与当地伊斯兰主义者的联系。3 月,33 名伊朗外交官离开安曼。

1994 年春末,随着和平进程的推进,更确切地说是对签订约以和平条约的期待,越来越主导政治议程,反对派联合起来对这一发展方向表示反对。5 月,8 名伊斯兰主义者和左翼政党,包括伊斯兰行动阵线、共产党和复兴社会党联合组建了"阿拉伯和约旦人民抵制屈服和正常化委员会"。不断有人加入反正常化,甚至包括前首相艾哈迈德·奥贝达特。但由于反对党保持谨慎,并且国王决意与以色列缔造和平条约,这些发展几乎没有立竿见影的效果。和平协议签署后,在安曼有一些抗议活动,但是没有受到太多报道和关注。官方颁布公众集会禁令后,5 000 名伊斯兰主义反对者举行游行。似乎大多数约旦人对和平条约愿意拭目以待。对于反对派来说,这标志着一个进程的开始,而不是结束。意识形态反对派将竭力对抗正式和平之后的正常化进程。

为正常化的艰苦斗争

约以和平条约的签订备受区域期待。以色列和巴解组织以及叙利亚举行和平谈判。埃及渴望证明其在 70 年代末的立场,鼓励和平进程。西蒙·佩雷斯公布了他的"新中东"图景,以互利合作和一体化取代过去 50 年的对峙和冲突。约旦商界和政府精英同样对这样的前景感到兴奋,因为它为解决王国经济问题提供了途径。区域和平将消除外国直接投资的障碍。凭借其廉价但受过教育的劳动力,较为宽容的氛围和重要的地理位置,约旦可能成为区域渠道。

在世纪之交之前,已有迹象表明这只是一厢情愿的想法。因为关于戈兰高地的争议,叙利亚轨道谈判失败了。1995 年 11 月,以色列总理拉宾被暗杀,使巴以轨道深受影响。至少直至 2000 年,巴以轨道谈判仍然争吵不休。因佩雷斯只注重以色列—巴勒斯坦—约旦一体化，埃及担忧被边缘化，日趋施加障碍，而不是推动和平进程。侯赛因国王与以色列的和平谈判越来越像是一个孤立又危险的赌博，而不是大势所趋。至关重要的是，预期将由戴维营式的美国援助计划[37]或由即将到来的全球私营部门带来的经济复苏没有实现。相反，由于那些从科威特返回的巴勒斯坦人已经花完了他们的资金，王国似乎陷入衰退。

如果说民众对与以色列签订和平条约的态度从安静的期待或怀疑到普遍的幻想的破灭甚至充满敌意，这不是因为王室努力不够。侯赛因国王获得其弟哈桑王储的密切支持，孜孜不倦地努力加深两国之间的关系。条约迅速获得约旦新国会批准，王室任命一位大使，并且富有远见地结交以色列反对党领袖本杰明·内塔尼亚胡。在赢得以色列大选前 17 个月，即 1996 年 5 月，内塔尼亚胡即访问了安曼。[38]至 1995 年年底，约旦国会已投票废除了法典中的三项反以色列法律。这些法律可追溯到 50 年代，禁止约旦人和以色列人保持联系或做生意。一项禁止向以色列人出售土地的法律也被废止，但是鉴于争议，又以一个更易接受的方式重新通过。新法律规定严禁把土地销售给"非约旦人"，除非经过内阁批准。1996 年 1 月，国王对以色列进行国事访问。

约旦也大胆探索利用与以色列推动和平进程的契机促使经济发展。1994 年 4 月，两国签署了一项旅游协议，整合他们对境外圣地的营销。以色列游客蜂拥而至瞻仰约旦的古代遗址，特别是位于南部的纳巴泰人的佩特拉古城。然而，即使在旅游领域，往来增多并不让人高兴。约旦旅游业的商人抱怨说，以色列人只作很短的停留，花费少，并且态度粗鲁傲慢。就在和平条约签署一周年到来之前，两国签订了互惠贸易协定。

1995 年 10 月，安曼主办了区域经济会议。安曼共举办四次此类会议，这是第二次，但全部证明是徒劳无益，不能达到刺激区域经济的目的。在合资投资领域，两国确实获得一些有限的成就，特别是在与美国达成协议建立"合格工业区"后。[39]以色列公司尤其有意对纺织行业进行制造外包，约旦土地和劳动力低廉且最为邻近，伊尔比德因此成为纺织行业外包的中心。[40]至 2000 年,许多合资公司成立,雇用约 6 000人,并大有扩张潜力。

当王室试图推动与以色列关系正常化时,精英和草根之间出现分歧。例如,当侯赛因国王前往耶路撒冷为被谋杀的和平伙伴致悼词时,反正常化人士强调拉宾参与针对阿拉伯目标的暴力行动。当侯赛因谴责自杀式炸弹袭击,并为暗助佩雷斯连任参加在沙姆沙伊赫举行的反恐怖主义首脑会议时,约旦反对党批评以色列选择性定义恐怖主义。1997 年 3 月,约旦士兵艾哈迈德·达卡姆塞赫在边界残酷地杀害 7 名以色列女学生。[41]国王随后前往以色列向每一个死者家庭吊唁,这让许多约旦人抱怨国王很少对阿拉伯人的死作出同样的反应。

国王对正常化进程受阻变得越来越恼怒,他开始对反对派和制度所允许的自由主义失去耐心。[42]国王加快对国家新闻界的行动,尤其是对小报周刊。允许国家采取惩罚性措施的《新闻和出版法修正案》于 1997 年 5 月通过。[43]国王与反对派之间关系恶化,许多约旦反对派决定抵制 1997 年 11 月的国会选举,从而使选举基本失去合法性。

与此同时,历届以色列政府对和平问题的失望表现也让侯赛因国王感到受挫。自 1987 年签订《伦敦协议》之后,侯赛因从未真正相信过佩雷斯。在 1996 年选举前,佩雷斯不体面地尝试通过在黎巴嫩南部采取军事冒险把自己重塑为一个强硬派,但未获成功。在阿拉伯领导人中,侯赛因很少见地在内塔尼亚胡当选后立即对其抱有一些希望。然而很快,内塔尼亚胡就显示出其肤浅的一面,对和平进程不感兴趣。内塔尼亚胡的一位高级助手在访问安曼时未提及以色列政府打算在耶路撒冷的穆斯林圣地下开凿一条有争议的隧道,这让国王更感挫折。对此,国王充分利用君主与以色列人民之间存在的信任以及他与巴解组织改善的关系,尽力扫除和平进程中的障碍。1997 年 1 月,他支持美国调解,帮助达成久拖不决的、有关以色列在希布伦重新部署的交易。为人所知的是,1998 年 1 月,虽然病情严重,他带病出现在美国举行的巴以谈判中,促进《怀伊河协议》的签订。到最后,国王在以色列受到和在约旦同等的欢迎,如果说不是更受欢迎的话。

如果说王室决意尽最大努力与以色列达成和平,那么它的决心也被 1997 年 9 月下旬的一系列事件动摇了。为了在公众假期前短期提升他的民调排名,内塔尼亚胡总理派遣一支摩萨德袭击分队假扮加拿大游客到安曼,试图暗杀伊斯兰主义政治派别哈马斯在巴勒斯坦的领导人哈利德·梅沙尔。整个事件迅速从秘密行动变成一场闹剧。特工成功地把毒药喷洒入梅沙尔的耳朵中,但是随后被梅沙尔保镖制服。侯赛因国王反应迅速,要求以色列提供解药拯救梅沙尔,并要求释放被关押在以色列的哈马斯在加沙的精神领袖谢赫·艾哈迈德·亚辛,作为释放特工的交换条件。尴尬的以色列答应了这一条件。通过他的快速反应,国王把约旦可能面临的灾难变成成功的外交,重建了他在反对派中的信誉。在看到内塔尼亚胡对与约旦和平表现出的如此漫不经心的态度之后,约旦王室和内塔尼亚胡政府之间的关系通过更可靠的阿里埃勒·沙龙维持。具有讽刺意味的是,80 年代末,沙龙曾是"约旦是巴勒斯坦"论调的大力倡导者,后来他才改变了观念。

混乱的继承

1998 年 7 月,侯赛因国王返回美国继续治疗淋巴癌。接下来的六个月,他一直留在国外。他不在国内期间,由他最年幼的弟弟,[44] 自 1965 年以来一直担任王储的哈桑亲王摄政。侯赛因病情的严重性日趋明显——当年秋天,他几乎死在手术刀下——当时,哈桑正学习如何成为国王,似乎将完美地继承王位。然而,国王并不这么看。到 12 月,有明显的迹象表明他想改换继任者。最后,在短暂恢复后,侯赛因回到安曼,向哈桑发出一封冗长的公开信,宣布废黜哈桑的王储头衔。侯赛因立其长子阿卜杜拉亲王为新王储。1999 年 2 月 7 日,国王最终因癌症而去世。王储正式继任,成为阿卜杜拉二世国王,宣布立其同父异母的弟弟哈姆扎亲王为新任继承人。

侯赛因和哈桑相差 12 岁,从未亲近过。他们的性情非常不同:侯赛因有过四次婚姻,鲁莽大胆,喜锦衣玉食,而哈桑是位性情安静平稳、勤奋顾家的男人。最初,根据 1952 年宪法,在他来自英国的第二个妻子托尼·嘉丁纳的儿子阿卜杜拉于 1962 年出生时,侯赛因任命阿卜杜拉为王储。由于 20 世纪 60 年代局势不稳,侯赛因后来称"黑暗的气氛"笼罩着那个时代,当哈桑 18 岁时,国王改变了继承顺位,他修改了宪法第 28 条允许国王的兄弟继承王位。[45]

194

195

如同英国的查尔斯王子,对于哈桑亲王来说,他在王储职位上无甚发挥。有时,如在与巴解组织濒临内战之时,他被他大哥带入决策中心。然而,大多数时候,他被边缘化。更糟的是,在参加约旦关键权力部门活动时,特别是穿军服或参加部落正式活动时,他常感到不自在。对此,哈桑发挥他的优势。在国内,他把自己塑造为思想者,建立包括从皇家科学学会到阿拉伯思想论坛在内的一系列创新机构。他对经济感兴趣,监督约旦 1986—1990 年五年计划的启动,并支持一系列商业活动。他也赞助教育部门。在国际上,哈桑成为重要人物俱乐部最年轻的成员,与一些联合国机构建立了私人关系,并孜孜不倦地参与宗教间对话。当哈桑和侯赛因一起工作时,如与以色列进行和平谈判时,他们是完美搭档:哈桑不知疲倦,注重细节,而侯赛因热爱交际,眼观大局。但是,总的来说,侯赛因国王高兴看到哈桑忙于一些边缘事情,因为他不希望哈桑在约旦建立坚实的权力基础。

尽管在国内哈桑被政治边缘化,日益给人倔强执拗、说话啰唆的印象,但在侯赛因相当混乱的私人生活开始显现后果之前,哈桑的继承人地位似乎不可撼动。在与他的第一和第二任妻子离婚后,侯赛因娶了巴勒斯坦人阿丽亚·图甘。当时国王正在大力重建他在西岸的权威,两人结合看上去是天作之合。1978 年,阿丽亚王后在一次直升机意外中丧生。之后,侯赛因进入他的第四次结婚,娶 26 岁的阿拉伯裔美国人丽莎·哈拉比。哈拉比后来更名为努尔。在他的最后一次婚姻中,侯赛因书面指示哈桑,哈桑的继承人应是他与阿丽亚唯一的儿子阿里王子。

1992 年,国王患癌消息被披露,继承问题再次引起关注。这时,阿里王子和他的妹妹哈亚公主在王室无情的气氛中飘如浮萍,脱离了常轨;阿卜杜拉王子和他的弟弟费萨尔分别在陆军和空军中展开事业;穆

图 12　在恢复阿卜杜拉王子的王储头衔后一天,侯赛因国王拥抱阿卜杜拉亲王,安曼,1999 年 1 月 26 日(Popperfoto, AMM04)

罕默德王子的儿子们,特别是塔拉勒王子,已经成年,颇受器重;侯赛因与努尔有四个孩子,包括两个男孩,其中年长的是哈姆扎王子;而哈桑和他在巴基斯坦出生的妻子莎瓦[46]也有四个孩子,包括一个儿子拉希德王子。不祥的是,侯赛因国王对哈桑继任似乎不冷不热。[47]

　　然而,1992 年之后,随着继承问题迫近,侯赛因国王似乎在回答继任问题时倾向于哈桑。在与以色列谈判和平条约期间,侯赛因耐人寻味地把哈桑带入决策中心。1995 年 4 月,在一次例行癌症检查之后,侯赛因称哈桑是"我的左膀右臂"。90 年代中期,两者关系似乎达到最亲密状态。正是在这种情况下,国王再次宣告继承问题。虽然哈桑亲王王储将会继任,但随后的继承将由哈桑在家族委员会扮演"重要角色"的情况下决定。阿里王子现在出局了,未来充满更多可能性。

然而,正当哈桑的命运看上去似乎更为稳固的时候,国王再次模棱两可。1996 年 8 月暴乱后,侯赛因国王停止哈桑安抚南方的尝试,在与哈桑的工作关系破裂时,国王拒绝解雇首相阿卜杜勒·卡里姆·卡巴里提。哈桑继任可能有麻烦的第一个真正迹象是:1997 年 9 月,在庆祝哈姆扎王子 18 岁生日的公开庆祝活动中,国王给哈姆扎发了一封公开信。在信中,他写道他觉得王子将注定具有"伟大的成就",并指出,他自己在 18 岁时,已经继承了王位。这是毫不含蓄地推动他最喜欢的儿子的命运,似乎揭示了侯赛因的真实愿望,特别是随着国王疾病复发,哈姆扎母亲努尔王后提高了幕后影响力。在他住院期间,努尔王后几乎寸步不离。随着继承问题终局的到来,努尔和莎瓦之间的长期紧张关系进一步加剧。在未来几个月,王室政治越来越像一出莎士比亚戏剧。

1999 年 1 月,安曼第一次知道侯赛因部署改换接班人。这一个月,王国内事件迭起。该月 19 日,国王返回约旦,状态看起来很糟糕,但据说健康状况正在改善中。当他的复原很明显只是复发的前奏时,侯赛因国王不得不迅速行动。1 月 25 日,周一,他宣布根据宪法中长子继承原则,恢复阿卜杜拉亲王的王储头衔。改换王储的一个条件是,在阿卜杜拉继任后,任命哈姆扎王子为新任继承人;看上去选择阿卜杜拉是君主妥协的结果:国王担心过快选择他最喜欢的儿子为继承人会过于急躁。[48] 为了证明他选择的正当合理性并且为了阻挡宗派主义,同一天,他给哈桑王子写了一封冗长的信,解释他的行为。[49]

随着国王的情感公布于众,食客迅速疏远哈桑。除了一些他的老技术官僚同事,他几乎孤寡一人,难以抗争。他明智地选择保持平静的尊严,掩盖他深深的失落感。多年来,许多外国观察家一直怀疑哈桑是否可以成为一个成功的国王,只有自 1994 年以来与哈桑保持密切关系的以色列人似乎为他的政治生命终结而感到惋惜。对被新任命的阿卜杜拉王储来说,命运的改变是惊人的。在这之前,他最大的希望本是仿效谢里夫·扎伊德·本·沙克尔,成为哈桑继任后国家最高级别的士兵。

第九章　阿卜杜拉初政

　　对于约旦和约旦国民，侯赛因国王的过世是一个艰难的时期。在他职业生涯后期，评论员就已思考过弗朗茨·约瑟夫效应：一位君主若长期在位，他的离去是不可想象的，也是无可替代的。有些王位继承则没有发生这种情况，如在叙利亚，一年多后，领导人更迭，继承被接受，生活基本像以前一样继续。侯赛因国王的死无疑令人震惊，举国悲戚，但现实证明他不是不可替代的。

　　王位可以如此顺利继承有三大原因。第一，阿卜杜拉国王二世被广泛视为是王位合法继承人。尽管继承过程混乱不堪，但显然是国王的临终意愿，所以是合法的。虽然哈桑的支持者称，当侯赛因决定易储时，他的身体官能已大为受损，使其易受他人操纵，但大多数约旦国民可以理解，父亲希望他的亲生儿子，而不是他的兄弟，继承王位。同样重要的是，原宪法条款规定长子继承制，这使阿卜杜拉继承王位具有合法性。

　　第二，就权力转移的实际目的而言，王国的主要权力中心——特别是那些认同实现国家安定的人士——仍保持团结。其中至关重要的是军队和情报部门。戎马出身的新国王阿卜杜拉曾担任特种部队司令，并拥有高级军衔。这意味着他更容易获得军队效忠。阿卜杜拉是一个真正的士兵，生性喜欢身先士卒，喜欢跳伞；他是一个天生的士兵。在萨米赫·巴提克赫的领导下,约旦情报部门"莫卡巴拉特"对新国王忠诚牢靠。在侯赛因治疗期间,巴提克赫曾努力游说侯赛因废黜哈桑。[1] 巴提克赫出身叙利亚家庭,这反映了外部精英仍具有一些重要影响。在 20 世纪 50 年代初两次王位继承中,外部精英都发挥了关键作用。在阿卜杜拉统治的前几个月,力促侯赛因废黜哈桑的巴提克赫是保证权力平稳过渡的关键人物。

第三,就社会力量而言,约旦社会中许多选区倾向于支持新指定的继承者。对于政府官员和强制部门中的外约旦人和那些依赖他们庇护的人,重要的是确保现有的权力结构连续性。包括从商人到中产阶级专业人士在内的富人和富裕阶层需要社会保持稳定,从而保护他们的财产以及商业环境,保证经济交易持续。对于巴勒斯坦民族主义者,当时大多数愤世嫉俗、对约旦王位继承漠不关心:他们觉得那不是他们的事。对于那些可能会反对阿卜杜拉继承的人,从要求伊斯兰权利的激进分子到更为不满的群体,如部分城市失业者和农村穷人而言,当时没有出现任何严重问题,哪怕是稍纵即逝的,给他们提供机会制造麻烦。

王位的顺利继承也得益于阿卜杜拉国王本人。虽然当时外国报道倾向于宣扬新君主经验不足,他们很容易忘记,37 岁的阿卜杜拉比其父亲晚了 20 岁继承王位,其实是在一个相当合适的年纪成为国王。他可能从没学习过治国方略,但是在下一代阿拉伯王室中,特别是在海湾地区,他名声在外,并与美国建立了密切的关系。像他的父亲一样,穿军装时王子感到十分自在,并喜欢亲力亲为。他戎马出身,无书卷气,加上早先具有花花公子的名声,这使许多人认为他"酷肖其父"。[2]对于那些担心他的军队背景可能使他成为一个狭隘偏执的外约旦民族主义者的自由主义人士和巴勒斯坦人,他通过婚姻获得平衡的政治选票。他的配偶,即不久之后的拉尼亚王后,是一个在科威特长大的来自中产阶级的巴勒斯坦人。1990 年伊拉克入侵科威特后,她的家庭经受了逃离家园之苦。

在继承王位后,阿卜杜拉的国王之路开端良好。通过改变军队上层,他很快稳固了地位,边缘化哈桑王子和努尔王后。国王和新王后以极大的热情和精力全身心地投入到他们的工作中。尽管他的阿拉伯语说得结结巴巴，阿卜杜拉经常在全国公开露面，显示他是真正的君主。在外交领域，阿卜杜拉表现得尤为坚定。他似乎决意改善与各方的关系。虽然从长远来看，"面面俱到"的外交政策可能是站不住脚的，但是他成功出访许多国家，特别是赴海湾和美国访问并取得成功，在稳固王位期间帮助他缓解了外部压力。铭记叙利亚干涉约旦的历史，阿卜杜拉特别努力与叙利亚领导人巴沙尔·阿萨德建立温暖的个人关系。他父亲在其生涯最后十年中，在处理区域关系上遭受重重困难，现在阿卜杜拉巧妙地借即位之机，开启关系新篇章。

在对外关系管理方面，阿卜杜拉国王对与以色列关系处理上尤为小心谨慎。阿卜杜拉继承王位时，完全知道约以和平只是约旦"王宫的意愿，而非人民的意愿"。因此，他给双边关系降温，这是侯赛因国王非常不情愿做的。事实上，尽管以色列政治机构急切接触，在继位约14个月后，阿卜杜拉才第一次对以色列进行公开访问。当然，不论是对继续双边和平条约还是对地下关系实质，即安全合作，新国王更加克制的公共外交政策都没有什么影响。约旦机构和大部分外约旦民族主义者完全遵守双边和平条约。因此，与巴勒斯坦和伊斯兰激进分子保持密切的互利合作，对于双方来说，都是最重要的。

在处理与巴勒斯坦人的关系上，阿卜杜拉有成功也有失败。他小心翼翼地尝试淡化对耶路撒冷的代表权主张，从而帮助缓和了与巴方当局的关系。这些小心翼翼的尝试还暗示阿卜杜拉可能是一个比他的父亲更务实的领导人。他的父亲背负着哈希姆包袱，使其对西岸，特别是对耶路撒冷，较为强硬。在处理王国国内从1999年8月开始的哈马斯危机上，阿卜杜拉则不太成功。为赢得美国、以色列和巴方当局的赞赏，阿卜杜拉驱逐了三名哈马斯政治领导人。这个外交手段确实达到了目的，但却忽略了国内影响，特别是巴勒斯坦人的敏感性。巴勒斯坦人一直视哈马斯对以色列的抵抗为英勇行为。这暗示新国王在处理外交事务上比处理国内政治更加稳健。

就和平进程而言，处处显示出约旦充满着焦虑。侯赛因时代的模糊政策并没有随着他的逝去而消失。因此,在 2000 年,当以色列和巴解组织之间看起来可以实现最终和平之时,约旦人对越来越被边缘化和失去他们的外国补贴感到苦恼不已。2000 年 9 月,第二次巴勒斯坦大起义爆发,约旦人对区域日趋不稳定再次感到惴惴不安。2001 年 1 月,亚西尔·阿拉法特和埃胡德·巴拉克接近,但又不足够亲近,在塔巴达成最终协议,约旦人对此感到欣慰,终于可以摆脱他们在和平进程中的责任了,即使他们担心,在直接物质利益问题上,特别是巴勒斯坦难民命运的问题上,他们不再是谈判中的重要角色。

在国内舞台上,阿卜杜拉和拉尼亚在初期就建立了富有同情心的形象。阿卜杜拉不提前通知突然视察国立医院,晚上悄悄走在安曼街头感受公众情绪;拉尼亚支持一系列反对如家庭暴力和名誉犯罪等积弊的自由事业。此外,约旦哈希姆慈善组织等机构建立,在国内社会经济转型计划(PSET)制定过程中,国王表现出来令人信服的领导力,这些巩固了一个充满关爱的王室形象。前者为被占领区巴勒斯坦人积极筹集人道主义资金;后者旨在通过私有化增加收入和把外国援助投入到为穷人提供教育、卫生和创造就业中。他们的诚挚认真让约旦这对迷人的王室伴侣受到持续欢迎,但是因为喜欢出现在《你好》(Hello)和其他杂志上,他们的名声有些受损。

在他成为国王的最初几个月中,如果说大多数观察家准备姑且相信其能力,那么在一个领域,阿卜杜拉国王则显然很艰难,即在管理国家的政治精英方面,这个阶层自负、肤浅、自私自利。在这个管理领域,阿卜杜拉尤显得经验不足,他的军队背景在这方面也证明对王权没有太大帮助。这像侯赛因时代早期的景象。阿卜杜拉管理困难的根源似乎在于确定他想要什么样的政府和建议。1999 年 3 月,他对政府作出第一次改变,在绰号"推土机"的新首相阿卜杜勒·拉乌夫·拉瓦比德的领导下建立了一个保守政府。这个选择比较奇怪,因为阿卜杜拉私下主张自由价值观。拉瓦比德将与新任命的王室首席顾问、脾气急躁的自由派阿卜杜勒·卡里姆·卡巴里提共事。这一任命或者是缺乏连贯性、混乱的表现,或者是一个错误的尝试,试图在国内政策上复制他

202

"面面俱到"的外交政策。如果是后者,那么这想法就太天真了。拉瓦比德和卡巴里提政见不同,性情迥异。两者很快在妇女权利、新闻自由和经济自由化等问题上针锋相对互嘲互讽。在卡巴里提辞职后,这些不体面的口角才告一段落。随着担忧日益加剧,阿卜杜拉犯了一个严重的判断错误,拉瓦比德借机更进一步实施保守议程。他与狭隘的东岸政治理念的密切联系,连同持续不断的贪污指控,使得这一时期更加尴尬。在最短体面任职期 15 个月结束后,阿卜杜拉罢免了拉瓦比德,沮丧地重新开始。

阿卜杜拉国王的第二个内阁被认为更是他的内阁。他的新任首相阿里·阿布·拉吉卜曾在私有部门工作过,具有新自由主义倾向,是国王更为了解的人物,并享有共同看法。国王选中阿布·拉吉卜是因为他与国民议会保持良好的关系,准备促进自由经济改革,并且赞成赋予王国内巴勒斯坦人更平等的关系。然而,这进一步证明了阿卜杜拉国王缺乏确定风格。即使早已不合时宜继续任命拉吉卜为首相,国王依然依赖阿布·拉吉卜担任首相长达三年多之久。

新政府愿望还未被付诸试验,在巴勒斯坦领土上就爆发了第二次巴勒斯坦大起义。新政府只上任三个月,就不得不将重点放在管理新现实上,而不是实施改革议程。新巴勒斯坦大起义推动了反正常化运动。在 16 个政党和 14 个专业协会的支持下,一个名为"支持起义全国联盟"的新组织一举成名。政府不得不牢牢遏制群众示威和其他不太有秩序的抗议活动。虽然情报机构、军队和警察能够轻松处理这种抗议,权力内部微妙的平衡开始远离自由主义治理方式。

尽管国王和首相仍抱有一丝期许,随着巴勒斯坦大起义持续不断,政治气氛愈来愈明显趋向保守主义。2001 年 9·11 事件推动政治向更加专制转变。国王急切地想申明他与美国的关系,坚定承诺进行"反恐战争"。当政治中心寻求维护统治时,约旦国内对阿里埃勒·沙龙于 2001 年 2 月当选为以色列总理感到不安,此外,美国和伊拉克之间的缓慢较量也接近摊牌,这些加深了反自由化倾向。在约旦境内,时而发生针对美国人和以色列目标的暴力事件,为实施保守政策提供了进一步理由。结果,自 2000 年 9 月起义开始,政府颁布了 120 多项紧急法律,进一步限制新闻自由和言论自由,并实施更严格的刑法典。原定于 2001 年 11 月举行的国会选举也被一再推迟。

到目前为止,阿卜杜拉国王从两个方面来平衡这种毫不妥协、安全第一的政策手段:形象建设和经济改善。前者表现在被称为"约旦优先"的政治愿景中。尽管带有麦迪逊大道的感觉,"约旦优先"倡议代表了一些过去的理念;自 1948 年以来约旦进行了诸多尝试,试图可以明确表达出符合约旦国家特征的政治共同体。阿卜杜拉提出的"约旦优先"倡议是最新尝试,试图超越王国内的所有分歧,并提供人们坚守忠诚的首要基础。这一口号体现了无论民族、宗教、意识形态或部落,忠于约旦都优先于对其他事业的忠诚:简而言之,促进多样性的统一。不少民众对此抱有怀疑和不满。这表明国家将不得不继续寻找共同基础,在此基础上形成一个共同接受的政治共同体新理念。至少只要跨越约旦河的巴勒斯坦地区仍充满了占领和暴力冲突,难以想象约旦社会中如此深刻的分裂可以减轻。与此同时,约旦边界上的冲突和不确定性,特别是伊拉克,将很难让王国政治在近期内安稳。

从一开始,阿卜杜拉国王再三声明,鉴于王国在过去十年中经历的种种艰辛,他把发展经济作为首要任务。他对经济发展的兴趣和关注明显超过他的父亲。他特别重视鼓励年轻一代的小商业者,特别是在知识经济领域中。阿卜杜拉国王甚至为探索频道制作了一部旅游宣传 ²⁰⁴ 片,符合他一贯亲切随和的现代王室形象。

然而,尽管在这些方面付出了种种努力,阿卜杜拉吸取了他的父亲和曾祖父之前的教训,即帮助约旦不景气经济最快和最有效的途径是寻求外国战略租金。因此,到 2003 年,如同 20 世纪 50 年代和艾森豪威尔主义时期,美国再次成为约旦的主要经济靠山。在 90 年代末期,美国对约旦的援助大幅上升。9·11 后,随着它向美国提供了基地组织情报,安曼对华盛顿愈加重要。随着约旦向阿富汗派遣医疗和扫雷小组,作为对美国支持的后塔利班新政权表示象征性地支持,安曼的重要性进一步加强。

然而,约旦和阿卜杜拉国王面临的最大考验是美国领导的对伊拉克的战争。2002 年夏,美国组织巴黎俱乐部进行进一步债务重组,并在 2002—2003 财政年度间加倍援助约旦,所以约旦一直清楚地知道自己的利益所在。约旦现在是美国的第四大受援国,仅次于以色列、埃及和哥伦比亚。虽然在伊拉克战争中官方保持中立,约旦给驻扎在东部沙漠的美国军队提供了低调、"可否认的",但极大的帮助,重新巩固了双方的关系。建国 80 年后,现在约旦的立场和其建国初期极其相似:偏爱依赖地区超级大国。

注　释

第一章　处于帝国边缘

1　要仔细了解主要酋长的重要性,例如库莱伊布・谢里代(Kulaib 205 al-Shraidah),可以参考理查德・安顿(Richard T. Antoun):《阿拉伯村庄:一个外约旦农民群体的社会结构研究》(*Arab Village: A Social Structural Study of a Transjordanian Peasant Community*),布卢明顿:印第安纳大学出版社,1972 年版。

2　拉乌夫・阿布贾勃(Raouf Abujaber):《约旦开拓者》(*Pioneers Over Jordan*),伦敦:陶里斯出版公司(Tauris),1989 年版,第 46 页。

3　苏莱曼・穆萨(Suleiman Mousa)和穆尼布・莫迪(Munib al-Madi)那本著名的描述 20 世纪约旦史的著作开篇就回顾了奥斯曼土耳其帝国统治时期的外约旦。虽然现在读起来此书已有些过时,但它仍然是阿拉伯文所著的约旦史中的权威作品。《20 世纪约旦史,1900—1959》(*Tarikh al-urdun fi-al-qarn al-'ashrin, 1900—1959*),安曼:穆哈塔斯卜出版社,1988 年版。

4　要了解坦志麦特改革的背景可参考贾斯汀・麦卡锡(Justin McCarthy)的著作《奥斯曼土耳其人》(*The Ottoman Turks*),伦敦：朗文出版社，1997 年版。还可以参考威廉·克利夫兰(William L. Cleveland)的著作《当代中东史》(*A History of the Modern Middle East*)，博德尔：西景出版社，1994 年版。

5　要想简明扼要地了解奥斯曼政权在约旦跌宕起伏的命运，可以参考尤金·L.罗根的文章《让国家政权回归：奥斯曼在约旦统治的局限：1840—1910》(Bringing the State Back：The Limits of Ottoman Rule in Jordan, 1840—1910)。本文收录于尤金·L.罗根(Eugene L. Rogan)和塔里克·塔勒(Tariq Tell)编著的《村庄、大草原和国家政权：现代约旦的社会根源》(*Village, Steppe and State: The Social Origins of Modern Jordan*)，伦敦：英国学术出版社，1994 年版。

6　Khuwa，税种之一。苏莱曼·穆萨在《约旦：奥斯曼帝国终结之时 1841—1918》(Jordan：Towards the End of the Ottoman Empire 1841—1918)一文中称之为糖衣。Khuwa 字面意思为"兄弟"税，农民以谷物、牛，或者金钱的方式纳税以换取贝都因人的保护。文章收录于阿德南·哈迪迪博士(Dr. Adnan Hadidi)编著的《约旦历史和考古研究》(*Studies in the History and Archaeology of Jordan*)，安曼：文物部，1982 年版。

7　尤金·罗根：《奥斯曼帝国后期国家政权的边界》(*Frontiers of the State in the Late Ottoman Empire*)，剑桥：剑桥大学出版社，1999 年版，第 55 页。

8　尤金·罗根：《让国家政权回归》，第 45 页。

9　克劳德·R.孔德(Claude R. Conder)：《赫人与摩押人》(*Heth and Moab*)，伦敦：亚历山大瓦特(Alexander P. Watt)出版公司，1892 年版，第 158 页。

10　拉乌夫·阿布贾勃：《约旦开拓者》，第 90 页。

11　拉尔斯·瓦赫林(Lars Wahlin)：《像萨勒特一样：漫长岁月中的一个外约旦城镇》(As-Salt：A Trans-Jordanian Town Through Time)，未出版，时间不明。

12 同巴勒斯坦相比,外约旦在第一次世界大战期间对战争进程的影
响微不足道。

13 1986 年 10 月 15 日,我采访了库尔迪的儿子——阿里·塞义德·
库尔迪。

14 要想对本地人在外约旦的统治有大概的了解可以参看约阿夫·阿
龙(Yoav Alon)未发表的博士论文《国家、部落和在外约旦的委任统
治,1918—1946 》(State, Tribe and Mandate in Transjordan,
1918—1946),牛津大学,2000 年,第 45—63 页。

15 英国驻安曼前首席代表约翰·菲尔比如此评价国联的委任统治系
统,他写道,"在当代世界,公开宣称帝国扩张是外交和战争的目的
已经不时髦了"。具体见他在《皇家中亚社会期刊》(*Journal of
the Royal Central Asian Society*)1924 年第 11 卷第 4 部分发表的
文章《外约旦》(The Trans-Jordan),第 296 页。

16 迪兹 (Deedes) 写给蒂利 (Tilley) 的信,1920 年 9 月 27 日,
FO371/5123。

17 贾维斯认为塔菲拉虽然没有邮局、电报局,金库里也没有钱,但
是它有自己的地区长官、法官、宗教领袖、邮政官员、电报官和财
政官员。具体参见 C. S.贾维斯(C. S. Javis):《阿拉伯人的掌
控》(*Arab Command*),伦敦:哈钦森出版公司,1942 年版,
第 66 页。

第二章 建立国家和政权

1 参见塞缪尔给外交部的信件,1920 年 11 月 29 日,FO371/5290。
随行人员中包括阿太白部落成员,汉志贵族和驻伊拉克的前奥斯
曼土耳其官员。

2 比如侯赛因国王在给卡拉克、阿德万和其他拜勒加部落谢赫的一
封信中写道:他将派他的一个儿子北上,请求这些部落……把"我
们的国家从异教徒"手中夺回来。这封信的内容收录在塞缪尔给
外交部写的邮件中,1920 年 9 月 21 日,FO371/5123。

3 英国驻耶路撒冷当局认为阿卜杜拉抵达马安是在"找事",但是"他的姿态并不具有威胁"。

4 阿卜杜拉的迪万像一个磁石般吸引了众多的约旦地方大员,其中包括安曼市市长萨义德·凯尔,切尔克斯人领袖萨义德·穆夫提,班尼萨赫尔部落的密斯卡尔·法伊兹,以及胡韦塔特部落的哈马德·伊本·贾齐和奥达赫·阿布·塔义赫。但是当地对阿卜杜拉的态度仍有分歧,其他一些外约旦部落首领比如鲁海范·马贾利和阿德万苏丹就与他保持距离。

5 乌列·达恩(Uriel Dann):《外约旦史研究》(*Studies in the History of Transjordan*),博德尔:西景出版社,1984 年版,第 38 页。

6 拉斯兰来自叙利亚霍姆斯省,他原是费萨尔大马士革政府管辖下萨勒特地区政府的一名官员。他最初支持萨勒特政府本地化,反对阿卜杜拉进驻马安。

7 乌列·达恩:《外约旦史研究》,第 40 页。

207 8 哈辛"保证切断他与独立党人的联系"之后被允许留下并在政府中任职。"每月情况报告",1923 年 10 月,FO371/10106。

9 科克布莱德写给菲尔比的补充报告,没有标注具体日期,FO371/9009。

10 约阿夫·阿龙未发表的博士论文《外约旦的国家、部落和委任统治,1918—1946》,牛津大学,2000 年,第 140 页。

11 要想进一步了解菲尔比的人生可参考伊丽莎白·门罗的著作《阿拉伯的菲尔比》(*Philby of Arabia*),伦敦:菲贝尔出版社,1973 年版。

12 模棱两可的态度一直持续到 1927 年,例如,同年英国驻巴勒斯坦和外约旦的高级专员的工作职能才有所区分,在和安曼打交道时他的头衔仅仅只是外约旦高级专员而不包括巴勒斯坦。

13 英国在得到国联的支持后于 1922 年 9 月作出这个决定。即便如此,犹太代表直到 1930 年还试图要求英国将巴勒斯坦地区的犹太人定居条款扩展到外约旦。

14　玛丽·威尔逊(Mary Wilson)：《阿卜杜拉国王,英国与约旦建国》(*King Abdullah, Britain and the Making of Jordan*),剑桥：剑桥大学出版社,1987 年版,第 74 页。

15　参见殖民地部 1924 年颁布的第 5 号文件和 1925 年颁布的第 12 号文件。

16　考克斯对关于约旦的众多著作往往都是一笔带过且评价不高。例如,卡迈勒·萨利比(Kamal Salibi)在《约旦现代史》(*The Modern History of Jordan*)(伦敦：陶里斯出版公司,1993 年版)一书第 97 页中写道"考克斯显然把自己当作是殖民总督"。马安·阿布·诺瓦尔(Ma'an Abu Nowar)在《约旦哈希姆王国史》(第一卷)(*The History of the Hashemite Kingdom of Jordan, Vol. I*)(牛津：伊萨卡出版公司,1989 年版)一书第 126 页中把考克斯描写成"一个缺少政治敏锐度而严守军纪的士兵"。这些负面的评价忽视了他在建国过程中所作的贡献,对他并不公平。

17　每月情况报告,1923 年 10 月,FO371/8999。

18　克莱顿写给塞缪尔的信,1924 年 2 月 1 日,FO371/10101;每月情况报告,1924 年 1 月和 2 月,FO371/10101。

19　克莱顿写给托马斯的信,1924 年 7 月 24 日,FO371/10101。

20　克莱顿写给阿卜杜拉的信,1924 年 8 月 14 日,FO371/10102。

21　塞缪尔写给外交部的信,1921 年 1 月 4 日,FO371/6371。

22　P. J.瓦提克奥蒂斯(P. J. Vatikiotis)：《约旦政治与军事》(*Politics and the Military in Jordan*),伦敦：弗兰克·卡斯(Frank Cass)出版公司,1967 年版,第 62 页。

23　杰维斯认为征兵的人数大约在 250 人左右,包括多国国籍,其中的埃及和苏丹士兵在第一次世界大战后就留在巴勒斯坦谋生。具体参见 C. S.贾维斯：《阿拉伯人的掌控》(伦敦：哈钦森出版公司,1942 年版),第 87 页。

24　若想了解 1928 年阿拉伯军团的 859 名士兵如何构成,可参阅

HMG 就卡拉克当地名流向国联请愿的批注,1928 年 11 月 24 日,
FO371/13748。

25　1928 年 HMG 向国联的报告,第 112 页。

208　26　尤金·罗根在其著作《奥斯曼帝国后期国家政权的边界》(剑桥:
剑桥大学出版社,1999 年版)中就传教士对不同宗教间关系的影
响进行了精彩点评。在此书第 159 页他写道,传教士们"来到了一
片宽容的土地,但是当他们在此扎根壮大之后,他们却把这变成了
宗教分裂之地"。

27　对于来自这三个国家的士兵构成有异议。瓦提克奥蒂斯
(Vatikiotis)认为这些士兵来自叙利亚和黎巴嫩,参见瓦提克奥蒂
斯:《约旦政治与军事》,第 71 页。洛克哈特则认为他们"大部分
是巴勒斯坦小城镇和农村来的农民",参见 L. K.洛克哈特(L. K.
Lockhart):《外 约 旦 边 疆 部 队》(The Trans-Jordan Frontier
Force),《皇家炮兵期刊》(Journal of the Royal Artillery),1929
年 4 月,第 56 期,第 80 页。

28　这个估计基于 C. H.米勒(C. H. Miller)中校为《泰晤士报》撰写的
稿件,1939 年 6 月 7 日。

29　1936 年 HMG 给国联的报告,第 317 页。

30　1936 年 HMG 给国联的报告,第 316 页。

第三章　独立路漫漫

1　要想详细了解安曼发展史可参考《约旦的首都——安曼》(Amman,
'asimah al-Urdun),安曼:安曼城市出版公司,1985 年版。

2　参见 1928 年 12 月 30 日官方出版的《公报》(Gazette),第 210 期。

3　英国政府向国联委员会提交的题为《巴勒斯坦和外约旦,1928》的
报告(伦敦:HMSO,1929 年),第 99 页。

4　例如,当地一份报纸称之为"极不光彩的",并且"就像是一个工人
和他的雇主之间签的条约",《泰晤士报》,1928 年 4 月 2 日。

5　这里直接引用自塔里克·塔勒(Tariq Tell)未发表的博士论文《哈

希姆统治的社会起源：贝都因、法拉赫以及东岸国家》(The Social Origins of Hashemite Rule: Bedouin, Fallah and the State on the East Bank)，牛津大学，2000 年，第 157 页。

6　出自卡申登(Cushenden)爵士在永久托管委员会第 13 届大会第三次会议上的答复，印度事务部 W8511/170/98，1928 年 9 月 1 日。

7　卡迈勒·萨利比：《约旦现代史》，伦敦：陶里斯出版公司，1993 年版，第 114 页。

8　G. W.伦德尔(G. W. Rendell)："英王陛下政府就外约旦地位的政策"(Policy of HMG regarding the Status of Transjordan)，1931 年 5 月 13 日，E2665/2665/31。

9　基本法刊登于 1928 年 4 月 19 日出版的《公报》(Gazette)，第 188 期。

10　议员名单参见《约旦国民议会，1921—1984》(Majlis al-amah al-Urduni, 1921—1984)，安曼：信息部，1984 年。

11　包括来自巴迪亚南部和北部地区的两名成员，无一例外地由班尼萨赫尔和胡韦塔特部落各出一名代表。

12　委员会成员来自三个选区：阿杰隆(4 名代表，包括 1 名基督徒)；拜勒加(8 名代表，包括 2 名切尔克斯人和 1 名基督徒)；卡拉克和马安(4 名代表，包括 1 名基督徒)。

209

13　英国当局并不建议成立"代表大会"，认为这个名字意味着"外约旦政府已经发展成为一个负责任的政府，但是事实却并非如此"。

14　绝大部分主要部落都派代表出席 TNC 第一次执行委员会。这些部落包括：拜勒加地区的阿德万部落，萨勒特地区的库尔德人部落和阿瓦姆莱部落；卡拉克地区的塔拉瓦那和马贾利部落；班尼萨赫尔部落的艾勒法伊兹和赫莱沙家族；以及胡韦塔特部落的伊本·贾兹。参见塔勒《哈希姆统治的社会起源》(The Social Origins of Hashemite Rule)，第 193 页。

15　例如，到 1934 年扎尔卡地区的班尼哈桑部落"严重贫困"，损失了大部分牛群,连续四年颗粒无收。参见皇家空军(RAF)"巴勒斯坦和外约旦每月情报总结,1934 年 2 月",E1794/1794/31,1934年 3 月 1 日。

16 例如,1926 年当地名流试图阻止任命一名秘书长,理由是秘书长应该由代表大会选举产生。参见《泰晤士报》,1926 年 10 月 21 日。

17 《公报》,第 162 期,1927 年 8 月 1 日。

18 1934 年选举中用于第二轮投票的贿选金高达£P200。参见RAF10 月情报汇报,E6944/1794/31,1934 年 11 月 1 日。

19 例如,塔拉瓦那在 1934 年选举中入狱,之后服刑期被减少至 1 个月。参见 RAF10 月情报汇报,E6944/1794/31,1934 年 11 月 1 日。

20 1933 年英国政府报告,第 243 页。

21 第一次选举结果参见 E1359/318/65,考克斯 - 钱塞勒(Cox-Chanceller):"立法会选举结果"(Election Results for the Legislative Council),1929 年 2 月 20 日。

22 玛丽·威尔逊:《阿卜杜拉国王,英国与约旦建国》,剑桥:剑桥大学出版社,1987 年版,第 96 页。

23 要了解土地登记和土地税的计算可参见迈克尔·菲施巴赫(Michael Fischbach)的文章《英国在外约旦土地政策》(British Land Policy in Transjordan)。这篇文章收录于尤金·罗根和塔里克·塔勒编著的《村庄、大草原和国家政权:现代约旦的社会起源》,伦敦:英国学术出版社,1994 年版。

24 1933 年英国政府报告,第 248 页。

25 《泰晤士报》,1934 年 4 月 4 日。

26 约翰·巴戈特·格拉布(John Bagot Glubb):《外约旦部落的经济状况》(The Economic Situation of the Transjordan Tribes),《皇家中亚社会期刊》(Journal of the Royal Central Asian Society),1938 年第 25 期,第 455 页。

27 里卡多·伯克(Riccardo Bocco)和塔里克·塔勒(Tariq Tell):

《大草原上英国强权维持的和平：英国政策和外约旦贝都因人》(*Pax Britannica* in the Steppe: British Policy and the Transjordan Bedouin)。本文收录于尤金·L.罗根和塔里克·塔勒编著的《村庄、大草原和国家政权：现代约旦的社会起源》，伦敦：英国学术出版社，1994 年版，第 108 页。

28　哈特姆·A.萨来拉(Hatem A. Al-Sarairah)未出版的博士论文《贝都因舞台上的英国演员：格拉布在约旦的事业，1930—1956》(A British Actor on the Bedouin Stage: Glubb's Career in Jordan, 1930—1956)，印第安纳大学，1989 年，第 100 页。

29　戈弗雷·莱尔斯(Godfrey Lias)：《格拉布的军团》(*Glubb's Legion*)(伦敦：埃文斯兄弟出版公司，1956 年版)，第 29 页。

30　约翰·巴戈特·格拉布(John Bagot Glubb)：《阿拉伯军团》(*The Story of the Arab Legion*)，伦敦：霍德和斯托顿出版公司，1946 年版，第 93 页。　　210

31　陆军少校 T. N.布罗梅奇(T. N. Bromage)：《约旦》(Jordan)，《皇家中亚社会期刊》，1962 年第 49 期，第 20 页。

32　皇家空军情报总结，1934 年 2 月，E1794/1794/31，1934 年 3 月 1 日。

33　印度事务部，考克斯写给高级专员的信，1932 年 6 月 18 日。

34　根据里卡多·伯克(Riccardo Bocco)的估计，1946 年外约旦城市中心的人口为：萨勒特 14 479 人；马安 8 000 人；兰姆沙 9 790 人；伊尔比德 6 693 人；卡拉克 6 698 人；阿喀巴 2 900 人。虽然安曼此时作为主要的人口中心拥有 65 754 人，但是它作为首都已经建设了 25 年而且还经历了第二次世界大战期间英国备战带来的经济繁荣，这个人口可算不上多。参见塔勒博士论文《哈希姆统治的社会起源》中对伯克的引用，第 187 页。

35　更多关于外约旦商人的论述详见阿布拉·阿玛维(Abla M. Amawi)的文章《第二次世界大战期间外约旦商人阶级的巩固》(The Consolidation of the Merchant Class in Transjordan during the Second World War），此文收录于罗根和塔勒编写的《村庄、大草原和国家政权》一书中。

36 科克布莱德1939年8月的报告，E6665/263/31。

37 有一次例外是1939年8月埃米尔"毫无异议接受了首相的最终提议"。详情参见科克布莱德8月报告，E6665/263/31。

38 1938年英国政府报告，第312页。

39 彼得·古布泽(Peter Gubser)：《约旦卡拉克城的政治与改变：对一个约旦小城及所属区域的研究》(*Politics and Change in Al-Karak, Jordan: A Study of a Small Arab Town and its District*)，牛津：牛津大学出版社，1973年版，第102—103页。

40 印度事务部132/1，普卢默(Plumer)写给埃默里(Amery)的信，1927年5月6日。

41 考克斯3月报告E2688/89/31，1936年4月2日。

42 关于巴勒斯坦在阿卜杜拉心中的优先地位，学者们有不同看法。《主权之争》(*The Struggle for Sovereignty*)一书的作者罗恩·庞迪克(Ron Pundik)认为"阿卜杜拉之所以对巴勒斯坦产生真正的兴趣并开始关注巴勒斯坦，起决定因素的是1936年开始的一系列事件"(第30页)。《阿卜杜拉国王》(*King Abdullah*)一书的作者玛丽·威尔逊(Mary Wilson)则认为"至少到1947年为止，巴勒斯坦都不是阿卜杜拉唯一甚至不是他主要的关注焦点"(第103页)。

43 约瑟夫·内沃(Joseph Nevo)：《阿卜杜拉国王和巴勒斯坦：对领土的野心》(*King Abdallah and Palestine: A Territorial Ambition*)，贝辛斯托克：麦克米伦出版公司，1996年版，第14页。

44 内沃：《阿卜杜拉国王和巴勒斯坦》，第13页。

45 1929年英国政府报告，第143页。

46 英国之所以支持这一做法一方面是为了增加阿卜杜拉在国内的政治资本，另一方面则是为了财政开源。具体参见殖民地部霍尔先生(Mr Hall)1929年12月24日针对泰晤士报记者哈里·皮里-

戈登(Harry Pirie-Gordon)与印度事务部的约翰·沙克伯格爵士(Sir John Shuckburgh)两人之间通信的评论,CO831/6/69489,1929年。

47　阿卜杜拉和犹太人事务局签署了一份文件出租约旦谷地的60 000杜努姆土地。参见考克斯1933年1月的政治报告,印度事务局E1163/169/31,1933年2月3日。

48　外约旦议会决议第三段,1933年6月7日,FO371/16932。

49　阿维·施莱姆(Avi Shlaim):《关于领土分割的政治:阿卜杜拉国王、锡安主义者和巴勒斯坦》(*The Politics of Partition: King Abdullah, the Zionists and Palestine*),牛津:牛津大学出版社,1990年版,第50页。

50　《每日电讯报》,1937年11月5日。

51　玛丽·威尔逊:《阿卜杜拉国王,英国与约旦建国》,第112页。威尔逊还写道"如果说费萨尔之死打开了泛阿拉伯时代的窗口,那么阿卜杜拉和犹太人事务局的接触证明他不适合这个角色",第115页。

52　考克斯4月报告,E3442/89/31,1936年5月2日。

53　考克斯11月报告,E263/263/31,1938年12月2日。

54　科克布莱德5月报告,E4696/263/31。

55　科克布莱德4月报告,E3790/263/31。

56　科克布莱德3月报告,E3583/263/31。

57　罗恩·庞迪克(Ron Pundik):《主权之争:英国与约旦的关系,1946—1951》(*The Struggle for Sovereignty: Relations Between Great Britain and Jordan, 1946—1951*),牛津:黑井出版公司(Blackwell),1994年版,第33页。

58　阿卜杜拉必须取道卡拉克前往马安,卡拉克正是科克布莱德的工作所在地。据科克布莱德回忆,当时他有两个选择,要么阻止阿卜杜拉继续前行,要么对他说"先生,欢迎来到外约旦"。他选择了后者。参见亚力克·科克布莱德爵士(Sir Alec Kirkbride)

的著作《荆棘之裂纹：中东经历》(*A Crackle of Thorns: Experiences in the Middle East*)，伦敦：约翰·穆雷出版社，1956年版，第 26 页。

59　科克布莱德 9 月报告，E7205/263/31。

60　科克布莱德：《荆棘之裂纹：中东经历》，第 131 页。

61　科克布莱德：《荆棘之裂纹：中东经历》，第 131 页。

62　《关于阿拉伯军团在最近伊拉克行动中的作用之报告》(A Report on the Role Played by the Arab Legion in Connection with the Recent Operations in Iraq)，格拉布文件，伊拉克 1941—1942 ALC/48，《中东私人文件集》(Middle East Private Papers Collection)，牛津大学圣安东尼学院。

63　戈弗雷·莱尔斯：《格拉布的军团》，第 127—130 页。

64　1985 年 12 月 11 日与在 1931—1947 年间服役于沙漠巡逻队的雅各布·撒尔迪(Yaqub Salti)访谈。

65　瓦尔坦·阿玛杜尼(Vartan M. Amadouny)：《英国委任统治下的基建》(Infrastructural Development under the British Mandate)，尤金·罗根和塔里克·塔勒：《村庄、大草原和国家政权：现代约旦的社会起源》，第 142—143 页。

66　马丁·威明顿(Martin W. Wilmington)：《中东供给中心》(*The Middle East Supply Centre*)，阿尔巴尼：纽约州立大学出版社，1971 年版。

67　阿布拉·阿玛维：《第二次世界大战期间外约旦商人阶级的巩固》，罗根和塔勒：《村庄、大草原和国家政权》，第 175 页。

68　1988 年 8 月 21 日于安曼采访阿迪卜·谢卜利(Adeeb Shibli)。

69　瓦尔坦·阿玛杜尼：《英国委任统治下的基建》，尤金·罗根和塔里克·塔勒：《村庄、大草原和国家政权》，第 150 页。

70　伊丽莎白·门罗(Elizabeth Monroe)：《中东的英国时刻，1914—1956》(*Britain's Moment in the Middle East*, *1914—1956*)，伦敦：查特与温达斯出版社，1963 年版，第 156 页。

第四章　童真不再

1　要了解关于 1948 年的讨论和外约旦的历史学,参考尤金·罗根所
　　著的文章《外约旦与 1948: 一部关于坚持的官方历史》
　　(Transjordan and 1948: The Persistence of an Official History)。
　　此文收录于尤金·罗根(Eugene L. Rogan)和阿维·施莱姆(Avi
　　Shlaim)编著的《巴勒斯坦之战:重写 1948 年历史》(The War for
　　Palestine: Rewriting the History of 1948),剑桥:剑桥大学出版
　　社,2001 年版。

2　埃斯蒙德·莱特(Esmond Wright):《阿卜杜拉的约旦:　　212
　　1947—1951》(Abdallah's Jordan: 1947—1951),《中东期刊》
　　(Middle East Journal),1951 年秋第 5 卷第 4 期,第 459 页。

3　罗伯特·塞特洛夫称这一时刻是“旧日终逝”。参见罗伯特·B.塞
　　特洛夫(Robert B. Satloff):《从阿卜杜拉到侯赛因:过渡中的约
　　旦》(From Abdullah to Hussein: Jordan in Transition),牛津:
　　牛津大学出版社,1994 年版,第 3 页。

4　伊丽莎白·门罗:《中东的英国时刻,1914—1956》,伦敦:查特与
　　温达斯出版社,1963 年版,第 160 页。

5　玛丽·威尔逊:《阿卜杜拉国王,英国与约旦建国》,剑桥:剑桥大
　　学出版社,1987 年版,第 164 页。

6　特雷弗·罗伊尔(Trevor Royle):《格拉布帕夏》(Glubb Pasha),
　　伦敦:利特尔和布朗出版社,1992 年版,第 355 页。

7　玛丽·威尔逊:《阿卜杜拉国王,英国与约旦建国》,第 166 页。

8　乌里·巴尔-约瑟夫(Uri Bar-Joseph):《最好的敌人:1948 年战
　　争中的以色列和外约旦》(The Best of Enemies: Israel and
　　Transjordan in the War of 1948),伦敦:卡斯出版社,1987 年
　　版,第 50 页。

9　例如,阿卜杜拉国王在回忆录里把他父亲在第一次世界大战中的
　　举动同先知穆罕默德相联系:“众所周知,先知的军队复兴了,他的

阿拉伯子民被唤醒,这一切归因于信众的指挥官侯赛因·伊本·阿里,祈主喜之。"参见《我的回忆录》(*My Memoirs Completed*),伦敦:朗文出版社,1978 年版,第 75 页。

10　尤金·罗根:《外约旦与 1948》,尤金·罗根和阿维·施莱姆:《巴勒斯坦之战:重写 1948 年历史》,第 112 页。

11　P. J.瓦提克奥蒂斯(P. J. Vatikiotis)称这一时期的阿拉伯军团"主要是一支精英作战部队"。参见他的著作《约旦政治与军事:阿拉伯军团研究,1921—1967》(*Politics and the Military in Jordan: 1921—1967*),伦敦:卡斯出版公司,1967 年版,第 7 页。

12　玛丽·威尔逊:《阿卜杜拉国王,英国与约旦建国》,第 174 页。

13　詹姆斯·伦特(James Lunt):《格拉布帕夏传记》(*Glubb Pasha: A Biography*),伦敦:哈维尔出版社,1984 年版,第 146 页。

14　约翰·巴戈特·格拉布(John Bagot Glubb):《一名军人在阿拉伯》(*A Soldier with the Arabs*),伦敦:霍德和斯托顿出版社,1957 年版,第 157 页。

15　西姆哈·弗莱班(Simha Flapan):《以色列的诞生:神话与现实》(*The Birth of Israel: Myths and Realities*),伦敦:克鲁姆海尔姆出版社,1987 年版,第 100 页。

16　阿维·施莱姆(Avi Shlaim):《铁墙:以色列与阿拉伯世界》(*The Iron Wall: Israel and the Arab World*),纽约:诺顿出版社,2000 年版,第 38 页。

17　乌里·巴尔-约瑟夫:《最好的敌人:1948 年战争中的以色列和外约旦》,伦敦:卡斯出版社,1987 年版。

18　阿维·施莱姆:《铁墙:以色列与阿拉伯世界》,第 4 页。

19　巴尔-约瑟夫:《最好的敌人》,第 17 页。

20　引自巴尔-约瑟夫:《最好的敌人》,第 234 页。

21　约瑟夫·内沃:《阿卜杜拉国王和巴勒斯坦:对领土的野心》,贝辛斯托克:麦克米伦出版公司,1996 年版,第 166 页。

22　玛丽·威尔逊:《阿卜杜拉国王,英国与约旦建国》,第 195 页。

23 参见彼得·曼斯菲尔德(Peter Mansfield)的文章《约旦和巴勒斯坦》(Jordan and Palestine)，此文章收录于帕特里克·希尔(Patrick Seale)：《成为阿拉伯政治家：谢里夫·阿卜杜勒·哈米德·谢拉夫与现代阿拉伯世界》(*The Shaping of an Arab Statesman: Sharif Abd al-Hamid Sharaf and the Modern Arab World*)，伦敦：四重奏出版社(Quartet)，1983 年版，第30 页。

24 阿维·普拉斯哥(Avi Plascow)：《约旦的巴勒斯坦难民，1948—1957》(*The Palestinian Refugees in Jordan, 1948—1957*)，伦敦：卡斯出版社，1981 年版，第26 页。

25 塞特洛夫(Satloff)写了一部关于约旦两次王权更替的权威著作，在书中他认为我们无法得知谁最终为刺杀事件负责。具体参见塞特洛夫：《从阿卜杜拉到侯赛因》，第32 页。

26 卡迈勒·萨利比：《约旦现代史》，伦敦：陶里斯出版公司，1993 年版，第166 页。

27 事实上，法律规定王位应该由阿卜杜拉最近的男性亲属继承。但是法律同时也规定如果王室声明这名男性亲属不适合继承王位，那么此人将被排除在继承权之外。

第五章 喧嚣的 50 年代

1 20 世纪 50 年代中期英国驻约旦大使查尔斯·约翰逊(Charles Johnston)于 1956 年 11 月到达约旦时宣称约旦"毫无希望"。参见他的著作《约旦边缘》(*The Brink of Jordan*，伦敦：哈米什·汉密尔顿出版社，1972 年版)，第 17 页。即使在事后，评论家们也很难解释约旦为什么能够挺过难关。唐纳德·麦克莱恩(Donald Maclean)认为这是"一件怪事"，参见他的著作《苏伊士运河事件以来的英国外交政策》(*British Foreign Policy Since Suez*)，伦敦：霍德和斯托顿出版公司，1970 年版，第 189 页。

2 罗伯特·B.塞特洛夫(Robert B. Satloff)：《从阿卜杜拉到侯赛因：

213

过渡中的约旦》(*From Abdullah to Hussein: Jordan in Transition*),牛津:牛津大学出版社,1994年版,第43页。

3 例如,约旦共产党也承认宪法是一部好的法律,愿意遵守宪法的基本原则。1989年9月24日于安曼采访共产党元老雅古卜·扎雅丁(Yacoub Zayadin)。

4 参见《哈希姆约旦王国宪法》第八条,第7页。

5 例如,在约旦无人敢惹怒塔拉勒,因此找不出两名能够确诊塔拉勒病情的约旦医生。

6 这是艾奇尔·海德·哈桑·阿比迪(Aqil Hyder Hasan Abidi)著作第四章的标题。详见《约旦:政治研究,1948—1957》(*Jordan: A Political Study, 1948—1957*),伦敦:亚洲出版社,1965年版,第85—108页。

7 阿维·普拉斯哥(Avi Plascow):《约旦的巴勒斯坦难民,1948—1957》(*The Palestinian Refugees in Jordan, 1948—1957*),伦敦:卡斯出版社,1981年版,第60页。

8 J. C. 艾尔(J. C. Eyre):《巴勒斯坦阿拉伯人的边界村庄》(Frontier Village of Arab Palestine),MEDD图书馆馆藏文献,1952年5月,第2页。

9 R. S. 波特(R. S. Porter):《约旦经济调查》(Economic Survey of Jordan),MEDD图书馆馆藏文献,1953年9月,第26页。

10 法齐·加拉贝赫(Fawzi A. Gharaibeh):《西岸和加沙地带的经济》(*The Economies of the West Bank and Gaza Strip*),博德尔:西景出版社,1985年版,第10页。

11 法齐·加拉贝赫:《西岸和加沙地带的经济》,第15页。

12 附件Ⅱ,《巴勒斯坦基金对约旦的流向,1948—1952》(The Movement of Palestinian Funds to Jordan, 1948—1952),1952年11月5日,第2、4页。

13 波特:《约旦经济调查》,第21页。

14 参见莫迪凯·尼桑(Mordechai Nisan)的文章《约旦的巴勒斯坦特

征》(The Palestinian features of Jordan)。此文收录于丹尼尔·埃拉扎(Daniel Elazar):《朱迪亚、撒马利亚和加沙:关于现在和未来的看法》(*Judea, Samaria and Gaza: Views on the Present and the Future*),华盛顿特区:美国企业研究所,1982 年版,第 115 页。

15　普拉斯哥:《约旦的巴勒斯坦难民,1948—1957》,第 37 页。

16　丹尼尔·勒纳(Daniel Lerner):《传统社会之逝去》(*The Passing of Traditional Society*),纽约:自由出版社,1958 年版,第 303 页。　214

17　唐·佩雷兹(Don Peretz):《西岸》(*The West Bank*),博德尔:西景出版社,1984 年版,第 34 页。

18　乔尔·米格代尔(Joel S. Migdal):《巴勒斯坦社会与政治》(*Palestinian Society and Politics*),新泽西:普林斯顿大学出版社,1980 年版,第 39 页。

19　卡迈勒·阿卜·贾贝尔(Kamel Abu Jaber):《约旦人和约旦的人民》(*The Jordanians and the People of Jordan*),安曼:皇家科学学会,1980 年版,第 98 页。

20　乌列·达恩(Uriel Dann):《侯赛因国王与阿拉伯激进主义的挑战:约旦,1955—1967》(*King Hussein and the Challenge of Arab Radicalism: Jordan, 1955—1967*),牛津:牛津大学出版社,1989 年版,第 169 页。

21　侯赛因是在阴历 18 岁生日那天登基。

22　当时就有资料指出"安曼的老人们(对待国王)一副居高临下的态度",而"可怜的"侯赛因"局促不安"。参见雷·艾伦(Ray Allan)的文章《约旦:地主政治的兴衰》(Jordan: Rise and Fall of a Squirearchy),文章刊登于《评论》(*Commentary*),1957 年 3 月第 23 卷第 3 期,第 246 页。

23　参见 J. B. 斯雷德-贝克(J. B. Slade-Baker)对尤素福·班达克和尤素福·巴米亚的采访。采访中前者抱怨说 20—45 岁的受过教育的约旦人"感到挫败",尤其是看到国王被几个世家所包围时。这个采访记录在斯雷德-贝克的"中东日记"(Middle East Diary)中,时间是 1954 年 12 月 10—21 日。

24　沙乌勒·米沙勒(Shaul Mishal):《东岸/西岸:巴勒斯坦人在约旦,1949—1967》(*East Bank/West Bank: The Palestinians in Jordan, 1949—1967*),纽黑文:耶鲁大学出版社,1978 年版,第 56 页。

25　约旦军队的规模从 1945 年的 6 000 人扩张到 1955 年的 23 000 人,其中军官数翻了 5 倍,达到 1 500 人,但是许多军官年轻经验不足。格拉布担心如此迅速的扩张会埋下隐患。详见约翰·巴戈特·格拉布(John Bagot Glubb):《一名军人在阿拉伯》(*A Soldier with the Arabs*),伦敦:霍德和斯托顿出版社,1957 年版,第 386—387 页。

26　格拉布的大名经常见诸埃及的新闻宣传,常被称作"帝国的蝎子"。详见特雷弗·罗伊尔(Trevor Royle):《格拉布帕夏:约翰·巴戈特·格拉布爵士,阿拉伯军团指挥官的一生与历史时刻》(*Glubb Pasha: The Life and Times of Sir John Bagot Glubb, Commander of the Arab Legion*),伦敦:利特尔和布朗出版社,1992 年版,第 439 页。

27　查尔斯·约翰逊(Charles Johnston) 指出格拉布的指挥和英约条约都已过时。详见他的著作《约旦边缘》(*The Brink of Jordan*),第 42 页。

28　引自查尔斯·约翰逊:《约旦边缘》,第 42 页。

29　瓦尔特·Z.拉克(Walter Z. Laqueur):《中东共产主义与民族主义》(*Communism and Nationalism in the Middle East*),伦敦:劳特利奇和基根·保罗出版社(Routledge ＆Kegan Paul),1956 年版,第 130 页。

30　参见叶海亚·法耶兹·埃尔·哈达德(Yahya Fayez El Haddad) 未出版的博士论文:《社会变革与现代化过程 约旦:发展中国家

的例子》(Social Change and the Process of Modernization. Jordan: A Case of a Developing Country),密苏里大学,1974 年,第 141 页。

31　达恩:《侯赛因国王》,第 43 页。

32　侯赛因国王对艾森豪威尔的崇拜之情持续了一生。作者曾于 1984 年采访侯赛因国王,他在访谈中称艾森豪威尔政府为美国中东政策的黄金时期,把艾森豪威尔在 50 年代中期坚定的立场和展现出的政治家才干与之后美国总统对以色列的绥靖政策作了比较。同样,侯赛因国王还称赞 1982 年的里根计划,称之为"1956 年以来美国政府采取的最有勇气最现实的举动"。这段话见于《纽约客》1983 年 9 月 19 日刊登的短文《君王画像》(Profiles Monarch),第 51 页。

33　侯赛因国王镇压共产主义运动也许和他与 CIA 的关系有关。他之后接受 CIA 的资助长达 20 多年。《华盛顿邮报》报道,摘自 EIU, QER1, 1997。

34　P. J.瓦提克奥蒂斯(P. J. Vatikiotis)写到贝都因人和东部城市哈达里(hadari)军官之间紧张的关系。他注意到:"贝都因人对待哈达里军官和 NCO 就算没有敌意至少也是不屑一顾的。"详见他的著作《约旦政治与军事:对阿拉伯军团的研究,1921—1967》(*Politics and the Military in Jordan: A Study of the Arab Legion, 1921—1967*),伦敦:卡斯出版公司,1967 年版。反过来,如果哈达里军官"能够不表现出智力上的优越感或者看起来不那么目中无人,那么他必定会受到贝都因人的欢迎",第 93 页。

35　达恩:《侯赛因国王》,第 56 页。

36　《王者难安:约旦侯赛因国王自传》(*Uneasy Lies the Head: An Autobiography of King Hussein of Jordan*),伦敦:海尼曼出版公司,1962 年版,第 127 页。

37　《王者难安》,第 127 页。

38　J. B.斯雷德-贝克(J. B. Slade-Baker)1957 年 4 月 24 日寄出的报

215

道,第 2—3 页。

39 要想了解乔治·哈巴什(George Habash)的经历可阅读瓦利德·
    W.卡兹哈(Walid W. Kazziha)的著作《阿拉伯世界的革命转变:
    哈巴什与他的同志从民族主义者向共产主义者的转向》
    (*Revolutionary Transformation in the Arab World: Habash and
    his Comrades from Nationalism to Marxism*),伦敦:查尔斯奈特
    出版社,1975 年版。

40 要了解法尔汉 50 年代中期在约旦发展建设中的作用可参考保
    罗·W. T.金斯顿(Paul W. T. Kingston)的文章《打破委任统治模
    式:经济民族主义与约旦建国,1951—1957》(Breaking the
    Patterns of Mandate: Economic Nationalism and State
    Formation in Jordan, 1951—1957),文章收录于尤金·罗根
    (Eugene L. Rogan)和塔里克·塔勒(Tariq Tell)编著的《村庄、大
    草原和国家政权》,伦敦:英国学术出版社,1994 年版。

41 马尔科姆·H.科尔(Malcolm H. Kerr):《阿拉伯冷战:迦玛尔·
    阿卜杜尔·纳赛尔及其对手们,1958—1970》(*The Arab Cold
    War: Gamal Abdel Nasir and His Rivals, 1958—1970*),牛津:
    牛津大学出版社,1981 年版。

42 迈克尔·N.巴奈特(Michael N. Barnett):《阿拉伯政坛的对话:
    地区秩序的谈判》(*Dialogues in Arab Politics: Negotiations in
    Regional Order*),纽约:哥伦比亚大学出版社,1998 年版,
    第 47 页。

43 之前还有几次哈希姆家族联合的提议均以失败而告终,详见布鲁
    斯·麦迪-韦茨曼(Bruce Maddy-Weitzma)的文章《约旦和伊拉
    克:哈希姆家族内部的统一努力》(Jordan and Iraq: Efforts at
    Intra-Hashimite Unity),文章刊登于《中东研究》(*Middle Eastern
    Studies*),1990 年 1 月,第 26 卷第 1 期,第 65—75 页。

44 详见 J. B.斯雷德-贝克的报道《约旦军队建设》(Jordan Army
    Buildup),报道于 1958 年 8 月 24 日刊登在《泰晤士报》上。

45　侯赛因国王:《王者难安》,第 204 页。

第六章　通往灾难之路

1　瓦斯菲·塔勒(Wasfi al-Tal)的精彩传记请阅亚设·苏沙(Asher
　　Susser)所著《在约旦河两岸:瓦斯菲·塔勒政治传记》(*On Both
　　Banks of the Jordan. A Political Biography of Wasfi al-Tall*),
　　伦敦:卡斯出版社,1994 年版。

2　乌利尔·达恩(Uriel Dann):《侯赛因国王和阿拉伯极端主义的挑
　　战:约旦 1955—1967》(*King Hussein and the Challenge of Arab
　　Radicalism, Jordan 1955—1967*),牛津:牛津大学出版社,1989
　　年版,第 13 页。

3　理查德·罗琳·泰勒(Richard Loring Taylor):《穆斯塔法之旅:　216
　　约旦诗人阿拉尔之歌》(*Mustafa's Journey. Verse of Arar: Poet
　　of Jordan*),伊尔比德:雅尔穆克大学出版社,1988 年版,第 2 页。

4　一位英国大使认为瓦斯菲·塔勒(Wasfi al-Tal)虽然善于处理内
　　政,但"在外交上狂妄自大,固执己见,区别对待,有时极端幼稚"。
　　见 EJ1022/21,帕克斯(Parkers)—外交部,1962 年 12 月 3 日。

5　在从安曼发出的英国特电中经常提及这点。见:FO371/164080,
　　《年度报告》,1961,汉尼克(Henniker)—市长;FO371/164082,特
　　电♯22,汉尼克(Henniker)—市长至国务卿,1962 年 2 月。

6　苏沙(Susser):《在约旦河两岸》,第 37 页。

7　FO371/164082,特电♯22。

8　克林顿·巴利(Clinton Bailey):《约旦的巴勒斯坦挑战,
　　1948—1983:政治历史》(*Jordan's Palestinian Challenge,
　　1948—1983: A Political History*),博尔德:西景出版社,1984
　　年版,第 16—17 页。

9　FO371/164082,汉尼克(Henniker)—市长至外交部,1962 年 2
　　月 2 日。

10　对谢里夫·阿卜杜勒·哈米德·谢拉夫(Sharif Abdul Hamid

Sharaf)生平的溢美之词请阅帕特里克·西尔:《成为阿拉伯政治家:谢里夫·阿卜杜勒·哈米德·谢拉夫与现代阿拉伯世界》,伦敦:四重奏出版社,1983年版。

11 伊皮芬·莎贝拉(Epiphan Sabella):《外部事件与政治精英循环:1946—1980 年间约旦内阁调整》(External Events and Circulation of Political Elites: Cabinet Turnover in Jordan, 1946—1980),未出版博士论文,弗吉尼亚大学,1981 年,第 186 页。

12 FO371/164082,特电♯22,汉尼克—市长至国务卿,1962 年 2 月 16 日。

13 为确保选拔公正,光明正大,塔勒(Tall)亲自拟定考试题目,在考试前一直亲自保管考题。

14 EJ1015/30,汉尼克(Henniker)—市长至外交部,1962 年 2 月 16 日。

15 EJ1015/90(A),帕克斯(Parkers)至外交部,1962 年 11 月 27 日。

16 达恩:《侯赛因国王和阿拉伯极端主义的挑战》,第 120 页。

17 劳丽·布兰德(Laurie A. Brand):《约旦与其他阿拉伯国家的关系:结盟的政治经济学》(Jordan's Inner-Arab Relations: The Political Economy of Alliance Making),纽约:哥伦比亚大学出版社,1994 年版,第 74 页。

18 保罗·金斯敦(Paul W. T. Kingston):《英国与中东政治现代化:1945—1958》(Britain and the Politics of Modernization in the Middle East, 1945—1958),剑桥:剑桥大学出版社,1996 年版,第 135 页。

19 对计划的评论见保罗·卡拉特(Paul J. Klat):《1962—1967 年约旦五年经济发展计划》(Jordan's Five-Year Program for Economic Development, 1962—1967),收于保罗·卡拉特:《中东经济论文》(Middle East Economic Papers),贝鲁特:贝鲁特美国大学经济研究所,1963 年版。

20 他将领导中东地区最大的工程公司之一 dar al-handissah 公司。

21 因为美国的预算支持过低,公布后不到两年不得不修改。之后重新启动为"1964—1970 七年计划"。

22 1952 至 1962 年间的发展计划特色为"为单一项目计划"。见《1986—1990 年经济和社会发展五年计划》(*Five Year Plan for Economic and Social Development, 1986—1990*),安曼:规划部,1986 年,第 1 页。

23 杰弗里·弗朗爵士 (Sir Geoffrey Furlonge):《今日约旦》(Jordan Today),收于《王室中亚协会期刊》(*Journal of the Royal Central Asian Society*),第 53 卷(1966 年),第 277—287,282 页。

24 拉米·克里(Rami G. Khouri):《约旦河谷:海平线下的社会与生活》(*The Jordan Valley: Life and Society Below Sea Leval*),伦敦:朗曼出版社,1981 年版,第 20 页。 217

25 也门内战和背景讨论请阅保罗·德雷施(Paul Dresch):《现代也门历史》(*A History of Modern Yemen*),剑桥:剑桥大学出版社,2000 年版。

26 空军被摧毁,丧失 80% 的武装力量,陆军 11 个旅中只有 4 个旅保持战斗能力。

27 萨米尔·穆塔维(Samir A. Mutawi):《1967 战争中的约旦》(*Jordan in the 1967 War*),剑桥:剑桥大学出版社,1987 年版,第 141 页。

28 劳伦斯·塔勒 (Lawrence Tal):《约旦政治、军事和国家安全:1955—1967》(*Politics, the Military and National Security in Jordan, 1955—1967*),贝辛斯托克:帕尔格雷夫·麦克米伦出版社,2002 年版,第 22 页。

29 理查德·帕克 (Richard B. Parker):《中东误判政治》(*The Politics of Miscalculation in the Middle East*),布鲁明顿:印第安纳大学出版社,1993 年版。

30 应指出,袭击的性质是由以色列军队决定的。袭击之凶猛令很多以色列人感到震惊,尤其是当时的总理列维·艾希科尔(Levi

Eshkol)。见艾维·施莱姆(Avi Shlaim):《铁壁:以色列和阿拉伯世界》(*The Iron Wall: Israel and the Arab World*),纽约:诺顿出版社,2000年版,第234页。

31 事实上,被认为是新起义策略"烈士"的第一个巴勒斯坦人艾哈迈德·穆萨 (Ahmad Musa)实际上是于1965年1月被约旦人而不是被以色列安全部队杀死的。

32 达恩,《侯赛因国王和阿拉伯极端主义的挑战》,第155页。

33 劳拉·詹姆斯(Laura James):《敌人形象:六日战争前夕埃及和约旦外交决策》(Images of the Enemy: Foreign Policy Making in Egypt and Jordan on the Eve of the Six Day War),未出版哲学硕士论文,牛津大学,2002年。

34 这既不是空想也不多疑。至少从1963年开始,外国使馆一直在猜测关于以色列袭击西岸的可能性。应记得,前以色列总理本-古里安(Ben-Gurion)曾在1948年认真考虑进一步袭击西岸,但最终选择向内盖夫(Negev)扩张以色列领土。

35 侯赛因国王确实把塔勒职位从首相变为王室首席顾问,这是一个亲密的顾问职位,在理论上应该使塔勒更有影响力。在现实中,他对纳赛尔(Nasser)著名的犀利意见被接连漠视。

36 约旦的转变如此突然,出乎意外,埃及不情愿地对哈马什(Khammash)介绍他们的军事准备事宜。

37 引用于穆塔维(Mutawi)所著《1967战争中的约旦》(*Jordan in the 1967 War*),第87页。

38 这是机动防御的概念,十几年前,格拉布(Glubb)在执政时期已经着手计划。

39 迈克尔·哈德森(Michael Hudson):《巴勒斯坦人的阿拉伯运动:在中东危机中的意义》(The Palestinian Arab Movement: Its Significance in the Middle East Crisis),载《中东期刊》,第23卷,第3期(1969年夏),第307页。

40 卡迈勒·萨利比:《约旦现代史》,伦敦:陶里斯出版公司,1993年版,第 228 页。

41　见美国驻约旦使馆陆军武官诺威尔·德·阿特金(Norvell De
Atkine):《1970 年安曼回忆录》(Amman 1970, A Memoir),载
《中东国际事务评论》,第 6 卷,第 4 期(2002 年 12 月),第 4 页。

42　卡迈勒·萨利比:《约旦现代史》,第 230 页。

43　詹姆斯·伦特(James Lunt):《约旦侯赛因:政治传记》(*Hussein
of Jordan: A Political Biography*),伦敦:麦克米伦出版
社,1989 年版,第 136 页。

第七章　进展幻想

1　第三类倾向包括身份不明确的群体,比如:少数族裔,如切尔克
斯(Circassians)人;历史上横跨约旦河两岸居住并且重要家族成
员仍然在两岸居住的家庭;广泛跨族通婚的家庭,尤其是在城市中
心如卡拉克(Karak)和希伯伦(Hebron),萨尔特(Salt)和纳布卢
斯(Nablus)之间具有很强横向联系的家庭;那些意识形态观点部
分改变其族裔认同的人,例如,穆斯林兄弟会中的一些外约旦成
员;那些在 1947 年以前就居住在东岸并视约旦为其祖国的巴勒斯
坦人,即使外约旦民族主义让他们觉得不安。

2　例如,巴勒斯坦全国委员会(PNC)的许多成员以约旦为基地。

3　纳瓦夫·瓦斯菲·特勒(Nawaf Wasfi Tell):《20 世纪 70 年代约
旦外交政策》(Jordanian Foreign Policy in the 1970s),未出版博士
论文,埃克塞特大学,2001 年,第 88,101 页。

4　一般用来表示可能包括在 1967 年前由埃及控制的加沙地带。

5　劳丽·布兰德 (Lauri A. Brand):《巴勒斯坦人和约旦人:身份危
机》(Palestinians and Jordanians: A Crisis of Identity),载《巴勒
斯坦研究期刊》,第 24 卷,第 4 期(1995 年夏),第 96 期,第 50 页。

6　特勒(Tell)引用阿德南·阿布·欧德赫(Adnan Abu Odeh),载
《20 世纪 70 年代约旦外交政策》,第 125 页。

7　特勒(Tell):《20 世纪 70 年代约旦外交政策》,第 152 页。

218

8　亚设·苏沙：《约旦、巴解组织和巴勒斯坦问题》(Jordan, the PLO and the Palestine Question)，载约瑟夫·内沃 (Joseph Nevo)和伊兰·帕斐 (Ilan Pappe)：《中东约旦：成为关键国家，1948—1988》(*Jordan in the Middle East: The Making of a Pivotal State*)，伦敦：卡斯出版社，1994 年版，第 214 页。

9　詹姆斯·伦特：《约旦侯赛因：政治传记》，伦敦：麦克米伦出版社，1989 年版，第 163 页。

10　感谢我在牛津大学圣安东尼学院的同事艾维·施莱姆 (Avi Shlaim)对此作出说明。

11　约旦—沙特关系最不易改变。劳丽·布兰德对此作了非常清楚的总结："沙特阿拉伯为约旦保持偿付能力和政局平稳提供各类支持；保持偿付能力和政局平稳的约旦间接，甚至有时直接，巩固了沙特安全"，《约旦与其他阿拉伯国家的关系：结盟的政治经济学》，纽约：哥伦比亚大学出版社，1994 年版，第 121 页。

12　布兰德，《约旦与其他阿拉伯国家的关系》，第 105 页。

13　特勒：《20 世纪 70 年代约旦外交政策》，第 296 页。

14　例如，1977 年和 1978 年，商业银行(包括住宅银行)的房地产和建设总贷款分别占 38％和 48.5％。见经济学人智库(EIU)，约旦 CR3，1979 年。

15　经济学人智库，约旦 CR3，1978 年。

16　经济学人智库，约旦 CR1，1979 年。

17　经济学人智库，约旦 CR4，1978 年。

18　见约旦政府官方回应，1978 年 9 月 19 日。

19　罗纳尔多·杨 (Ronald J. Young)：《失去的和平机会：1981—1986 年美国中东政策》(*Missed Opportunities for Peace: US Middle East Policy, 1981—1986*)，费城：美国友谊服务委员会，1987 年，第 96 页。

20　在这个数字中，估计只有 5 亿美元为新钱，差额为对已有的承诺重新打包。

21　特勒:《20 世纪 70 年代约旦外交政策》,第 238 页。

22　阿马提兹亚·巴拉姆 (Amatzia Baram):《不再有肥沃的新月:1968—1992 年 伊 拉 克—约 旦 关 系》(No New Fertile Crescent: Iraqi-Jordanian Relations, 1968—1992),载内沃和帕斐:《中东约旦》,第 126 页。

23　见《中东观察》(*Middle East Insight*)对约旦战略专家穆斯塔法·哈马尔奈(Mustafa Hamarneh)的采访,1998 年 5—6 月,第 33 页。

24　阿马提兹亚·巴拉姆(Amatzia Baram):《复兴党伊拉克和哈希姆约旦:从敌对到结盟》(Baathi Iraq and Hashemite Jordan: From Hostility to Alignment),载《中东期刊》(*The Middle East Journal*),第 45 卷,第 1 期 (1991 年冬),第 58 页。

25　揭露这层关系使得沙特阿拉伯生活报(*al-Hayat*)驻安曼记者萨拉梅·内马特(Salameh Ne'matt)在 1996 年短暂入狱。

26　这似乎是萨达姆个人提议,没有知会艾哈迈德·哈桑·贝克尔(Ahmad Hasan al-Bakr)总统。见巴拉姆:《复兴党伊拉克和哈希姆约旦:从敌对到结盟》,第 54 页。

27　经济学人智库,约旦 CR3,1981 年。

28　经济学人智库,约旦 CR4,1981 年,于 1984 年 5 月对格纳迪·加提诺夫(Gennardi Gatilov)的采访,苏联驻安曼使馆。

29　1990 年 8 月伊拉克入侵科威特之时,约旦每天进口约 7 万桶石油。

30　例如,在 1984 年 5 月 15 日下议院的一次会议中,穆斯林兄弟会的代表呼吁:解除戒严法;限制情报部门活动;实行一系列宪法自由,例如平等法律地位。作者出席了会议。

31　例如,他任命萨米·裘德赫(Sami Judeh)担任政府部长专门负责国会事务,以更好地把国会作为政治机构管理。

32　帕特里克·西尔(Patrick Seale):《职业杀手阿布·尼达尔》(*Abu Nidal: A Gun for Hire*),伦敦:哈金森出版社,1992 年版,第 125—128 页。

33　威廉·科万特(William B. Quandt)：《和平进程：自 1967 年以来美国外交和阿以冲突》(*Peace Process*：*American Diplomacy and the Arab-Israeli Conflict since 1967*，华盛顿特区/伯克利：布鲁克林/加州大学出版社,1993 年版),第 351 页。

34　引自 1989 年 9 月 25 日对前驻安曼大使瓦里德·萨迪(Walid Sa'di)的采访。

第八章　侯赛因的选择

1　2 月,拖欠欠款消息刊登于《金融时报》一篇报道中,被公之于众。

2　阿迪巴·曼果(Adiba Mango)：《通往和平之路的约旦：1988—1999》(Jordan on the Road to Peace, 1988—1999),未发表哲学博士论文,牛津大学,2003 年,第 45 页。

220　3　约旦进行了一些小规模的私有化,例如酒店和咨询服务,但是总体上改革被用于掩饰政府的无作为。1985 年作出的私有化王国电讯公司的决定在 12 年以后仍未实施。

4　从 1980 年到 1986 年,外汇储备从相当于该国 6 个月进口额降到仅相当于 6 周。

5　例如,据估计,约旦总人口 400 万,有 3.7 万名左右合格的工程师。在总人口数大致相同的新加坡,工程师仅有 5 000 左右。

6　1986 年,在 75 个行业中最负盛名实力最为雄厚的萨里白和里兹格·舒克里·里兹格银行(Saliba & Rizk Shukri Riz)破产。1989 年 2 月,里法伊政府援引戒严条款关闭该行业。1992 年,该行业得以复苏,尽管受限于更严格的规定。

7　像约旦—海湾银行这样建立已久的机构以及新建但发展迅猛、喜爱冒险的佩特拉银行(Petra Bank)都深受影响。1989 年,佩特拉银行领导人艾哈迈德·沙拉比博士(Dr. Ahmad Chalabi)在自立为伊拉克主要反对组织伊拉克国民大会的主席后,逃离王国。后来披露,佩特拉银行破产,债务高达 2.5 亿美元。

8　约旦中央银行估计 1988 年政府和政府担保的外债达到 17 亿约旦

第纳尔(相当于 30 亿美元),而经济学人智库估计公共外债达 36
亿美元。之后债务被估计为 72 亿美元。

9 以重估剩余黄金的账簿记录的名义对银行委员会和内阁其他人员
隐瞒销售秘密。

10 对哈马德·法罕(Hamad al-Farhan)的采访,安曼,1989 年 9
月 25 日。

11 关于 1989 年选举的更多细节请阅《1989 年大选:事实与数
据》(*Intikhabat 1989 haqu'iq wa raqam*),安曼:新约旦(*al-
urdun al-jadid*)研究中心,1992 年。

12 例如,美国使馆没有预料到超过 8 名伊斯兰主义者当选,而英国使
馆预测伊斯兰主义者将在选举中占据 8 到 16 个席位。约旦王室
的预计似乎比美国人预计的还要少。

13 格莱恩·罗宾逊(Glenn E. Robinson):《伊斯兰主义者能成为民
主人士吗? 约旦案例研究》,载《中东期刊》,第 51 卷,第 3 期(1997
年夏),第 373—387 页。

14 1991 年底,国民议会各派曾有机会联合,各派席位如下:穆斯林
兄弟会(23 席);宪章集团(18 席);民族主义者集团(17 席);民主
集团(10 席)。

15 据估计,8 700 位约旦人因为他们的政治活动被吊销护照。

16 这其中包括允许恢复三家阿拉伯日报的委员会,取代政府任命的
继任者,并恢复两位被驱逐的总编的职位。

17 阿凯利赫(Akayleh)是一位来自外约旦的温和伊斯兰主义者。
在 20 世纪 80 年代担任国会议员时以勤勉认真和努力工作获得良
好的声望。不幸的是,可能公众更记得的是他推行的女学生无袖
连衫制服政策,而不是他更积极的其他贡献。

18 关于 1993 年登记的政党的宝贵信息请阅《约旦政党》(*Jordanian
Political Parties*),安曼:新约旦研究中心,1993 年。

19 关于阿和会(ACC)的建立和简史的全面介绍请阅柯蒂斯·莱
恩(Curtis R. Ryan):《约旦与阿和会兴衰》(Jordan and the Rise

and Fall of the Arab Cooperation Council），载《中东期刊》，第 52
卷，第 3 期(1998 年夏)，第 386—401 页。

20 国王于 7 月 29 日和 30 日访问伊拉克和科威特。

21 见《宪法》(al-dustour)，1990 年 7 月 31 日，1990 年 8 月 1 日重刊
于《约旦时报》(Jordan Times)。

22 他最近一次介入阿拉伯内部调停是 1989 年在伊拉克和叙利亚之
间，说明了这个观点。

23 安娜·莫斯利·莱施 (Ann Mosely Lesch)：《埃及、叙利亚、约旦
和巴勒斯坦人对波斯湾危机反应的鲜明对照》(Contrasting
Reactions to the Persian Gulf Crisis：Egypt, Syria, Jordan and
the Palestinians)，载《中东期刊》，第 45 卷，第 1 期(1991 年冬)，
第 46 页。这点在开罗召开的阿拉伯国家首脑会议上表现尤为明
显。在会议上，侯赛因国王称赞伊拉克领袖并强烈暗示存在对他
的阴谋。

24 乌利尔·达恩：《侯赛因国王对萨达姆·侯赛因的支持：一种行
为模式?》(King Hussein's Solidarity with Saddam Husayn: A
Pattern of Behaviour?)，特拉维夫：特拉维夫大学，摩西·达扬
中心，1990 年，第 1 页。

25 实际上，约旦与阿尔及利亚和也门一起对此投票弃权。

26 《约旦时报》(Jordan Times)，1990 年 8 月 17 日。

27 《白皮书：1990 年 8 月至 1991 年 3 月约旦和海湾危机》(White
Paper：Jordan and the Gulf Crisis)，安曼，1991 年。

28 这肯定是 1996 年 12 月 21 日一位驻安曼的外交官在接受采访时
表达的观点。

29 被定义为家庭收入少于 130 第纳尔／月。采访社会发展高级官
员，安曼，1993 年 1 月 23 日。

30 9 月 14 日，《以色列和约旦共同议程》(The Isreal-Jordan Common
Agenda)正式通过。共同议程协定包括：安全、水、难民、边界和领
土、经济和相关问题。共同议程制定以“实现阿拉伯国家、巴勒斯

坦人和以色列之间公正、持久和全面和平"为目标。

31　关于约以谈判的详细评论请阅曼果:《通往和平之路的约旦:1988—1999》。

32　例如,穆斯林兄弟会谴责于 1993 年 9 月订立的以色列—约旦谈判议程,认为此议程只是个开始,将导致和"犹太复国主义者敌人"关系正常化。

33　例如,1993 年,对穆塔大学 10 位大学生进行审判。他们被指控为强硬派伊斯兰自由党党员,策划谋杀国王。1994 年 1 月,两家因上映具有软色情内容电影的电影院遭到炸弹袭击。此后一个月中,一系列伊斯兰主义者和其他反对派积极活动分子因此被逮捕。

34　1992 年 8 月 31 日,莱斯·斯巴拉特(Shbailat)被逮捕。

35　全部的选举结果请阅《1993 年大选:数据分析研究》(*Intakhabat 1993 Darasa tahlililyah raqamiyah*),安曼:新约旦研究中心,1994 年。

36　阿尔及利亚大选分两阶段进行。1992 年 1 月,当显示伊斯兰主义者政党伊斯兰拯救阵线将赢得大选时,阿尔及利亚军队插手并推迟了第二回合的选举。经过不确定的短暂时期,国家陷入血腥内战,导致 1992 年夏至 1997 年间 10 万人丧生。

37　不像 1979 年,当时美国承诺向埃及每年提供 19 亿美元的资助,向以色列每年提供 20 亿美元的资助,在 1994 年 10 月事件之后,美国不再向约旦提供大量援助。即使在 1994 年 10 月,克林顿总统在向约旦国会致辞中,允诺注销价值 702 亿美元的债务,也勉强只是共和党控制美国国会的结果。然而,美国确实表示其准备帮助约旦彻底重整国防。

38　侯赛因国王愿意与以色列右翼打交道的务实态度使他也接触支持把巴勒斯坦人"迁移"出被占区的以色列激进政党"家园党"。1995 年 2 月,"家园党"领袖作为 30 人国会代表成员之一访问王国。

39　根据"合格工业区"法案条款规定,含有一定以色列和约旦程度的产品可以免税免配额进入美国市场。

222

40 例如,劳务费据估计为以色列的 20%。对贸易和工业部长穆哈尔马德·斯马迪(Muhammad Smadi)的采访,安曼,1996 年 12 月 20 日。

41 军事法庭判定达卡姆塞赫(Dakamsah)有罪,判处他 25 年徒刑。

42 关于约旦自由化进程的最新评论见奎斯坦·维克托维斯(Quintan Wiktorowicz):《中东民主局限:以约旦为例》(The Limits of Democacy in the Middle East),载《中东期刊》(*The Middle East Journal*),第 53 卷,第 4 期(1999 年秋),第 606—620 页。

43 此举增加了报纸的最低市值,使法院易于暂停报纸出版,将最高罚款增加两倍,并且允许禁止报纸一系列不正当行为,包括禁止贬低王室成员、安全措施和友好国家。

44 排在中间的兄弟穆罕默德王子长期以来被认为精神不稳定,因此不直接在继承考虑中。

45 《约旦哈希姆王国宪法》(*The Constitution of the Hashemite Kingdom of Jordan*),第 14—19 页。

46 尽管出身贵族,是国家首任外交部长的幼女,毫无疑问,在约旦的等级社会中,她的出身对其丈夫不利。

47 在美国癌症手术后归国时发表的演讲中,侯赛因国王没有提及,甚至没有间接提及哈桑王储(Crown Prince Hasan)。这一异常的疏漏被认为显示国王对其兄弟并没有完全作出承诺。

48 一些推测认为当哈菲兹·阿萨德(Hafez al-Asad)把领导职责交付于其性情羞涩、经验不足的儿子巴沙尔(Bashar)时,如果叙利亚王位交接在约旦王位交接之前,侯赛因国王可能确实动心冒险一试。

49 信件全部内容,见《约旦时报》,1999 年 1 月 26 日。

223 **第九章　阿卜杜拉初政**

1 见拉米斯·阿多尼(Lamis Andoni):《阿卜杜拉国王:追随其父的脚步?》(King Abdallah: In His Father's Footsteps?),载《巴勒斯坦研究期刊》(*Journal of Palestine Studies*),第 24 卷,第 3 号(2000 年春),第 115 期,第 79 页。

2　早在 1989 年 9 月,如果不是在更早的时期,阿卜杜拉就已被认为是"他父亲的人"。对英国高级外交官的采访,安曼,1989 年 9 月 24 日。

参 考 书 目

官方记载和出版物

British archival sources of the Colonial Office (CO831) and the
  Foreign Office (FO371), Public Records Office, Kew Gardens,
  London

British Colonial Office reports to Council of the League of Nations on
  Palestine (including Transjordan) and subsequently Palestine and
  Transjordan for 1923 through 1938

British records of the Middle East Development Division, Private
  Papers Collection, St Antony's College, Oxford

Constitution of the Hashemite Kingdom of Jordan

Jordanian Government, *Five Year Plan for Economic and Social
  Development, 1981—1985* (National Planning Council, Amman,
  1981)

  *Five Year Plan for Economic and Social Development, 1986—
    1990* (Ministry of Planning, Amman, 1986)

  Majlis al-amah al-Urduni, 1921—1984 [Jordan National
    Council] (Ministry of Information, Amman, 1984)

White Paper: Jordan and the Gulf Crisis, August 1990—
March 1991 (Amman, 1991)

未公开出版的著作

Abdul Rahman, Ismail, 'Zu Einigen Fragen der Entwicklung und
Perspective der Industrie in Jordan [On Certain Aspects of the
Development and Perspectives of Industry in Jordan]',
unpublished Ph.D thesis, Berlin University, 1969

Allison, Norman Ernest Jr, 'A Case of Honor: Arab Christians in a
Jordanian Town', unpublished Ph.D thesis, University of Georgia,
1977

Alon, Yoav, 'State, Tribe and Mandate in Transjordan, 1918—1946',
unpublished D.Phil. thesis, University of Oxford, 2000

Amawi, Abla, 'State and Class in Transjordan: A Study of State
Autonomy', unpublished Ph.D thesis, Georgetown University,
1992

Ameri, Anan, 'Socioeconomic Development in Jordan (1950—1980):
An Application of Dependency Theory', unpublished Ph.D thesis,
Wayne State University, 1981

Bissat, Nazih M., 'Jordan: From Mandate to Statehood, 1923—1956',
unpublished MA thesis, American University, Washington DC, 1959

Fischbach, Michael Richard, ' State, Society and Land in Ajlun,
1850—1950', unpublished Ph.D thesis, Georgetown University, 1992

Ghosheh, Zaki Rateb, 'The Process of Administrative Change in
Jordan, 1921—1967', unpublished Ph.D thesis, Southern Illinois
University, 1970

Guckian, Noel, 'British Relations with TransJordan (1920—1930)',
unpublished Ph.D thesis, University of Aberystwyth, 1985

Haddad, Yahya Fayez El, ' Social Change and the Process of

Modernization. Jordan: A Case of a Developing Country ',
  unpublished Ph.D thesis, University of Missouri, 1974

Hamarneh, Mustafa, ' Social and Economic Transformation of
  Transjordan (1921—1946)', unpublished Ph. D thesis, Georgetown
  University, 1986

Hammad, Kahlil Nayif, 'Foreign Aid and Economic Development:
  The Case of Jordan', unpublished Ph.D thesis, Southern Illinois
  University, 1981

Hiatt, Joseph Merrill, 'Between Desert and Town: A Case Study of
  Encapsulation and Sedentarization Among Jordanian Bedouin ',
  unpublished Ph.D thesis, University of Pennsylvania, 1981

James, Laura, 'Images of the Enemy: Foreign Policy Making in
  Egypt and Jordan on the Eve of the Six Day War', unpublished M.
  Phil. thesis, University of Oxford, 2002

Jreisat, Jamil E., 'Provincial Administration in Jordan: A Study of
  Institution-Building', unpublished Ph.D thesis, 1968

Khatib, Abdullah, ' The Jordanian Legislature in Political Development
  Perspective', unpublished Ph.D thesis, State University of New York,
  Albany, 1975

Lalor, Paul, 'Black September 1970: The Palestinian Resistance in
  Jordan 1967—1971', unpublished D. Phil. thesis, University of
  Oxford, 1992

Layne, Linda, 'The Production and Reproduction of Tribal Identity
  in Jordan', unpublished Ph.D thesis, Princeton University, 1986

Mango, Adiba, ' Jordan on the Road to Peace, 1988—1999 ',
  unpublished D.Phil. thesis, University of Oxford, 2003

Parris, Timothy J., 'The "Sherifian Solution": British Planning for
  Hashemite Rule in the Post World War I Middle East ',
  unpublished Ph.D thesis, University of Cambridge, 1996

Robins, Philip, 'The Consolidation of Hashemite Power in Jordan, 1921—1946', unpublished Ph.D thesis, University of Exeter, 1988

Rudd, Jeffrey A., 'Abdallah Bin Al-Husayn: The Making of an Arab Political Leader, 1908—1921', unpublished Ph.D thesis, SOAS, London, 1993

Sabella, Epiphan, 'External Events and Circulation of Political Elites: Cabinet Turnover in Jordan, 1946—1980', unpublished Ph. D thesis, University of Virginia, 1981

Sarairah, Hatem A. Al-, 'A British Actor on the Bedouin Stage: Glubb's Career in Jordan, 1930—1956', unpublished Ph.D thesis, Indiana University, 1989

Sayigh, Yezid Jasper, 'Jordan's National Security in the External Environment: Threats, Constraints and Responses', unpublished Ph.D thesis, King's College, London, 1987

Tell, Nawaf Wasfi, 'Jordanian Foreign Policy in the 1970s', unpublished Ph.D thesis, University of Exeter, 2001

Tell, Tariq, 'The Social Origins of Hashemite Rule: Bedouin, Fallah and State on the East Bank', unpublished D.Phil. thesis, University of Oxford, 2000

其 他 著 作

Abdallah of Jordan, King, *My Memoirs Completed: 'Al-Takmilah'* [Complement] (Longman, London, 1978)

Abdul-Hadi, Mahdi F., *The Jordanian Disengagement: Causes and Effects* (PASSIA, Jerusalem, 1988)

Abidi, Aqil Hyder Hasan, *Jordan: A Political Study, 1948—1957* (Asia Publishing House, London, 1965)

Abujaber, Raouf Sa'd, *Pioneers Over the Jordan: The Frontier of Settlement in Transjordan, 1850—1914* (Tauris, London, 1989)

Abu Jaber, Kamel, *The Jordanians and the People of Jordan* (Royal Scientific Society, Amman, 1980)

Abu Nowar, Ma'an, *The History of the Hashemite Kingdom of Jordan: Volume One: The Creation and Development of Trans-Jordan, 1920—1929* (Ithaca, Oxford, 1989)

Abu Odeh, Adnan, *Jordanians, Palestinians and the Hashemite Kingdom in the Middle East Peace Process* (US Institute of Peace, Washington DC, 1999)

Allan, Ray, 'Jordan: Rise and Fall of a Squirearchy', *Commentary*, March 1957, Vol. 23, No. 3

Amman Municipality, *Amman*, *'asimah al-Urdun* [Amman, Capital of Jordan] (Amman Municipality, Amman, 1985)

Andoni, Lamis, 'King Abdullah: In His Father's Footsteps?', *Journal of Palestine Studies*, Vol. 24, No. 3 (Spring 2000), Issue 115

Antoun, Richard T., *Arab Village: A Social Structural Study of a Transjordanian Peasant Community* (Indiana University Press, Bloomington, 1972)

Low-Key Politics (State University of New York Press, Albany, 1979)

Aruri, Naseer H., *Jordan: A Study in Political Development (1921—1965)* (Martinus Nijhoff, The Hague, 1972)

Asfour, Edmond, 'Problems of Development Planning in Jordan', in Klat, Paul J. (ed.), *Middle East Economic Papers* (Economic Research Institute, American University in Beirut, Beirut, 1963)

Baer, Gabriel, 'Land Tenure in the Hashemite Kingdom of Jordan', *Land Economics*, Vol. 33, No. 3 (August 1957)

Bailey, Clinton, *Jordan's Palestinian Challenge, 1948—1983: A Political History* (Westview, Boulder, 1984)

Baram, Amatzia, 'Baathi Iraq and Hashemite Jordan: From Hostility to Alignment', *The Middle East Journal*, Vol. 45, No. 1 (Winter 1991)

Barnett, Michael N., *Dialogues in Arab Politics: Negotiations in Regional Order* (Columbia University Press, New York, 1998)

Bar-Joseph, Uri, *The Best of Enemies: Israel and Transjordan in the War of 1948* (Cass, London, 1987)

Bentwich, Norman, *Palestine* (Ernest Benn Ltd, London, 1934)

Bligh, Alexander, *The Political Legacy of King Hussein* (Sussex Academic Press, Brighton, 2002)

Bocco, Riccardo, 'Espaces étatiques et espaces tribaux dans le Sud Jordanien [State Space and Tribal Space in Southern Jordan]', *Maghreb Machrek*, No. 123, 1989

'Ingénieurs-agronomes et politiques de developpement dans les steppes du Sud Jordanien (1960—1985) [Agricultural Engineers and the Politics of Development in Southern Jordan]', in *Bâtisseurs et Bureaucrates, Ingénieurs et Société au Maghreb et au Moyen Orient* (Maison de l'Orient, Serie Etudes sur le Monde Arabe No. 4, Lyon, 1990)

Brand, Laurie A., *Jordan's Inter-Arab Relations: The Political Economy of Alliance Making* (Columbia University Press, New York, 1994)

'Palestinians and Jordanians: A Crisis of Identity', *Journal of Palestine Studies*, Vol. 24, No. 4 (Summer 1995)

Bromage, Major T. N., 'Jordan', *Journal of the Royal Central Asian Society*, Vol. 49 (1962)

Carr, Winifred, *Hussein's Kingdom* (Leslie Frewin, London, 1966)

Chizik, I., 'The Political Parties in Transjordania', *Journal of the Royal Central Asian Society*, Vol. 22, (1935)

Cleveland, William L., *A History of the Modern Middle East* (Westview, Boulder, 1994)

Coate, Winifred A., 'The Condition of Arab Refugees in Jordan', *International Affairs*, Vol. 24 (1953)

Cohen, Amnon, *Political Parties in the West Bank Under the Jordanian Regime*, *1949—1967* (Cornell University Press, Ithaca, 1982)

Conder, Claude, *Heth and Moab* (Alexander P. Watt, London, 1892)

Cordesman, Anthony H., *Jordanian Arms and the Middle East Balance* (Middle East Institute, Washington DC, 1983)

Dallas, R., *King Hussein: A Life on the Edge* (Profile Books, London, 1998)

Dann, Uriel, *Studies in the History of Transjordan* (Westview, Boulder, 1984)

　King Hussein and the Challenge of Arab Radicalism: Jordan, 1955—1967 (Oxford University Press, Oxford, 1989)

　King Hussein's Solidarity With Saddam Husayn: A Pattern of Behaviour? (The Moshe Dayan Centre, Tel Aviv University, Tel Aviv, 1990)

Day, Arthur R., *East Bank / West Bank: Jordan and the Prospects for Peace* (Council on Foreign Relations, New York, 1986)

De Atkine, Norvell, 'Amman 1970, A Memoir', *Middle East Review of International Affairs* (*MERIA*) *Journal*, Vol. 6, No. 4 (December 2002)

Dearden, Ann, *Jordan* (Robert Hale, London, 1958)

Dodge, Toby, *An Arabian Prince, English Gentlemen and the Tribes East of the River Jordan: Abdullah and the Creation and Consolidation of the Trans-Jordanian State* (SOAS, London,

1994)

Doughty, C. M., *Travels in Arabia Deserta*, *Vol. 1* (Jonathan Cape, London, 1924)

Dresch, Paul, *A History of Modern Yemen* (Cambridge University Press, Cambridge, 2000)

Economist Intelligence Unit quarterly and annual reports on Jordan, 1976—present

Epstein, Eliahu, 'The Bedouins of Trans-Jordan: Their Social and Economic Problems', *Journal of the Royal Central Asian Society*, Vol. 25 (1938)

Erskine, Mrs Steuart, *Trans-Jordan* (Ernest Benn, London, 1924)

Flapan, Simha, *The Birth of Israel: Myths and Realities* (Croom Helm, London, 1987)

Fromkin, David, *A Peace to End All Peace: The Fall of the Ottoman Empire and the Creation of the Modern Middle East* (Avon Books, New York, 1989)

Furlonge, Sir Geoffrey, 'Jordan Today', *Journal of the Royal Central Asian Society*, Vol. 53 (1966)

Gerges, Fawaz A., *The Superpowers and the Middle East: Regional and International Politics 1955—1967* (Westview, Boulder, 1994)

Gharaibeh, Fawzi A., *The Economies of the West Bank and Gaza Strip* (Westview, Boulder, 1985)

Ghazwi, Fahmi, 'Modernization and the Traditional System of Penal Justice in Jordan', *Journal of South Asian and Middle Eastern Studies*, Vol. 12, No. 2 (Winter 1988)

Ginat, Joseph and Winckler, Onn (eds.), *The Jordanian-Palestinian-Israeli Triangle: Smoothing the Path to Peace* (Sussex Academic Press, Brighton, 1998)

Glubb, John Bagot, 'The Bedouins of Northern Arabia', *Journal of the Royal Central Asian Society*, Vol. 22 (1935)

'The Economic Situation of the Transjordan Tribes', *Journal of the Royal Central Asian Society*, Vol. 25 (1938)

The Story of the Arab Legion (Hodder and Stoughton, London, 1946)

A Soldier with the Arabs (Hodder and Stoughton, London, 1957)

Graves, Philip P. (ed.), *Memoirs of King Abdullah of Transjordan* (Jonathan Cape, London, 1950)

Gubser, Peter, *Politics and Change in Al-Karak, Jordan: A Study of a Small Arab Town and its District* (Oxford University Press, Oxford, 1973)

Jordan: Crossroads of Middle Eastern Events (Croom Helm, London, 1983)

Haas, Marius, *Hussein Königsreich* [Hussein's Kingdom] (Tuduv Buch, Munich, 1975)

Hudson, Michael, 'The Palestinian Arab Movement: Its Significance in the Middle East Crisis', *Middle East Journal*, Vol. 23, No. 3 (Summer 1969)

Hussein of Jordan, King, *Uneasy Lies the Head: An Autobiography of King Hussein of Jordan* (Heinemann, London, 1962)

Jarvis, C. S., *Arab Command: The Biography of Lt-Col F. G. Peake Pasha* (Hutchinson, London, 1942)

Johnston, Charles, *The Brink of Jordan* (Hamish Hamilton, London, 1972)

Jureidini, Paul A. and McLaurin R. D., *JORDAN: The Impact of Social Change on the Role of the Tribes* (CSIS, The Washington Papers #108, Praeger, New York, 1984)

Kazziha, Walid W., *Revolutionary Transformation in the Arab World: Habash and his Comrades from Nationalism to Marxism* (Charles

Knight, London, 1975)

Khouri, Rami, G., *The Jordan Valley: Life and Society Below Sea Level* (Longman, London, 1981)

Kingston, Paul W. T., *Britain and the Politics of Modernization in the Middle East, 1945—1958* (Cambridge University Press, Cambridge, 1996)

Kirkbride, Alec Seath, *A Crackle of Thorns: Experiences in the Middle East* (John Murray, London, 1956)

An Awakening: The Arab Campaign, 1917—1918 (University Press of Arabia, Tavistock, 1971)

From the Wings: Amman Memoirs, 1947—1951 (Cass, London, 1976)

Klat, Paul J., 'Jordan's Five-Year Program for Economic Development, 1962—1967', in Klat, Paul J. (ed.), *Middle East Economic Papers* (Economic Research Institute, AUB, Beirut, 1963)

Laqueur, Walter Z., *Communism and Nationalism in the Middle East* (Routledge & Kegan Paul, London, 1956)

Layne, Linda, *Elections in the Middle East* (Westview, Boulder, 1987)

Home and Homeland: The Dialogics of Tribal and National Identities in Jordan (Princeton University Press, Princeton, 1994)

Lerner, Daniel, *The Passing of Traditional Society* (The Free Press, New York, 1958)

Lesch, Ann Mosely, 'Contrasting Reactions to the Persian Gulf Crisis: Egypt, Syria, Jordan and the Palestinians', *The Middle East Journal*, Vol. 45, No. 1 (Winter 1991)

Lewis, Norman, *Nomads and Settlers in Syria and Jordan*,

1800—1980 (Cambridge University Press, Cambridge, 1987)

Lias, Godfrey, *Glubb's Legion* (Evans & Bros, London, 1956)

Lockhart, Capt L. K., 'The Transjordan Frontier Force', *Journal of the Royal Artillery*, Vol. 56 (1929—1930)

Longrigg, Stephen Hemsley, *Syria and Lebanon Under French Mandate* (Oxford University Press, Oxford, 1958)

Louis, William Roger, *The British Empire in the Middle East* (Clarendon Press, Oxford, 1984)

Lunt, James, *Glubb Pasha: A Biography* (Harvill Press, London, 1984)

　Hussein of Jordan: A Political Biography (Macmillan, London, 1989)

Lynch, Marc, *State Interests and Public Spheres: The International Politics of Jordan's Identity* (Columbia University Press, New York, 1999)

MacCallum, Elizabeth P., *The Nationalist Crusade in Syria* (Foreign Policy Association, New York, 1928)

McCarthy, Justin, *The Ottoman Turks* (Longman, London, 1997)

Maclean, Donald, *British Foreign Policy Since Suez* (Hodder and Stoughton, London, 1970)

Maddy-Weitzman, Bruce, 'Jordan and Iraq: Efforts at Intra-Hashemite Unity', *Middle Eastern Studies*, Vol. 26, No. 1 (January 1990)

Madfai, Madiha Rashid Al, *Jordan, the United States and the Middle East Peace Process, 1974—1991* (Cambridge University Press, Cambridge, 1993)

Madi, Munib al- and Mousa, Suleiman, *Tarikh al-Urdun fi al-qarn al-'ashrin, 1900—1959* [History of Jordan in the Twentieth Century] (Maktabat Muhtasab, Amman, 1959; 2nd edition,

1988)

Migdal, Joel S. (ed.), *Palestinian Society and Politics* (Princeton University Press, Princeton, 1980)

Miller, Aaron D., 'Jordan and the Arab-Israeli Conflict: The Hashemite Predicament', *Orbis* (Winter 1986)

The Arab States and the Palestine Question: Between Ideology and Self-Interest (CSIS, The Washington Papers, 1986)

Mishal, Shaul, *East Bank / West Bank: The Palestinians in Jordan, 1949—1967* (Yale University Press, New Haven, 1978)

Mogannam, E. Theodore, 'Developments in the Legal System in Jordan', *The Middle East Journal* (Spring 1952)

Monroe, Elizabeth, *Britain's Moment in the Middle East, 1914—1956* (Chatto & Windus, London, 1963)

Philby of Arabia (Faber & Faber, London, 1973)

Morris, James, *The Hashemite Kings* (Faber & Faber, London, 1959)

Mousa Suleiman, 'Jordan: Towards the End of the Ottoman Empire 1841—1918', in Hadidi, Adnan (ed.), *Studies in the History and Archaeology of Jordan* (Department of Antiquities, Amman, 1982)

'The Impact of Oil', in Gantzel, Klaus Jurgen and Mejcher, Helmut (ed.), *Oil, the Middle East, North Africa and the Industrial States* (Ferdinand Schoningh, Paderborn, 1984)

Mutawi, Samir A., *Jordan in the 1967 War* (Cambridge University Press, Cambridge, 1987)

Nevo, Joseph, *King Abdullah and Palestine: A Territorial Ambition* (Macmillan, Basingstoke, 1996)

Nevo, Joseph and Pappe, Ilan, *Jordan in the Middle East: The Making of a Pivotal State, 1948—1988* (Cass, London, 1994)

Newhouse, John, 'Profiles, Monarch', *The New Yorker*, 19 September 1983

Nisan, Mordechai, 'The Palestinian Features of Jordan', in Elazar, Daniel (ed.), *Judea, Samaria and Gaza: Views on the Present and Future* (American Enterprise Institute, Washington DC, 1982)

Parker, Richard B., *The Politics of Miscalculation in the Middle East* (Indiana University Press, Bloomington, 1993)

Patai, Raphael, *The Kingdom of Jordan* (Yale University Press, New Haven, 1958)

Peake, F. G., 'Trans-Jordan', *Journal of the Royal Central Asian Society*, Vol. 11 (1924)

A History of Jordan and its Tribes (University of Miami Press, Florida, 1958)

Peretz, Don, 'Development of the Jordan Valley Waters', *The Middle East Journal*, Vol. 9 (1955)

The West Bank (Westview, Boulder, 1984)

Philby, H. St J. B., 'Trans-Jordan', *Journal of the Royal Central Asian Society*, Vol. 11 (1924)

Plascow, Avi, *The Palestinian Refugees in Jordan*, 1948—1957 (Cass, London, 1981)

Pundik, Ron, *The Struggle for Sovereignty: Relations Between Great Britain and Jordan*, 1946—1951 (Blackwell, Oxford, 1994)

Quandt, William B., *Peace Process. American Diplomacy and the Arab-Israeli Conflict since 1967* (Brookings / University of California Press, Washington DC/ Berkley, 1993)

Qutub, Ishaq Y., 'The Impact of Industrialization on Social Mobility in Jordan', *Development and Change*, 1969—1970, Vol. 1, No. 2

Richardson, John P., *The West Bank: A Portrait* (Middle East Institute, Washington DC, 1984)

Robins, Philip, 'Shedding Half a Kingdom', *British Society for Middle East Studies Bulletin*, Vol. 16, No. 2 (1989)

Robinson, Glenn E., 'Can Islamists be Democrats? The Case of Jordan', *The Middle East Journal*, Vol. 51, No. 3 (Summer 1997)

Rogan, Eugene L., 'Physical Islamization in Amman', *The Muslim World*, Vol. 76, No. 1 (January 1986)

Frontiers of the State in the Late Ottoman Empire (Cambridge University Press, Cambridge, 1999)

Rogan Eugene L. and Tell, Tariq (eds.), *Village, Steppe and State: The Social Origins of Modern Jordan* (British Academic Press, London, 1994)

Rogan Eugene L. and Shlaim, Avi (ed.), *The War for Palestine: Rewriting the History of 1948* (Cambridge University Press, Cambridge, 2001)

Royle, Trevor, *Glubb Pasha: The Life and Times of Sir John Bagot Glubb, Commander of the Arab Legion* (Little, Brown & Co, London, 1992)

Ryan, Curtis R., 'Jordan and the Rise and Fall of the Arab Cooperation Council', *The Middle East Journal*, Vol. 52, No. 3 (Summer 1998)

Salibi, Kamal, *The Modern History of Jordan* (IB Tauris, London, 1993)

Satloff, Robert B., 'Jordan's Great Gamble: Economic Crisis and Political Reform', in Henri Barkey (ed.), *The Politics of Economic Reform in the Middle East* (St Martin's Press, New York, 1992)

From Abdullah to Hussein: Jordan in Transition (Oxford University Press, Oxford, 1994)

Sayigh, Yezid, *Armed Struggle and the Search for State: The Palestinian National Movement*, *1949—1993* (Clarendon Press, Oxford, 1997)

Seale, Patrick (ed.), *The Shaping of an Arab Statesman: Sharif Abd al-Hamid Sharaf and the Modern Arab World* (Quartet, London, 1983)

Seale, Patrick, *Abu Nidal: A Gun for Hire* (Hutchinson, London, 1992)

Shlaim, Avi, *The Politics of Partition: King Abdullah*, *The Zionists and Palestine*, *1921—1951* (Oxford University Press, Oxford, 1990)

The Iron Wall: Israel and the Arab World (Norton, New York, 2000)

Shryock, Andrew, *Nationalism and the Genealogical Imagination: Oral History and Textual Authority in Tribal Jordan* (University of California Press, Berkeley, 1997)

Shwadran, Benjamin, *Jordan: A State of Tension* (Council for Middle Eastern Affairs Press, New York, 1959)

Sinai, Anne and Pollack, Allen, *The Hashemite Kingdom of Jordan and the West Bank* (American Academic Association for Peace in the Middle East, New York, 1977)

Snow, Peter, *Hussein: A Biography* (Barrie & Jenkins, London, 1972)

Stevens, Georgiana G., 'Arab Refugees: 1948—1952', *The Middle East Journal* (Summer 1952)

Susser, Asher, *On Both Banks of the Jordan: A Political Biography of Wasfi al-Tall* (Cass, London, 1994)

Jordan: Case Study of a Pivotal State (Washington Institute for Near East Policy, Policy Papers #53, Washington DC, 2000)

Tal, Lawrence, *Politics, the Military and National Security in Jordan*, *1955—1967* (Palgrave Macmillan, Basingstoke, 2002)

Taylor, Richard Loring, *Mustafa's Journey: Verse of Arar*, *Poet of Jordan* (Yarmouk University Publications, Irbid, 1988)

Al-Urdun al-jadid Research Center, *Intikhabat 1989: haqa'iq wa raqam* (Amman, 1992)

Intikhabat 1993: darasa, tahliliyah raqamiyah (Amman, 1994)

Vatikiotis, P. J., *Politics and the Military in Jordan: A Study of the Arab Legion*, *1921–1967* (Cass, London, 1967)

Wahlin, Lars, *As-salt: A Trans-Jordanian Town Through Time* (author publication, Stockholm, undated)

Warriner, Doreen, *Land and Poverty in the Middle East* (RIIA, London, 1948)

Wiktorowicz, Quintan, 'The Limits of Democracy in the Middle East: The Case of Jordan', *The Middle East Journal*, Vol. 53, No. 4 (Autumn 1999)

Wilmington, Martin W., *The Middle East Supply Centre* (Albany, State University of New York Press, 1971)

Wilson, Mary C., *King Abdullah*, *Britain and the Making of Jordan* (Cambridge University Press, Cambridge, 1987)

Wilson, Rodney (ed.), *Politics and the Economy in Jordan* (Routledge, London, 1991)

Wright, Esmond, 'Abdallah's Jordan: 1947–1951', *The Middle East Journal*, Vol. 5, No. 4 (1951)

Yorke, Valerie, *Domestic Politics and Regional Security. Jordan*, *Syria and Israel: The End of an Era?* (IISS/ Gower, Aldershot, 1988)

Young, Ronald J., *Missed Opportunities for Peace: US Middle East Policy 1981–1986* (American Friends Service Committee, Philadelphia, 1987)

索 引

（索引条目后数字为原书页码，即本书边码）

238

由军官政变 82,89

free trade agreement 自由贸易协定 184

G

Galilee 加利利 65,68,69

Gardiner, Toni 托尼·嘉丁纳 193

Gaza 加沙 65,68,160

Geneva peace conference 日内瓦和平会议 147

Germany 德国 53

GID (intelligence services) 约旦情报总局 140,175,188,198,202—203

    see also national security state 参见国家安全型国家

Glubb, John 约翰·格拉布

    Arab Legion 阿拉伯军团 42—43,53,63,66,79,90,93—94

    Arab-Israeli war (1948) 阿以战争(1948年) 67—68

    co-opts tribal confederations 团结部落联盟 29,42—44

    Hussein of Jordan 约旦侯赛因国王 119

    portrait 画像 43

    TJFF 外约旦边防部队 54—55

Golan Heights 戈兰高地 141,190

Gouraud, General 高洛德将军 22

Government, constitutional and military 制宪政府及军政府

    see also elections 参见选举

    1946 constitution 1946年宪法 80—81

    1952 constitution 1952年宪法 175

    administrative reform(1960s) 行政改革(20世纪60年代) 109—110

    Britain's mandatory obligations 英国托管义务 36—38

    dissolution(1974) 解散(1974年) 154

    Legislative Council 立法委员会 37—38,39—40,45,46

    lower house 下院 73,156—158,219

    martial law 军事管制 81,100,131,176

    National Charter 《国民宪章》 155,174—176

    old political guard 保守派政客 90—91,92

    Organic Law(1928) 《基本法》(1928年) 37

    Parliament House 国会大楼 38

    political liberalisation 政治自由化 170—174,175—176

    Public Freedoms Committee 公众自由委员会 188

Great Britain, see Britain 大不列颠,参见英国

Greater Syria 大叙利亚 6,17

Gulf war and sanctions 海湾战争及制裁 150—151,180,181

H

Hadda agreement(1925) 哈达协定(1925年) 27,41

Haddid, Barjis 巴尔吉斯·哈迪德 157

Halaby, Lisa (Queen Noor) 丽莎·哈拉比(努尔王后) 195—196,199

Hamas 哈马斯 192,200

Hamza ibn Hussein, Prince 哈姆扎·本·